高等学校教育类专业精品系列教材

小学语文
课程与教学

王 萍◎著

广东高等教育出版社
Guangdong Higher Education Press
·广州·

图书在版编目（CIP）数据

小学语文课程与教学/王萍著．—广州：广东高等教育出版社，2023.5
（高等学校教育类专业精品系列教材）
ISBN 978－7－5361－7360－6

Ⅰ．①小…　Ⅱ．①王…　Ⅲ．①小学语文课－教学研究－高等学校－教材
Ⅳ．①G623.202

中国版本图书馆 CIP 数据核字（2022）第 215834 号

出版发行	广东高等教育出版社 地址：广州市天河区林和西横路 邮政编码：510500　电话：（020）87551597 http://www.gdgjs.com.cn
印　　刷	东莞市翔盈印务有限公司
开　　本	787 毫米×1 092 毫米　1/16
印　　张	16.25
字　　数	328 千
版　　次	2023 年 5 月第 1 版
印　　次	2023 年 5 月第 1 次印刷
定　　价	46.00 元

前　言

时代发展对小学语文教学提出了新要求。小学语文进入了第九次课程改革。2022 年 4 月 22 日，教育部印发《义务教育语文课程标准（2022 年版）》（以下简称“2022 年版课标”），将党的教育方针具体化为学生核心素养发展要求，明确了“语文课程是一门学习国家通用语言文字运用的综合性、实践性课程”。相比于《义务教育语文课程标准（2011 年版）》（以下简称“2011 年版课标”），2022 年版课标在课程性质、课程理念、课程目标、课程内容、学业质量和课程实施等方面有传承延续，有更新迭代，更有重大突破，体现了守正创新的修订思路。“核心素养”“语文学习任务群”“情境”，成为这次修订的热门词汇，引起了广大教师的关注。

目前国内对于第八次课程改革，基于 2011 年版课标的小学语文课程与教学的研究较多，而缺乏对最新颁布的课标解读的探讨。怎样解读课标中提出的新理念？如何将课标精神落实到教学实践中去？现有的是大量关于上一次课程改革的研究，这些研究虽然也会涉及各种课程与教学理论，但不足以透彻全面地揭示这次课程改革的变化。由于目前对 2022 年版课标的研究还比较零散，缺乏系统性和有针对性的研究。

为了满足现实需要，《小学语文课程与教学》的撰写初衷是：旨在帮助未来语文教师基于新课程改革背景，了解课程理念，增强课程意识，同时掌握在教学各环节中如何基于新课改理念进行教学的技能。本书共十章，分为课程与教学篇。简要介绍如下：

课程篇包括对课程标准、课程性质、课程目标、课程内容的介绍。具体而言：第一章主要是介绍小学语文课程标准的历史变迁。第二章是了解小学语文课程的性质。第三章是明确小学语文课程目标的确立与表述。第四章是小学语文课程内容的分析研究。

教学篇包括对基础型任务群（“语言文字积累与梳理”）、发展型任务群（“实用性阅读与交流”“文学阅读与创意表达”“思辨性阅读与表达”）和拓展型任务群（“整本书阅读”任务群、“跨学科学习”任务群）的介绍。新课标中这六大语文学习任务群是一体化设计，统筹安排于小学三个学段之中的。每一个任务群的设计都是整合了学习情境、学习内容、学习方法、学习资源，以语文学科核心素养为纲，以学生的语文实践为主线完成主题任务的学习。接下来的六章尝试探索出一套“任务群的价值定位—学习目标与内容的确定—案例呈现及分析—教学评价的说明”的完整实施流程，为大家展开任务群的学习提供一些参考。

本书的努力体现在三方面：一是在整体构思上，按照我国第九次课程改革2022年版课标的变化来建构本书的结构框架，在内容选择上，以我国积累的小学语文课程与教学的理论与经验为主，即使引用一些国外的成果也尽可能使之本土化；二是尽量使“小学语文课程与教学”的实践性和操作性凸显出来，重点围绕“教学什么”“怎样教学”“如何评价”等问题，突出课程研制和教学设计、实施和评价的操作性知识、技能和能力；三是在观点的阐释上，以广泛地概括和吸纳他人的成果为基础，进而突出笔者在已有的研究和实践中形成的一些观点和主张。总之，本书是一部系统阐述小学语文课程与教学的教师教育教材。本书力求为广大的一线语文教育工作者以及未来的教师——师范院校的学生提供具有实质性意义的指导，借此系统了解小学语文课程与教学的新动态。

王　萍
2022 年 10 月

目　　录

课程篇

第一章　小学语文课程标准的历史变迁

第二章　小学语文课程性质研究

第三章　小学语文课程目标研究

第四章　小学语文课程内容研究

教学篇

第五章 “语言文字积累与梳理”任务群研究

第六章 “实用性阅读与交流”任务群研究

第七章　“文学阅读与创意表达”任务群研究

第八章　“思辨性阅读与表达”任务群研究

第九章　“整本书阅读”任务群研究

第十章 “跨学科学习”任务群研究

课程篇

第一章
小学语文课程标准的历史变迁①

学习目标

1. 识记：语文课程标准的内涵、功能；
2. 理解：小学语文课程标准历史发展的特点；
3. 评价：现行义务教育语文课程标准的演变及特点。

学习概要

本章的第一节重点关注自语文独立设科以来，由中央教育行政部门颁发的有关小学语文学科与教学的指导性文件的历史更迭，纵向考察百年来小学语文的历史变革，把握小学语文历史发展的脉络。第二节则从课程标准制定的角度对课程标准的历史流变进行反思，以期为理解当前的课程标准以及开展小学语文教学实践提供借鉴与启发。

第一节
小学语文课程标准的历史发展

语文课程标准也叫“语文教学大纲”或“语文课程纲要”，是由中央教育行政部门颁发的有关语文学科教学的指导性文件，是语文教师施教的重要凭借，也是编写和使用语文教材的总纲。小学语文课程标准的编制经历了近百年的历史，是一个漫长的探索过程，其内容由粗略到精细，由笼统到明确，由经验描述到科学概括，逐步趋于规范。纵观课程标准的发展历史，每一次改革都取得了可喜的成果，这为以后的语文课程标准的制定提供了有利的条件。那么，对我国小学语文课程标准的梳理，挖掘出不同时代课程标准的精髓，将为理解课程标准提供更加深刻的思考与借鉴，同时也将有助于理解现行的课程标准。

① 本章所参考和引用的课程标准或教学大纲如无特注，均引自课程教材研究所. 20 世纪中国中小学课程标准·教学大纲汇编：语文卷［M］. 北京：人民教育出版社，2001.

一、小学语文课程标准的初步探索（1902—1912年）①

20世纪初，清政府实行“新政”，在教育方面提出了“废科举、兴学校”。1902年，清政府拟定了《钦定蒙学堂章程》《钦定小学堂章程》，规定蒙学堂修业四年，小学堂修业六年，初步对学制课程和教学内容等做了规定，是为“壬寅学制”，但最终并未得到实施。1904年，清政府颁布了《奏定初等小学堂章程》《奏定高等小学堂章程》。该章程在全国范围内实行，是为“癸卯学制”。章程规定初等小学堂修业五年，语文教学科目以“读经讲经”和“中国文字”；高等小学堂修业四年，语文教学科目则为“读经讲经”和“中国文学”。该章程对每周的课时和学习程度做了说明，教学方法以讲解和背诵为主。

1912年11月，北洋政府公布的《小学校教则及课程表》提出，“国文要旨，在使儿童学习普通语言文字，养成发表思想之能力，兼以启发其智德”，并对阅读、习作和书法做了粗略的要求。该文件清除了封建王朝在课程指导文件中的历史糟粕，为后续制定现代的课程标准和教学大纲奠定了基础。

1902—1912年大约可视作是小学语文课程标准的初步探索阶段，具体而言：一方面，壬寅—癸卯学制的“章程”在我国揭开了语文作为一门独立学科而存在的历史序幕；另一方面，《小学校教则及课程表》摆脱了经学对语文的束缚而逐步迈向现代化。在这十年间，小学语文教学呈现出“从重视读写训练转变为听说读写训练并重、从重视文言文教学转变为重视白话文教学、从字的认写讲用分离到齐头并进”② 等三大倾向。由此可见，我国传统的语文教育是与哲学、伦理、史学教育混合在一起的，并没有严格意义上的语文教育。语文课程标准是与语文学科同时产生的，不过起初比较简单，只能算雏形。

随着新文化运动的开展与深入，学生的主体性和语言文字的实用性得到进一步的彰显。“初等小学国文教育从最初仍执着于培养传统的‘士’转向培养现代国民。也就是说，随着科举制度的废除、学制的颁布施行，教育逐渐从以培养传统精英士绅为使命，转而把塑造具有一定知化有独立意识的普通国民当作最重要的任务。”③

二、民国时期小学语文课程标准的修订与更迭（1922—1948年）

1922年，北洋政府教育部颁布《学校系统改革案》，改学制为六三三制，是为

---

① 王显槐，王晓霞，樊海清．语文教育创新导论［M］．武汉：武汉大学出版社，2004：121.

② 郑国民．近代学制中的小学语文教学［J］．课程·教材·教法，1997（12）：54－56.

③ 谷韵．清末民初知识结构转型中的初等小学国文教育：商务版国文教科书的文本考察（1902—1922）［D］．上海：复旦大学，2014.

“壬戌学制”（又称“新学制”）。《新学制课程标准纲要》中的“小学国语课程纲要”将此前的“国文”改为“国语”，“国语”包括语言、读文、作文和写字四项内容。《新学制课程标准纲要》按学年设置了课程内容，并明确了小学的毕业要求。其主要参照美国学制而制定，受杜威教育思想的影响而强调以儿童为本位，一切从儿童兴趣出发，减少了识字量，内容更加浅显。

1929 年，南京国民政府颁布《小学课程暂行标准》，其中“小学国语”部分均沿袭了课程纲要的设置，分为说话、读书、作文和写字四项，同时对作业类别和作业要项、教学方法、学业水平等均分项具体列出。1932 年颁布的《小学课程标准》，在暂行标准的基础上新增了各种文体说明，读书教材分量支配和教材的选编等三个附件。1936 年因普遍反映课业负担重而颁布的《小学国语课程标准》，减少了各学年段的教学时间，国语科从 1932 年的 1 950 分钟减至 1 260 分钟，同时在“目标”中新增了“激发其救国求生存的意识和情绪”的内容，其余内容大体不变。

1941 年颁布的《小学国语科课程标准》将“作业要项”部分改为“教材纲要”，详细列出各学年教材的内容范围，且分为初级（前四学年）和高级（后两学年）两个部分。语文教材内容不仅仅局限于说话、读书、作文和写字四项，还包括生活常识、历史地理自然、民族国家和世界人类等内容。此外，附件中还增列“文法的组织”，第一次将语法内容列入课程标准之中。1948 年颁布的《国语课程标准》是对《小学国语科课程标准》的精简，只包含“目标”和“教材纲要”两项，纲要内容也大为减缩。

民国时期的小学语文课程标准受到时局和战争的影响主要经历了三次较大的变动，同时也保持了一定的稳定性，取得了一定的成就。具体而言：一是形成了较为完善的语文课程体系，国文课程标准是“在总结了清末语文独立设科尤其是五四新文化运动以来语文教育发展经验的基础上制定的，同时又根据时代的发展和语文教育实践进行了完善”。二是出现了大量质量较高的语文教科书，体现为教科书数量众多，教科书选文质量较高且选文涵盖古今中外的文学作品。但这一时期的语文教育也存在教学方法滞后、语文教育开展的随意性导致教育质量不高、受传统科举观念影响深重而束缚了语文教育的发展。同时，民国时期的小学语文教育也启示我们，应当“处理好语文教育同时代、政治的关系”“继承传统语文教育的长处，弘扬优秀传统文化”“重视学生语文素养的全面提高”“加强语文教育研究和教学实践的结合”。①

在纵向对比 1922—1948 年的小学语文课程标准后不难发现，各项教学内容都更

---

① 吴琼. 南京国民政府时期中小学语文教育研究（1927—1937）［D］. 济南：山东师范大学，2016.

加明确且趋向于实用，从语言文字的内容和形式两方面规定教学内容，将思想教育渗透于其中，对语文学科的性质与特点的把握基本准确，但总体看来更侧重于语言文字的工具性。[①] 这一阶段的语文课程标准体现出这样一种倾向，目的是引领课程向大众化、实用化、科学化、个性化的趋势发展。具体而言：①以鲜活的民众的口头语言为语文课程的学习、交流和表达的语言，以优秀的白话文作品为语文课程的主要内容，这就是语文课程的“大众化”特征。②把阅读、说话、作文、写字列为语文课程的主要目标，把记叙（描写）、抒情、说明、议论、应用等作为学生应当了解的文体和应当掌握的写作能力，这就是语文课程的“实用化”特征。③在语文课程中特设文字学、文学史板块，引进语法学、修辞学、文章学、注音字母和标点符号等新式内容，这就是语文课程的“科学化”特征。“科学化”是对“感觉化”传统教育的扬弃，是语文课程走向规范化、标准化、国际化的有益尝试。④提倡学生涵养自由发展的能力，涵养读书兴趣，通过专题研究以发展文学素养和言语风格，这就是国语、国文课程的“个性化”特征。“个性化”是对“八股化”传统教育的革命，是课程改革的生命力所在，这一时期语文课程标准的理念是较为进步、较为科学的。遗憾的是，由于战乱频繁、民不聊生、教育荒芜，使如此先进的课程理念成了课程实践史上苍白的符号。[②]

三、抗日民主根据地的小学语文教育（1937—1945 年）[③]

与此同时，在中国共产党领导下的解放区，小学语文教育显示出鲜明的特色。抗日战争全面爆发后，中国共产党领导的抗日力量在敌后逐步建立了陕甘宁边区、晋察冀、晋冀鲁豫等抗日民主根据地。这些抗日民主根据地大都自然生存环境险峻、经济文化落后而且强敌压境。中国共产党在总结和反思之前根据地教育发展的经验基础上，结合抗日民主根据地特殊的生存与发展环境，确立了新民主主义的教育方针，即“现阶段上中国新的国民文化的内容，……是以无产阶级社会主义文化思想为领导的人民大众的反帝反封建的新民主主义”。

新民主主义教育明确了新民主主义教育与社会主义教育的区别与联系，同时也纠正了以往盲目反对资产阶级教育的倾向。新民主主义教育方针，即民族的、科学的、大众的教育方针。这一教育方针影响了抗日民主根据地的教育发展，使各个抗

---

① 黄小燕．民国时期语文课程标准演变之管窥［J］．中学语文教学参考：教师版，1998（Z2）：3－7.

② 靳健．我国小学、初中语文课程标准的百年变迁［J］．甘肃联合大学学报：社会科学版，2008（1）：106－111.

③ 赵颖霞．晚清民国时期中小学国学教育的历史嬗变研究：以课程为考察中心［D］．石家庄：河北大学，2016.

日根据地的各级教育呈现以抗战教育、实际生活教育和民族精神教育为中心的特征。下面以陕甘宁边区为考察中心，就新民主主义教育思想对抗日民主根据地小学语文教育的影响及小学语文教育的具体实施进行分析。

抗战初期，中华民族所面临的最大政治就是抗日，教育自然也要服务于政治，因此，抗战教育成为各级教育的核心。1938 年，中共中央六届六中全会通过了《实行国防教育政策，使教育为民族自卫战争服务》的决议，确立了以抗战教育为学校教育核心内容的教育原则。依据此教育原则，抗战初期的小学语文教育呈现以抗战教育为中心的特征。1941 年 2 月，陕甘宁边区颁布《陕甘宁边区小学教育实施纲要》，明确边区小学教育应以“促进儿童的民族觉悟，养成儿童的民主作风，启发儿童的科学思想，发展儿童的审美观念，提高儿童的劳动兴趣，锻炼儿童的健壮体格，增进儿童生活所必要的知识，培养儿童为大众服务的精神”① 为教育宗旨。

与抗战初期的小学教育相比较，政治教育、科学知识教育、审美教育等被纳入了小学教育中。同时颁布的《陕甘宁边区小学规程》规定小学开设政治、语文（国语）、算术、自然、历史、地理、美术、音乐、劳作、体育、卫生等课程。相较于抗战初期小学只开设三四门与抗战教育密切相关的课程而言，小学课程体系也得到了进一步的完善。由此，小学国学教育呈现出正规化特征。具体体现如下：

第一，（抗战初期，笔者注）新旧教员十之七八，小学毕业，文化水平不高，教学技能与我们理想的程度相差很远……但今年是比去年进步了，这表现在：分年级上课、私塾式的教学改正了，一般的每天上三四次课，每次时间尚不能确定（没有钟表），教学程序，先认生字（写在黑板上），再后朗读（全体一致），再后讲字义，有些学校教员只给大学生教，大学生给小学生教。二十九年夏，根据各县的报告，大部分学校都已经能这样进行教学了。

第二，彻底取缔了“古书”、体罚的现象。我们有一些小学校，曾经带着浓厚的私塾味道，学生的书本中间，夹杂着三字经、百家姓，教书多年的老先生以及一些学生家长常说：“对小孩子要有王法”。然而这些，在今天一般是成为陈迹了。

第三，边区小学里学生集体自治的实行。学生都参加儿童团和少先队，学生参与社会活动，盘查放哨抓烟灯，帮忙作土地调查，慰劳抗属等。校内儿童和校外儿童联系在一块游戏、上操、唱歌、做小先生等，这也是边区教育本身能冲破边区社会沉闷的所在。②

---

① 陕甘宁边区小学教育实施纲要［M］//陕西师范大学教育研究所．陕甘宁边区教育资料·小学教育部分：上册．北京：教育科学出版社，1981：97.

② 三年来的小学教育［M］//陕西师范大学教育研究所．陕甘宁边区教育资料·小学教育部分：上册．北京：教育科学出版社，1981：120－121.

由上可知，陕甘宁边区小学教育在上一阶段呈现了教条主义与旧型正规化的倾向，脱离了边区的实践教育需求，造成了陕甘宁边区教育的教条主义和形式主义问题。对此，自 1943 年始，陕甘宁边区教育厅着手进行整风运动，并就今后边区小学教育发展提出思路："今天要想把我们的学校办好，这与我们的教育方针和教学内容，甚至教职员的待人接物、生活习惯等更加地方化和群众化是有极密切的关系的。只有维护群众利益，尊重地方生活习惯，和群众建立血肉不可分离的联系，办老百姓所需要的教育，学校才能吸收当地人民的营养，才能生长和壮大起来，这可以说是我们痛苦的经验教训……今后学校应当在各方面注意到地方化和群众化，使学校从当地的土壤里生根。"① 依据教育方针的调整，小学语文教育表现出了与实践教育相结合的特征。

1943 年 4 月，陕甘宁边区政府教育厅组织召开了吴堡小学教员会议，会上确定了"训导学生重视生产"的教育方针，决定今后小学教育以"发展生产"为教学内容，以"学以致用"为教学原则。会议强调："今后应一反过去的单纯教育观点和主观主义作风，如劝导入学首先应估计学龄儿童家庭生活情况，在课程内容上除原课本以外，可补充有关生产的实用知识，使课外活动和书本知识联系起来，训导学生重视劳动，帮助家庭生产等，使学生感到读书的好处，使家庭愿送子弟入学。同时为使小学校成为群众生产运动的推动者和组织者。提倡小学附办识字班、读报组，给群众以生产的实用知识和政治常识，代群众写信、写契约，暴露破坏分子谣言等，并提倡学校教员帮助领导学校附近村庄的生产委员会和变工队等组织。"可见，"教育与实践相结合被确立为了小学教育发展的方向"。"自 1943 年下半年，小学教育与边区实践相结合的教育方针开始落实，各小学纷纷实施相应的教学改革，这既促进了小学教育的发展，也使小学语文教育发生了重要变化。"②

总之，这一时期的小学语文教育呈现出以下几个特点：一是突出语文教育的政治教育功能，即教材内容注重宣传抗日、进行党的宣传教育；二是突出语文教育的德育功能，即教材注重对培养儿童热爱劳动品德的内容编排，注重对团结友爱互相帮助品德教育内容的编排；三是突出语文教育内容的科学化，即教材编排了许多普及社会常识和自然科学知识的课文、提倡科学技术和发明创造；四是贴近儿童生活，即教材吸纳反映学生生活学习场景和内容的素材、内容编排循序渐进。然而，由于教学形式和内容过于政治化的倾向，也使根据地的小学语文教育难免失之单调、僵化和机械，同时忽视了语文教育基础知识的学习。这为后来乃至当今语文教育的发展明确了改革方向。

---

① 边区中等教育管见［M］//陕西师范大学教育研究所. 陕甘宁边区教育资料·中等教育部分：上册. 北京：教育科学出版社，1981：17.

② 吴堡小学教员会议确定教育方针，训导学生重视生产［M］//陕西师范大学教育研究所. 陕甘宁边区教育资料·小学教育部分：上册. 北京：教育科学出版社，1981：133.

四、中华人民共和国小学语文教学大纲的修订与更迭（1949—2000 年）

1949 年中华人民共和国成立，开始了历史新纪元。我国内地先后制定了多个小学语文教学大纲，语文教育的面貌也焕然一新。此时，编定新的教学大纲成了当务之急。1950 年颁布的《小学语文课程暂行标准（草案）》将“国语”改为“语文”，并根据《中国人民政治协商会议共同纲领》的精神，在语文课本内容实质一栏内，具体列出了思想教育的要求，同时提出了掌握“由三千个常用字组织的基本语汇”的要求。①

1954 年的《改进小学语文教学的初步意见》是由叶圣陶先生主持编写的，明确了小学教育的目的是培养“社会主义社会全面发展的成员”，小学语文的内容包括识字、写字、汉语（词汇、语法和修辞）、阅读以及叙述和作文五大部分，提出既要学习苏联的先进教育原则，也要尊重汉语教学的规律。

1955 年试行的《小学语文教学大纲草案（初稿）》是在“学习苏联”的影响下制定的。初稿中明确提出“小学语文科的基本任务是发展儿童语言”，对准备课、阅读课、汉语课、作文课、识字课和写字课等课型的教学内容和教学方法做了详细的要求，“教学大纲”部分按年级列出了具体的知识点及课时分配，提出了对听、说、读、写的具体要求。根据初稿试行的反馈，1956 年公布了修订后的《小学语文教学大纲（草案）》，与初稿相比，增加了对学生提高听说读写能力的具体要求。

1960 年，中共中央实行了“调整、巩固、充实、提高”的方针，针对教育提出了“适当缩短年限，适当提高程度，适当控制学时，适当增加劳动”。“文革”期间，全国没有统一的小学语文教学大纲。随后，1978 年教育部制定了《全日制十年制中小学教学计划试行草案》，规定中小学实行十年制，小学和中学各五年，并配套了教学大纲，即《全日制十年制学校小学语文教学大纲（试行草案）》，教学内容分为识字写字教学、阅读教学、写作教学和基础训练四大部分，其余内容并无太大变化。

进入 20 世纪 80 年代，1980 年颁发的教学大纲是对草案的文字修订。1981 年，中小学学制改为十二年制。小学五、六年制并存。1984 年，教育部颁发《全日制六年制城市小学教学计划（草案）》和《全日制六年制农村小学教学计划（草案）》，第一次考虑了城乡差异。1986 年，全国人大通过了《义务教育法》。1988 年，国家教委颁布了《义务教育全日制小学、初级中学教学计划（试行草案）》，此计划第一次将小学和初中课程统一设计。同年，颁发的《九年制义务教育全日制小学语文教

① 课程教材研究所. 20 世纪中国中小学课程标准·教学大纲汇编：语文卷［M］. 北京：人民教育出版社，2001：2.

学大纲（初审稿）》提出了学好语文对提高民族素质有着重要意义，要求学生学会常用汉字 2 500 个，第一次提出听话、课外活动的要求。这个教学计划、教学大纲和据此编写的教材，于 1990 年秋季起在全国少数学校实验。

20 世纪 90 年代以来，江泽民同志指出要进行近代史、现代史及国情的教育。1991 年，国家教委发出了《关于颁发〈中小学加强中国近代史、现代史及国情教育的总体纲要〉（初稿）的通知》。同年，语文学科制定了《中小学语文学科思想政治教育纲要（试用）》，对教育目的、教育内容、教育中应注意的问题做了说明。1992 年教育部颁发的《九年义务教育全日制小学语文教学大纲（试用）》，将教学内容中的"语言文字训练方面"和"思想教育方面"分别列出，以凸显思想教育在语文教学中的重要性。2000 年 3 月，教育部颁布了《九年义务教育全日制小学语文教学大纲（试用修订版）》，思想教育不再单列，教学内容与年级教学要求综合列出，并初步提出了"教学评估"的要求。

总的来看，这一阶段各个版本的教学大纲是中华人民共和国七次课程改革的缩影，基本上同属于一种主流意识形态本位、强化国家教育意志的指令型课程范式，但在此期间我国在一系列的课程改革中仍旧取得了一些显著的成就，具体而言：一是在课程管理政策方面，基本形成了国家和地方两级课程管理的模式，增强了课程的适应性和实用价值。二是在课程结构方面逐渐优化，在"必修课程"外增设"选修课程""综合课程""活动课程"。学科课程和活动课程、分科课程和综合课程由长期以来的对立状态逐渐走向统一与协调，课程设置也由以往非此即彼的"钟摆"式的二极化逐步走向均衡化与弹性化。三是在教材编写方面，实行教材多样化的方针，"小学课程设置向多样化、区域化方向发展既有了必要又有了可能"。这一阶段的小学语文教学大纲的探索为后续的义务教育课程标准奠定了一定的基础。

五、21 世纪以来义务教育语文课程标准的演变（2001 年至今）

2001 年 7 月，教育部颁布了《全日制义务教育语文课程标准（实验稿）》。过去长期使用的教学大纲由此转变为课程标准。2001 年版的义务教育语文课程标准首次明确语文课程的基本特点是工具性与人文性的统一，按照知识与能力、过程与方法、情感态度和价值观三个维度安排课程目标，倡导自主、合作、探究的学习方式。

相较于先前的教学大纲，《全日制义务教育语文课程标准（实验稿）》呈现了综合性的课程内容、发展性的课程功能、自主性的课程学习方式。① 也有学者认为，《全日制义务教育语文课程标准（实验稿）》实现了"作为计划经济时代产物的语文指令型课程向创生型语文新课程的一次深刻转型"，具体体现为"变预定性和封闭

① 王林海. 新中国小学课程改革：历程、问题及走向［D］. 长沙：湖南师范大学，2004.

性为生成性和创新性”“变统一和求同为珍视多元和个性差异”“变知识本位为学生发展本位”。①

十年之后，2011 年版课标是对实验稿的修订。此次修订坚持了《全日制义务教育语文课程标准（实验稿）》的改革思路和基本理念，主要体现在坚持了“工具性与人文性统一”的基本认识，同时根据社会、教育发展的需要和课程改革实验的情况对课程标准的一些表述进行了调整，新增内容主要是附录的《识字、写字教学基本字表》和《义务教育语文课程常用字表》，识字写字的教学内容更加具体。但也依旧存在诸如“语文教学序列和学科结构体系”等问题需要在日后进一步思考与探索。② 总之，这次修订着重加强社会主义核心价值体系在语文课程中的渗透，进一步突出了第八次课程改革培养学生的社会责任感、实践能力和创新能力的核心任务以及语文课程学习祖国语言文字运用的核心目标。这次修订倡导根据儿童认知发展规律和学习语文的特点，进一步增强课程目标的切合性和教学实施的可操作性，同时针对语文教学和社会语言文字运用中的突出问题采取了一些新的措施。③

2022 年版课标在原来义务教育课程标准的基础上有了进一步的发展与突破。其不变在于坚守 21 世纪以来语文课程改革的基本精神，主要体现在“坚持文道统一的语文课程观念”和“坚定素养发展的课程育人目标”。具体而言：一是原来的“三维目标”变更为文化自信、语言运用、思维能力和审美创造的核心素养，旨在立足学生核心素养发展，构建素养型语文课程目标。二是强化语文课程内容“以文化人”的价值取向，构建结构化的语文课程内容，突出中华优秀传统文化、革命文化、社会主义先进文化方面的主题和载体，以六大学习任务群作为语文课程内容的呈现方式，每个任务群都贯穿四个学段，螺旋式发展，体现各学段特征的同时，突出了义务教育阶段的基础性，又与普通高中语文课程相衔接。三是研制语文学业质量标准，刻画学生四个学段的语文学业成就表现，以核心素养及其表现水平为主要维度，结合四个学段的课程内容，按照日常生活、文学体验、跨学科学习三类语言运用情境，对每个学段学生语文学业成就表现进行整体刻画，为评价学生核心素养发展水平提供了基本依据。四是明确过程性评价和考试命题要求，突出评价和命题的导向性，对语文课程实施中的过程性评价与学业水平考试命题两方面提出明确要求，同时对学业水平考试命题工作提出了具体的实施建议，引领考试评价改革方向。五是积极回应现实诉求，落实政策要求，减轻学生的语文学习负担，强调语文课程

---

① 潘涌. 论新中国成立以来的语文课程改革［J］. 南京社会科学，2009（12）：116 – 122.

② 巢宗祺. 义务教育语文课程标准修订概况：上［J］. 课程·教材·教法，2012（3）：45 – 49.

③ 巢宗祺. 义务教育语文课程标准修订概况：下［J］. 课程·教材·教法，2012（4）：37 – 41.

与学生生活经验的联系和结合。教师要减缓坡度，降低难度，合理安排识字与写字的量，强调幼小衔接。① 此外，2022 年版课标重视教师发展对课程改革的推进作用，新增“教学研究与教师培训”条目，凸显了语文教师专业素养提升的重要性。②

第二节

对小学语文课程标准历史流变的思考

小学语文课程标准的发展历程展示了不同阶段课程标准（教学大纲）的风貌。这些历史有助于我们理解课程标准的制定。

一、 明确意识形态的本质， 遵循语文教育本体规律

历史进程启示我们，时代变迁、意识形态嬗变等外源性因素都会使语文课程的价值观融入某种“嵌入型”影响。然而，这种影响并不是基于语文学科自身属性的自为性选择，而是政治话语对语文教育的一种“侵入”。就此而言，如何坚守语文学科自身的性质和属性，避免过多的政治话语对语文学科本质的遮蔽，就构成了核心价值观融入语文课程的内容限度。因此，如何把握语文课程融入思想政治教育的内容限度和形式限度是一个关键问题。

意识形态是关于社会、政治问题的哲学范畴。政治和政治意识是在一般意识形态中具有决定性意义的因素。根据意识形态这一特殊本质，意识形态可看作是一种政治文化，或者称之为政治意识形态。意识形态是对某一团体持有的信念的表述。意识形态被用来激发一种共同思想、目标和共同承诺的感觉。意识形态的作用在于通过产生一种“我们的感觉（we-feeling）”或团结一致的感觉来形成团体的认同感，增强团体的凝聚力。意识形态在社会中的作用可形象地比作达成共识的制模工。因此，一切学校体系都被用来在年轻人心中培养国家认同感和忠诚感、社会共识，都被用来坚持团体的主流价值。对于各国的语文教育而言，选择历史作品和文学作品都成了促进联系个人与过去关系的方式，并以此形式发展集体成员的归属感、团结精神。例如，在印度，甘地为了印度的独立而奋斗的故事提供了一种英雄象征，以一种生动的方式将印度年轻人的过去和现在联系起来；在美国，马丁·路德金成了

① 郑国民. 以文化人，建设素养型语文课程标准：义务教育语文课程标准（2022 年版）解读［J］. 基础教育课程，2022（9）：30－36.

② 董小玉，李林原.《义务教育语文课程标准（2022 年版）》的“不变”与“新变”［J］. 语文建设，2022（9）：18－22.

美国黑人青年的英雄形象。由于意识形态作为形成社会共识的一部分，有助于形成个人对自己和社会的观点。因此，语文课程标准作为国家指导教学的指令性文件，不可能不发挥意识形态控制的功能。可以说每一个课程标准都是在一个总的课程纲要的指导下制定的，不可能不受到意识形态的影响，但在体现国家意志与遵循语文教育本体规律上应保持一定的张力。简言之，尽管语文教育必须反映国家意志，但是国家意识的反映必须以尊重民族母语教与学的本体规律为基础。

二、增强课程标准指导性，保证课程标准顺利实施

在课程设置方面，美国学者古德莱德（John I. Goodlad）认为“课程”应该划分为五个子概念，即五种不同的课程形态：“理想的课程”（ideological curriculum）、“正式的课程”（formal curriculum）、“领悟或理解的课程”（perceived curriculum）、“运作的课程”（operational curriculum）、“经验的课程”（experiential curriculum）。[①]课程标准作为课程的一种特殊产品或方案，呈现了学生的学习结果，是国家对学生学习总体期望的具体规定。那么，如何缩小国家课程标准规定的课程与教师具体实施的课程之间的落差是一个重要问题。课程标准文本应简洁明了，通过不同渠道宣传以便于不同人群对课程标准文本的阅读和研究。课程标准文本应秉持的一个重要原则，就是在好用和管用功能的基础上发挥其指导作用，在保证文本清晰的基础上，要对教师教学起到强烈的指导作用。

课程标准反映了课程改革的最新理念，教师依据课程标准实施教学，将理念转化为有效的教学行为，才能将课程标准落地。课程标准是国家纲领性文件，受到结构内容限制，不可能面面俱到，因此，需要从教师主体视角出发做好课程标准的解读工作，让教师能够充分理解和利用好课程标准。[②] 此外，对语文课程标准制定者的选择应该慎之又慎，首先，制定者应该有先进的教育理念，良好的语文修养，1923 年语文课程纲要之所以质量高，制定者极高的水平是很重要的一个因素。这次语文课程纲要由吴研因、叶圣陶、胡适起草，他们都是造诣深湛的专家。事实证明，课程标准起草者先进的教育理念、厚实的理论素养和丰富的实战经验是保证高质量课程标准出台的条件。[③]

---

① 李定仁，徐继存. 课程论研究二十年（1979—1999）［M］. 北京：人民教育出版社，2004：200.

② 翟晓磊，张艺馨. 英国国家课程改革的历史发展与逻辑演进［J］. 教学与管理，2022（19）：80－84.

③ 郑银凤. 中国百年中学语文课程标准（教学大纲）发展历程研究［D］. 重庆：西南大学，2008.

三、课程标准不能更迭太快，新课程标准仍需进一步修改和完善

课程标准是教师进行教学和学生进行学习的重要根据。百年小学语文课程纲要史也是一部小学语文课程标准或教学大纲频繁变更的革命史。它的不断被更改和演变说明社会对此的要求和人们对它的认识的不断变化和发展。但其更替过快同时会让教师和学生跟不上脚步。[①] 2022 年版课标仍存在一些问题。例如，课标中出现了很多的新名词，如语文核心素养、非连续性文本、任务群等。一般来说，科学性的语文课标应该对这些新名词有所解释，但是 2022 年版课标没有，这就给一线教师带来了难度，教师可能会在没有充分认识新概念的情况下，生硬地搬入教学。又如，2022 年版课标还存在语文课程的知识系统问题，即语文学科的核心知识体系尚未得到构建，今后亟须构建一个符合教学和评价需要的具象化、序列化的语文知识系统。此外还涉及学业质量标准的可操作性问题。虽然研制了语文学业质量标准，但表述仍显抽象和笼统，多数条目缺少具体清晰的量化、质性描述。[②] 在评价建议的表述上，要用一线教师和教研员易于理解的词语和生动具体的案例明确不同类型评价方式的内涵特征和操作方法，通过以例识理的方式，实施建议更为生动具体，内容表述更为清晰易懂。[③] 总之，语文学科知识的不断丰富和更新，语文课程理念的改革，教学方法和教学评价等方面的有益实践和尝试，将共同推动小学语文课程的发展，为课程标准的修订和完善提供了可能。[④]

本章小结

语文自 1903 年独立设科以来，至今已历经了百余年的发展。不同时期颁布的课程标准或教学大纲都有其独特的社会历史背景。关于“小学语文课程标准”这一表述，其中的相关术语在百年间也随之发生了变更与发展。比如，历史上对于“由中央教育行政部门颁发的有关语文学科教学的指导性文件”的称呼就曾有“章程”“教学大纲”和“课程标准”等；又如，“语文”一词是中华人民共和国成立以后才使用的，在此之前则使用过“国文”和“国语”等术语；再如，“小学”的指称在不同的历史时期的不同学制下也有所不同，清末新政时则指五年的“初等小学”

① 周庆元．语文教育研究概论［M］．长沙：湖南人民出版社，2005：160－163．

② 柯孔标．从三维目标到核心素养：《义务教育语文课程标准（2022 年版）》解读之一［J］．教学月刊：小学版（语文），2022（5）：4－7．

③ 申宣成，李倩．基于调查研究的义务教育语文课程标准修订建议［J］．中学语文教学，2019（9）：8－11．

④ 时玲玲．新时期小学语文教学大纲和课程标准发展初探［J］．语文建设，2020（10）：26－30．

和四年的“高等小学”，1922 年壬戌学制将“小学”改为六年，改革开放以后我国“小学”五年制和六年制并存。总而言之，历史上存在多个所指相近而能指不尽相同的术语。

回溯历史发展，语文课程标准的制定应注意三点：一是明确意识形态的本质，遵循语文教育本体规律；二是增强课程标准指导性，保证课程标准顺利实施；三是课程标准不能更迭太快，现行课程标准仍需进一步修改和完善。

思考与练习

1. 简述小学语文课程标准的历史发展。
2. 结合第九次课改，谈谈你对小学语文课程标准历史流变的思考。

第二章
小学语文课程性质研究

学习目标

1. 识记：小学语文课程性质的当代内涵；

2. 理解：小学语文课程性质历史演变的特点；

3. 分析：小学语文课程性质的实践误区；实现“工具性与人文性统一”的注意事项。

学习概要

本章第一节的重点在于梳理我国对小学语文课程性质认识的变迁。第二节则是厘清当今新课改背景下小学语文课程性质的当代内涵，分析语文课程性质的实践误区，并结合实例说明正确理解小学语文课程性质的注意事项。

第一节
小学语文课程性质的演变

课程总是与时俱进的。从语文课程的发展历程看，不同时期语文教学大纲或课程标准等有关文件对课程性质的表述是有差异的，有时甚至相去甚远。这些不同的表述，一方面反映了不同时期人们对语文课程认识上的差异；另一方面，作为各历史时期语文教材编制的依据、语文教学的依据，以及语文考试评价的依据，毋庸置疑，它们事实上又对不同时期的语文教育发挥着主导作用。[①] 纵观语文课程标准性质流变的轨迹，归结起来，人们对于语文课程性质的认识主要经历了三个阶段，并表现出相应的特点。

① 倪文锦．准确认识与把握语文课程性质［J］．语文建设，2017（7）：15－17.

一、第一阶段：强调“文道统一”（1949 年以前）

我国语文在漫长的封建年代一直是和哲学、经学、史学、伦理学等社会科学杂糅在一起，没有自己的独立地位。古代语文教学一直主张“文道统一”。近代，融入生产劳动、社会生活、一般教育中的语文教学发生了“裂变”，出现了修身、读经、辞章、中国文字、中国文学等课程。当时的教学活动虽都是选读文章，却开始有了“文”或“道”的不同侧重，“文与道”的学习有了一定程度的分离。例如，修身、读经的学习重在学习选文内容，重在精神思想教育，专注于“道”的传输与浸润；而辞章、中国文字、中国文学等的学习，却开始注意学习选文形式，注意学习文章及诗词歌赋的相关知识和写作方法，“文”的学习受到关注。

1909 年，早期著名语文教育专家、教科书编辑沈颐在《论小学校之教授国文》中提出，“宜以实用为归而不必蹈辞章之习”“授以布帛粟菽之文字而不必语以清庙明堂，则真国民教育之旨也”。① 这体现了偏重实用性的“文”的学习，可视作语文课程“工具论”的滥觞。著名语文教育家张志公先生 20 世纪 80 年代也曾对我国传统语文教学做过一个客观的评价，说它有三大经验：“一是建立了成套的行之有效的汉字教学体系；二是建立了成套的文章之学的教学体系；三是建立了以大量的读、写实践为主的语文教学法体系。”也有三大问题：“首先是语文教学的性质目的——语文教学是科举考试的附庸，在于使受教育者获得参加科举考试的写作能力。这样的性质和目的决定了教学内容——识字加读古文加作古文（一般古文和八股文）。这样的性质和目的，这样的内容，决定了学语文的主要手段是记诵和摹仿。”并由此产生了四大弊端：“脱离语言实际，脱离应用实际，忽视文学教育，忽视知识教育。”

1912 颁布的《中学校令施行规则》规定中小学一律开设国文课。② 清朝末年“裂变”而出的多门语文课程“聚变”为一。语文课程的学习重新强调“文与道”的并行。1920 年，当国语教育兴起时，蔡元培《在国语讲习所演说词》中强调语文的意识形态意义对于国家和社会的作用：“为什么要有国语？一是对于国外的防御，一是求国内的统一。”③ 可见，这时的语文教学更加偏重于“道”。

总的来看，“重文轻道”或“重道轻文”都会导致语文教学的失衡。④ 教育家叶圣陶指出：“‘五四’以来国文科的教学，特别在中学里，专重精神或思想一面，

---

① 李杏保，顾黄初．中国现代语文史［M］．成都：四川教育出版社，1994：290－339.

② 课程教材研究所．20 世纪中国中小学课程标准・教学大纲汇编：语文卷［M］．北京：人民教育出版社，2001：272.

③ 高平叔．蔡元培全集：第 3 卷（1917—1920）［M］．北京：中华书局，1984：426.

④ 蔡可．语文课程性质的历史论争及当代启示［J］．语文建设，2014（6）：66－70.

忽略了技术的训练。使一般学生了解文字和运用文字的能力没有得到适量的发展，未免失掉了平衡。”叶圣陶说，有“两个基本观念”，他想了差不多20年了，其中一个是“国文是语文学科，在教学的时候，内容方面固然不容忽视，而方法方面尤其应当注重”。而当时有些人“以为国文教学的目标只在灌输固有道德”，“把精神训练的一切责任都担在自己肩膀上”。叶圣陶认为“实在是不必的”，因为“国文教学自有它独当其任的任，那就是阅读与写作的训练”。①

二、第二阶段：突出语文工具性（1949—2000年）

1949年中华人民共和国成立，编订新的教学大纲成了当务之急。在1949—2000年这段时间，语文课程性质的政策表述基本保持了“突出语文工具性”的特点。中华人民共和国成立初期，我国的首要任务是进行社会主义改造。为了尽快稳定政权，保护胜利的果实，语文必然会成为政治的工具。1950年颁布的《小学语文课程暂行标准（草案）》指出“使儿童具有爱国主义思想和国民公德”。1955年试行的《小学语文教学大纲草案（初稿）》，1956年根据初稿试行结果修订后公布的《小学语文教学大纲（草案）》都明确提出“小学语文科是以社会主义思想教育儿童的强有力的工具”。1958年，由于“大跃进”运动在指导思想上强调语文教学要“为政治服务”，使得语文课几乎完全成为政治教育的工具。② 1959年，中央召开“二月会议”，批判了“大跃进”的错误，重新正视语文知识教学的情况。在1954年前后、1958年前后，语文教学偏重了思想政治教育，教学质量差。有人明确提出“思想政治教育是语文课的首要任务”，而语文知识能力教学只不过是“教学的手段，而不是教学的目的”。当时有识之士撰文指出：语文教学最大的问题是对语文的性质和语文学科教学目的任务认识模糊。语文教学往何处去？

1961—1965年是国民经济调整时期，这一时期语文教育逐步得到恢复和发展。语文教学界发起了围绕语文教学目的与任务的“文道之争”大讨论。③ 当时，语文教学普遍存在重思想教育，轻语文训练的倾向。叶圣陶认为“语言教育的一个主要任务是让学生认识语言现象，掌握语言规律，学会正确地熟练地运用语言这个工具”。经过20年的实践和探求，叶圣陶树起了“语文是工具”的旗帜，确认了语文学科的特定的教学任务。④ 叶圣陶、吕叔湘和张志公“三老”提出语文是工具，推动了社会公众对于语文基础知识和基本技能的重视。1963年，中共中央颁发了《全日制小学暂行工作条例（草案）》，明确了“以教学为主”的原则，教育部根据条

---

①④ 庄文中. 叶圣陶的语文工具观［J］. 中学语文教学，1997（4）：1－2.

② 顾黄初，李杏保. 二十世纪前期中国语文教育论集［M］. 成都：四川教育出版社，1991：2－3，155－156，353.

③ 蔡可. 语文课程性质的历史论争及当代启示［J］. 语文建设，2014（6）：66－70.

例，重新制定了《全日制中小学教学计划（草案）》。各学科根据新的教学计划制定教学大纲。同年颁布的《全日制小学语文教学大纲（草案）》，强调了“语文是学好各门知识和从事各种工作的基本工具”。语文课程性质的政策表述从“思想政治工具”发展为“学习和工作的基本工具”，这是语文教育的进步。

“文革”期间，语文课被取消，语文教学完全处于停顿状态。“文革”对教育的破坏非常严重，语文课成了大批判课。此时过于强调意识形态斗争，突出语文服务政治的功能，加强语文的思想政治教育，语文基本沦为政治附庸、政治的传声筒。随着“四人帮”被打倒，语文教育进入了复苏期。1978 年，邓小平同志指出，要提高中小学教学的质量，不能排斥学习科学文化。吕叔湘提出要改变语文教育中少、慢、差、费的现状，只能捍卫语文教学工具性问题。之后，叶圣陶和张志公先后发表文章，系统地阐述了语文教学的工具性问题。这是“文革”以后对语文教育思想的一次重新定位，强调语文的重心在于加强基础知识和培养学生的能力上。在此背景下，1978 年《全日制十年制学校小学语文教学大纲（试行草案）》中语文课程性质将“基本工具”改成“基础工具”，要求语文课要进行相应的读写训练，更加突出强调语文的重要性。语文课程性质的政策表述从“基本工具”变为“基础工具”，这表明语文本身作为一种语言与文字的载体，对语言文字训练的重视，也为提高教育质量发挥着自身的作用。

1978—1996 年是重新确立语文教学秩序的时期。在这一时期，许多语文教育工作者加入到语文教育的讨论中。20 世纪 80 年代中期，语文陷入知识学习和技能训练中，人们开始重新思考语文到底是一门什么样的学科。1983 年，邓小平指出教育的“三个面向”，为语文教学改革指明了方向。20 世纪 90 年代，社会公众以及新闻媒体对“大语文教育”的讨论愈演愈烈，纷纷开始关注语文与社会生活实际的关系。在民间学术讨论的浓厚氛围中，政府吸收了民间讨论的结果。反映在 2000 年颁布的《九年义务教育全日制小学语文教学大纲（试用修订版）》中规定“语文是最重要的交际工具”。这意味着我国语文课程性质的政策表述从“基础工具”发展到“交际工具”。语文被作为交际的工具，说明语文教学不仅要让中小学生学会祖国的科学文化知识，还要让中小学生能够在日常生活中运用语文知识进行正确的交流与沟通。

综上所述，这一时期，语文的工具性经历了从“思想政治工具”到“学习和工作的基本工具”“基础工具”“交际工具”的变迁过程，如表 2 - 1 所示。

表 2－1　1949—2000 年课程标准有关“语文的工具性”变化的规定①

<table>
<tr><th>时间</th><th>相关政策文本</th><th>语文课程性质的政策表述</th><th>表述特点</th></tr>
<tr><td>1950 年</td><td>《小学语文课程暂行标准（草案）》</td><td>儿童通过普通话和语体文并联系各科的学习，能够获得初步的自然史地常识，并具有爱国主义思想和国民公德</td><td rowspan="3">思想政治工具</td></tr>
<tr><td>1955 年</td><td>《小学语文教学大纲草案（初稿）》</td><td rowspan="2">小学语文科是以社会主义思想教育儿童的强有力的工具</td></tr>
<tr><td>1956 年</td><td>《小学语文教学大纲（草案）》</td></tr>
<tr><td>1963 年</td><td>《全日制小学语文教学大纲（草案）》</td><td>语文是学好各门知识和从事各种工作的基本工具</td><td>学习和工作的基本工具</td></tr>
<tr><td>1978 年</td><td>《全日制十年制学校小学语文教学大纲（试行草案）》</td><td>掌握了这种基础工具，对于学习革命理论，学习各门知识，做好革命工作，都是非常重要的。语文这门学科，它的重要特点是思想政治教育和语文知识教学的辩证统一</td><td rowspan="2">基础工具</td></tr>
<tr><td>1980 年</td><td>《全日制十年制学校小学语文教学大纲（试行草案）》</td><td>掌握了这种基础工具，对于学习其他各门知识，是十分重要的。语文这门学科，它的重要特点是思想教育和语文教学的辩证统一</td></tr>
<tr><td>1986 年</td><td>《全日制小学语文教学大纲》</td><td rowspan="2">小学语文是基础教育中的一门重要学科，不仅具有工具性，而且有很强的思想性</td><td rowspan="4">工具性和思想性</td></tr>
<tr><td>1988 年</td><td>九年制义务教育全日制小学语文教学大纲（初审稿）</td></tr>
<tr><td>1991 年</td><td>《中小学语文学科思想政治教育纲要》</td><td>把思想政治教育同语文知识的传授、能力的培养有机地结合起来</td></tr>
<tr><td>1992 年</td><td>《九年义务教育全日制小学语文教学大纲（试用）》</td><td>不仅具有工具性，还有很强的思想性</td></tr>
<tr><td>2000 年</td><td>《九年义务教育全日制小学语文教学大纲（试用修订版）》</td><td>语文是最重要的交际工具，是人类文化的重要组成部分</td><td>交际工具</td></tr>
</table>

① 课程教材研究所. 20 世纪中国中小学课程标准·教学大纲汇编：语文卷［M］. 北京：人民教育出版社，2001：62－255.

语文课程性质表述无论是“思想政治工具”还是“学习和工作的基本工具”，无论是“基础工具”还是“交际工具”，本质上都是基于“工具性是语文第一属性”的认识，都是要从语言文字的听说读写基本能力方面为国家培养优秀的社会主义人才，因此，在这样的背景下，形成了我国语文课程性质的政策表述，体现了“突出语文工具性”的特点。①

三、第三阶段：工具性与人文性的统一（2000 年至今）

由上一阶段的分析可知，在我国语文教育界，工具性之说已有较长的历史。21 世纪以来，我国语文课程性质的政策表述大体上保持了“工具性与人文性的统一”新的政策平衡与稳定状态。② 20 世纪末的一场关于语文教育是工具训练，还是人文教育的讨论，引发了整个社会的关注。各界人士对语文教育提出了激烈批评。例如，过于注重知识点的传授，忽视语言实践和语感的培养；过于注重技术性分析，忽视文学作品的熏陶感染功能；过于注重机械训练，忽视学生的独立思考和个性表达；等等。为解决这些问题，2001 年颁布的《全日制义务教育语文课程标准（实验稿）》将语文课程的性质界定为“工具性和人文性的统一”。③

“工具性”是指一种事物所具有的能被人用以达到某种目的、实现某种功效的特性。“人文性”是指在特定社会文化中成长发展起来的人对有关事物、环境的主观能动反应的特性。人们既关注工具性要求，又注重提升文化品位，把语文的思想性逐步提升为人文性，拓宽语文的内涵。语文课程性质流变中叠加着两重矛盾：一是外部，语文性与政治性的矛盾；二是内部，工具性与思想性（后来扩大为人文性）的矛盾。矛盾是事物的对立统一，正是这两层矛盾运动推动了语文学科的发展，使得人们对于学科性质的认识越来越清晰。④

语文性质流变与受政治和经济的影响有一定的关系。在语文与政治、经济的关系中，语文作为一种特殊的意识形态，“悬浮”在政治意识形态之上，与政治法律制度以及其他意识形态构成上层建筑，受经济基础的制约，并间接地服务于经济基础。经济繁荣也直接推动人们对于语文性质认识的深入。21 世纪中国经济的迅猛发展，加大了国际合作交流。为了积极应对“WTO”规则和“知识经济”的挑战，应

---

① 范晓东，康刘璐．新中国语文课程性质的政策变迁与逻辑分析：基于间断平衡理论视角［J］．教育理论与实践，2020（32）：40－44.

② 康刘璐．基于间断平衡理论的新中国语文课程性质政策变迁研究［D］．太原：山西师范大学，2020.

③ 申宣成．语文学习任务群的背景、内涵与结构逻辑探析［J］．语文建设，2022（11）：4－8.

④ 倪文锦．准确认识与把握语文课程性质［J］．语文建设，2017（7）：15－17.

对世界不同文化和多元价值的挑战，关注文化、人文教育日渐成为当代语文关注的焦点。

世纪之交，越来越多的语文教育家和社会公众作为新的行动者参与到语文教育的大讨论中，推动了语文课程性质的政策变迁。以钱理群为代表的语文研究者发起了语文课程教育反思大讨论，主要探讨语文课程的性质问题。李维鼎提出对“工具性与思想性统一”的质疑；顾黄初提出“语文要贴近生活”；童庆炳主张从美育的高度看待语文教学，要注重知识，更要重视情感；韩军提出“限制科学主义，弘扬人文精神”的主张；于漪提出弘扬人文的观点；钱梦龙提出语文的工具性和人文性是互为补充的关系。这些语文研究者对语文的认识，进一步推进了人文性的发展。①

总之，调整语文课程性质研究的方向须重视：突破“文与道”“工具与思想”“工具与人文”“二元对立统一”的思维框架；既重视外部因素对语文课程的作用，特别是社会发展对语文课程的作用，又要把语文课程研究的侧重点由外部转向内部，转向语用。只有这样，才有可能更加清楚地明确语文课程的性质与目标，进而推动语文课程在基础教育领域中的体系建设。②

第二节

新课改视野中的小学语文课程性质

如何准确认识与把握语文课程性质，避免走入误区？本节将结合案例对新课改视野中的小学语文课程性质进行解读。

一、小学语文课程性质的当代内涵

2022 年版课标明确指出：“语文课程是一门学习国家通用语言文字运用的综合性、实践性课程。工具性与人文性的统一，是语文课程的基本特点。语文课程应引导学生热爱国家通用语言文字，在真实的语言运用情境中，通过积极的语言实践，积累语言经验，体会语言文字的特点和运用规律，培养语言文字运用能力。同时，发展思维能力，提升思维品质，形成自觉的审美意识，培养高雅的审美情趣，积淀丰厚的文化底蕴，继承和弘扬中华优秀传统文化、革命文化、社会主义先进文化，

① 范晓东，康刘璐. 新中国语文课程性质的政策变迁与逻辑分析：基于间断平衡理论视角［J］. 教育理论与实践，2020（32）：40－44.

② 蔡可. 语文课程性质的历史论争及当代启示［J］. 语文建设，2014（6）：66－70.

增强对习近平新时代中国特色社会主义思想的理解和认识，全面提升核心素养。”①关于语文课程性质的当代内涵，我们可以从以下三个方面来深入理解。

（一）工具性是语文课程的本质属性

什么是性质？在逻辑学中，性质一词具有质地、特征以及与其他事物不同的内在本质特征（即根本属性）等多个义项。也就是说，某一事物的性质、属性或特性可能是复杂多样的，但其本质属性却只能有一个。因此，在分析语文课程性质时必须建立这样一个逻辑认识前提：语文课程性质是指其客观具有的多个内在特征，但在这多个内在特征中，实际上又有着本质与非本质、重要与次要等多种复杂情况的存在。语文课程性质包括：工具性、人文性、综合性、实践性、技能性、非线性和半自然性，但是其本质属性为工具性。②

2022 年版课标提出：“义务教育语文课程围绕立德树人根本任务，充分发挥其独特的育人功能和奠基作用，以促进学生核心素养发展为目的，以识字与写字、阅读与鉴赏、表达与交流、梳理与探究等语文实践活动为主线综合构建素养型课程目标体系；面向全体学生，突出基础性，使学生初步学会运用国家通用语言文字进行交流沟通，吸收古今中外优秀文化成果，提升思想文化修养，建立文化自信，德智体美劳得到全面发展。”这无不在强调语文学科的“工具性”属性。语文课程虽然在价值定位、功能表现、存在形态、表现方式和具体实施等方面都表现出颇为复杂多样的性质，但如与唯一性、主导性、先导性与种差性来对比，工具性这一体现把语文形式作为语文课程出发点与根本点的内在本质要求才是语文课程的本质属性。

工具性是语文课程的本质属性，是设立语文学科的理由，也是语文学科区别于其他学科的独特性。正如叶圣陶先生所说：“学生须能读书，须能作文，故特设语文课以历练之。”训练语言（包括口头语言和书面语言）是语文学科的专责。工具性教育是为让学生掌握能获得某种利益的工具而实施的教育，我们素来重视“学以致用”，实际上就是重视工具性教育。不过，人们谈论的“学以致用”的“用”，通常是指眼前看得见的实际运用，所以往往顾不到眼前无用、日后大有用处的事物。语文课程的工具性表现是，使学生能运用语言文字这一工具，顺利投入听说读写的活动。语文教育使学生获得运用语言文字的实际能力，体现了它的工具价值。在义务教育阶段，工具性的基本精神是：使学生基本掌握语言文字的工具，初步具备正

---

① 中华人民共和国教育部．义务教育语文课程标准（2022 年版）［S］．北京：北京师范大学出版社，2022：1－2．

② 解光穆．语文课程性质辨析四题［J］．教育理论与实践，2021（20）：53－56．

确运用汉语言文字的能力。[①]

（二）人文性是语文课程的重要属性

《辞海》中对“人文”的解释为“人类社会的各种文化现象”。人文性，可以理解为人性与文化性的整合，包括文化、道德、情感等精神生活的方方面面。语言是最重要的文化载体，是人类文化的重要组成部分。2022 年版课标强调“内容的典范性，精选文质兼美的作品，重视对学生思想情感的熏陶感染作用，重视价值取向，突出社会主义先进文化、革命文化、中华优秀传统文化”。

人文性教育是着眼于发展学生人文精神的教育，以文化“影响”“化育”学生，并努力满足学生学习兴趣、好奇心和求知欲，鼓励和帮助学生发展个性和能动性。语文课程的人文性表现是：使学生自觉接受中华民族以及全人类优秀文化的“影响”“化育”，增强文化意识和规范意识，提高思想文化品位，遵循社会文明的准则和语言文字运用的规范（包括书写和表达的规范）；也要允许甚至鼓励学生对语文学习的内容和方式有所选择，对语言的运用有自己的感受和体验，提倡个性化的阅读、书写和表达。语文教育对于学生，一方面要求文明化、社会化和规范化，另一方面要促进学生情感、态度、趣味、个性、潜能和创新精神的健康发展。

（三）工具性与人文性的统一是语文课程的基本特点

1997 年由《北京文学》发起而展开的那场语文教学的大讨论。这场大讨论中的不少文章都对我国语文教学的现状深表忧虑，并各自对语文教改提出了一些新的设想，使我们受到震撼和启迪。但是，其中有一种观点认为是“工具说”导致了语文教学的高耗低效，只有把“人文性”作为语文课程的本质属性，语文教改的步伐才能解除羁绊，突飞猛进。这种把人文性和工具性对立起来，以人文性取代工具性的观点，不但在理论上站不住脚，而且在实际操作时也会造成混乱。[②]

前面提及的叶圣陶的语文工具观从来都不希望把学生制造成只会搬运语言文字的机器，而是要把学生培养成能够熟练使用语言文字的有思想的“人”。只有这样的人才称得上是合格的社会成员。叶圣陶历来主张在把工具性当作语文课程的本质属性的同时，把人文性与工具性水乳交融地统一起来。关于这点，我们可从叶圣陶写的《教育与人生》《作文与作人》等文章中体会得到。叶圣陶说：“我就是最不信服把语言跟内容分开来说的一个人。咱们不能抛开了意思谈语言，也就是不能不管内容专谈语言。”又说：“思想是一方面，表达思想内容的工具又是一方面……学习

---

① 巢宗祺．关于语文课程性质、基本理念和设计思路的对话［J］．语文建设，2012（3）：4－11．

② 徐龙年．论叶圣陶的语文工具观［J］．社会科学家，2003（1）：149－152．

语文，这两方面都要正确对待。”①

强调工具性、人文性以及两者的统一，必须紧紧围绕语文课程目标与内容的核心——语言文字的运用。语言文字这种工具始终负载着人文内涵，语文课程的实施应将思想情感的教育融入培养语言文字运用能力的过程，而学生的阅读与表达的过程，是接收他人或传递自己的思想观念和情感态度的过程。语文课程必须关注学生精神方面的成长，将知识、能力的教育与立人教育融为一体。工具性与人文性的统一，实际上可以解读为语文课程对于工具价值最大化与人文价值最大化相统一的追求，这应该是当下语文课程建设的价值取向和战略取向。②

二、小学语文课程性质的实践误区

若无法准确认识和把握语文课程性质会导致什么后果？倪文锦教授指出，轻则影响教材编制、课程实施、考试评价，重则导致“语文取消论”。“语文取消论”主要有两种表现：一是假借课程融合论或综合课程论，主张语文、政治、历史性质相似，是可以融合的，或合并综合为一科；二是运用比较理论，如通过学生独立阅读与上语文课做比较，认为学生独立阅读比语文课更重要。造成“语文取消论”产生的原因可以归咎为不能准确认识和把握语文课程性质。③ 语文教学要取得好的效果，首先必须明确语文学科的性质，否则在实践中容易走入误区。归结起来，有以下三类表现。

（一）工具性至上，人文性成补充

语文课程具有工具性和人文性，这一点大家似乎都认同。可落实到教学实践中，却会发生种种偏差。例如，在“工具性”旗帜下，曾有过这样的偏差：一是狭隘的功利主义，立意于实用，一味追求近期可见的刚性目标，放弃那些被认为没有实用价值的目标与内容，压缩语文课程在其他方面的教育功能；二是偏颇的科学主义，以自己所知道的自然科学知识来构建语文课程，在语文课程中仿照自然学科，推行客观、抽象、精确、标准化的思想方法；三是单纯的技术主义，脱离具体内容进行技能训练。④

语文教师的日常课堂往往会呈现一种场景：学生在读、背课文，在抄写词语、句子；教师在落实字词，还有句段的理解、篇意的总结、练习的指正等。可以说，

---

① 徐龙年. 论叶圣陶的语文工具观：叶圣陶语文教育思想研究之三［J］. 丽水师范专科学校学报，2002（4）：116－118，122.

②④ 巢宗祺. 关于语文课程性质、基本理念和设计思路的对话［J］. 语文建设，2012（3）：4－11.

③ 倪文锦. 准确认识与把握语文课程性质［J］. 语文建设，2017（7）：15－17.

为了"应试"，常态课往往是语言文字训练扎扎实实，工具性至上，而人文性则常常附着在工具性训练后，成为课堂的一种补充或者仅仅是一种感知，其意义多限于课文的思想性甚至政治性的灌输上，少有情感的熏陶和审美的体验，没起到提高学生品德修养、培养学生文化品位的作用，也不利于帮助学生逐步形成良好的个性与健全的人格。

教师过分重视工具性，就会忽视学生认知情感等的全面发展。例如，在小学一年级《小壁虎借尾巴》一文的阅读教学中，一位语文教师过分注重这篇课文需要学生认识和掌握的生字词及新的偏旁部首，而忽视了这篇课文展现的人文性的内容，如小壁虎借尾巴的过程中和其他动物的对话、其他动物尾巴的各自特点、壁虎的尾巴为什么会长出来等知识。①

（二）人文性张扬有余，工具性成了点缀

第二种误区是人文性张扬有余，工具性成了点缀。与常态课相比，公开课往往成了表演课。例如，一节语文课上，教学内容是"董存瑞舍身炸碉堡"。为了营造逼真氛围，教师在教室里安装了一个小型装置，讲到"英雄托起炸药包"时，他脚底一踩，教室里响起了爆炸声，现场烟雾缭绕，这阵势将学生和听课老师都吓坏了。又或者是，教师在"人文性"旗帜下，也有这样或那样的偏差。有人把人文性理解成文学性，以为语文课多学点文学作品，多讲些情感态度与价值观的东西，便是加强人文性了。也有人把人文性理解成文化性，注重语文对人的教化。② 例如，部分语文教师在执教部编版教材二年级下册《雷锋叔叔，你在哪里》一文的过程中，几乎整节课都在谈雷锋精神，而且专门安排时间给学生播放关于雷锋的电影。这种将雷锋精神的讲解置于阅读教学首位的做法，对在潜移默化中培养学生乐于奉献的精神固然有利，但对引导学生通过感受优美的语言、流畅的音韵来体悟人们对雷锋精神的追寻却极为不利。教师若过分渲染人文性，就会忽视课文对生字词的要求以及文章的特点，不利于学生整体把握课文。③

有不少人误以为，语文教学重视语言训练就必然会丧失人文精神，而弘扬和回归人文精神最直接简便的办法就是以文学教育为主。表面上看，它似乎为语文教学找到了治病的良方，实际上反而迷失了语文教学的根本。人文精神丧失与否与文学教育没有必然联系。相反，语文教学要弘扬人文精神是无法绕过语文训练这道坎的。

---

①③ 范思雨. 小学语文阅读教学中工具性与人文性的统一［J］. 教育观察，2020（15）：55－56.

② 巢宗祺. 关于语文课程性质、基本理念和设计思路的对话［J］. 语文建设，2012（3）：4－11.

（三）机械处理工具性和人文性的关系

语文学科作为一门人文应用学科，应该是工具性和人文性的统一。两者不是一增一减的问题，不可机械地加以割裂。有的教师误解了课程标准中对于语文性质是"工具性与人文性的统一"的表述，因此，每一篇课文都要先设计一个大而无当的人文性目标，结果有一半的课堂时间都在进行情感态度与价值观方面的教育。学生们多在进行着天马行空的精神遨游，语文教师越俎代庖，在为政治、历史教师甚至为物理、生物、地理、美术等学科教师讲解学科知识。

有的教师则将工具性和人文性在各个学段割裂开来。持此观点的教师认为，低年级阶段应该是工具性，然后再逐渐增强人文性。这种"先工具，后人文"的观点也是偏颇的。比如，低年级识字教学，辨别字形、字音、字义的同时，也就是在传承先民造字的文化。字的造型是了不起的文化。有了文字，人类社会的文明程度才得到了极大的提高。它可以突破时空界限，传达思想、情感、意志，流传久远。我国的汉字，无论是象形字、会意字还是形声字，都反映了先民认识事物、思考问题的文化。因此，不能说小学低年级的语文学科只有工具性而没有人文性。其实，无论是工具性还是人文性，它们在不同的学习阶段反映的只是层次上的分别而不是排列顺序的先后或有无。总之，脱离以培养语言能力和习惯为其独有任务的语文学科个性来谈人文性，不可能是真正的语文学科的人文教育。①

三、实现"工具性与人文性统一"的注意事项

小学语文课堂教学在把握工具性与人文性的平衡，全方位体现二者的统一的过程中应注意以下四点。

（一）以工具性为载体，落实人文性

教师以工具性为载体，落实人文性，一般有两条实现路径：一是仔细揣摩文章中的某段话，乃至某个词的选用，因为这会流露出作者不同的思想、观点、倾向、感情。立足于文本的教学，可使工具性和人文性得以和谐统一，达到润物无声、无声胜有声的效果。二是可以通过入情入境的朗读来实现。朗读的过程不仅仅是掌握语言这个工具的过程，同时也是思想感情受到熏陶感染的过程。在这个过程中，工具性和人文性是统一在一起的。学生能入情入境地朗读，自然会在读中有所感悟，在读中逐渐形成语感，在读中受到熏陶感染。

教师还可充分利用多媒体技术辅助，在课堂上最大限度地发挥文本触摸得到、

---

① 倪文锦．我看工具性与人文性［J］．语文建设，2007（7）：4－7．

感知得到的人文教育意义，通过拓展让学生在有限的时间和有限的学习内容之中获益增多。比如，在学习《伯牙绝弦》一课时，教师可以在课前充分研读《列子》，将伯牙和子期的知音故事呈现在屏幕中，让学生阅读资料，在背景和题材拓展中梳理出一条知音文化的血脉，让学生深深沉浸于“斯人虽逝，精神永存”的文化氛围之中，让学生透过绝弦的孤独与伤感，进一步感受生命张力在绝望处迸发的希望。同时，教师还可以让学生自由结合文言文内容进行探索拓展，如针对文中“古琴”文化、“知音”文化、“泰山”文化、“江河”文化、“高山流水”文化挖掘内涵，以学生的视角解析人文价值，激发其学习文言文的兴趣。①

重视语文学科的“工具性”属性并不意味着使课堂变得枯燥、无趣。部编版教材从一年级开始的语文园地中就有“识字加油站”和“字词句运用”的栏目。“识字加油站”的内容丰富，如一年级中就数字诗、反义词、数量词等的学习引导学生在生活中识字，编排中还体现了由浅入深，由“字词句运用”到“词句段运用”训练的形式，多样引导学生仿写句子、修改句子等，让学生体会到语言文字的实用性和趣味性。例如，在《有意思的谐音》里展示的是几则歇后语，以读音相同、相似的表达形成幽默风趣的表达效果，如“梁山泊的军师”我们会想到吴用而“无”和“吴”同音，所以隐含“无用”的意思，这个歇后语一般用来形容某人没有用处。②在教学过程中，教师要在提高学生语言文字的运用能力的基础上，感受语言文字的趣味，从而认识我国语言文化的博大精深。

（二）注意把握人文性不同阶段的内涵

人文性在不同年龄阶段应有不同的内涵。语文教育改革关注人文性无疑是正确的，但在具体的实践中有时会出现以成人的人文代替儿童的人文的现象。小学语文教育的人文性，应该由成人文化中适合儿童接受的人文和儿童文化自身所体现出来的人文这两部分组成。既要积极导入成人文化中适合儿童的部分，也要大力张扬儿童文化自身的人文。

小学语文的文学阅读必须直接抵达儿童的内心世界，激起儿童情感、思想、价值观上的共鸣，使其感受到自己获得了新的、内在的精神生命，如此才能丰富、深化语文学习的快乐。例如，曾入选小学一年级课文的《蒲公英的种子》是一首以拟人的手法写成的咏物诗，其基本内容是说，“我”（蒲公英的种子）长大成人，离开妈妈，走到哪里，就以哪里为家。从诗歌的语气、情绪来体察，“我”是愿意接受这样的生活的。儿童教育应以儿童的心理为依据来展开，儿童的语文教育也当如此。

---

① 徐琴．基于人文性角度探究小学语文文言文教学策略［J］．新课程：综合版，2019（10）：54－55．

② 邱鑫．在教学中落实语言文字运用的策略［J］．小学语文教学，2021（35）：57－58．

古人曾言“六岁时，方离襁褓，未脱孩心。眷眷堂前，依依膝下，乃其天性本真”。小学一年级的儿童年龄一般是七岁，虽然时代、生活发生了巨大变化，但是六七岁的孩子对母亲的依赖之心应该没有根本的变化。这个年龄的儿童的成长是伴随着心理不安的。若是一个健康的家庭，母亲应当是消除其心理不安的重要存在。不管是因夫妻离异，还是因疾病灾祸造成的母亲离开儿童，都会给儿童的心灵留下创伤。这样看来，《蒲公英的种子》一诗所表现的情感生活，不仅距离小学一年级儿童的生活经验十分遥远，而且还与儿童的情感愿望相背离，不符合儿童文化的人文性。①

教师还应注意不能把小学阶段人文性的内涵过于缩小，仅仅局限于是非观。因为人文性或人文精神，指的是一种普遍的人类的自我关怀，表现为对人的尊严、价值、命运的维系、追求和关切，对人类遗留下来的各种精神文化现象的高度珍视，对一种全面发展的理想人格的肯定和塑造，其目标是追求美和善，其核心是以人为本。即使把人文内涵缩得再小，只要脱离了语文教学的特点，也不是我们所需要的真正的语文科的人文精神教育。②

（三）在把握课文特点的基础上，落实二者统一

教师应当在把握课文内容的基础上，落实二者统一。就文章本身而言，由于其作用不同，文体不同，它所折射出的工具性和人文性就不同。有的文章在词汇和语言的形式上比较丰富，运用了大量修辞手法，而在思想感情上就比较单薄，如部分说明文；有的文章，虽然语言朴实，但它却包含深情或哲理，如《一只贝》等类型的散文。因此，我们就不能强求在每一篇课文里都能做到工具性和人文性的完美统一。一个单元的人文主题教学的实现，我们完全可以根据每篇课文的特点进行重组。

统编版教材就安排了各种文学体裁的课文，教师要根据每种文学体裁的类型开展针对性教学。例如，三年级上册《花的学校》和四年级上册《走月亮》这两篇课文，分别是泰戈尔和吴然写的散文诗，散文诗兼有诗歌与散文的特点，具有诗歌的音韵美和节奏美，在教学中通过品味语言文字，让学生感受花孩子的活泼、调皮，大自然的花富有灵性以及月光下诗意般的景色，体会亲情的温馨与美好，体会不同的作家和作品的语言文字特点的差异。再如《赵州桥》，作为说明文采用了平和的语言构建特征，以陈述为主，运用了列数字、举例子、打比方、做比较等说明方法，描述了赵州桥的雄伟、美观。而《花钟》则是一篇科普说明文，主要运用了富有趣味的语言，运用生动的拟人修辞手法，写出不同的花开放的形态，通过这种生动有趣的形式加深了学生对什么是“花钟”的了解，让学生们有一种形象、风趣的阅读体验。文章的语言表达风格也是学生需要关注的重点，教师应引导学生对其进行总

① 朱自强．论小学语文教育人文性的新内涵［J］．教育视界，2019（10）：4－7.

② 倪文锦．我看工具性与人文性［J］．语文建设，2007（7）：4－7.

结归纳与模仿，并在模仿练习中逐渐找到自己的创作风格。①

（四）在语文体验实践活动的开展中实现二者的统一

2022 年版课标指出：“义务教育语文课程实施从学生语文生活实际出发，创设丰富多样的学习情境，设计富有挑战性的学习任务，激发学生的好奇心、想象、求知欲，促进学生自主、合作、探究学习；引导学生注重积累，勤于思考，乐于实践，勇于探索，养成良好的学习习惯。”②

“纸上得来终觉浅，绝知此事要躬行。”这一充满客观而又体现辩证关系的古诗句，意在强调“学用结合、知行统一”的必要性和重要性。有鉴于此，在小学语文教学过程中，教师可以通过各类途径和方法，组织并积极开展各种各样的体验实践活动。如此而为，不仅有利于迎合小学生“求动、求异、求新、求趣”的活泼特征，还能为其提供自主体验和情感实践的丰富空间，从而更好地体现“工具性与人文性相统一”的学科基本特点。下面结合案例进行具体说明。

小案例

案例 2－1　“有趣的端午节”语文实践活动

孩子们，在过去的两个星期里，我们共同进行了“有趣的端午节”语文实践活动，我们通过当小记者采访、上网查阅、图书检索等方法了解到了关于端午节许多有趣的知识，现在就让我们一起来分享吧！

一、“有趣的端午”我来说

活动目标：能完整讲述自己了解的小故事或见闻；讲述时积极、自信。

（1）讲故事。（生可结合音视频资料讲解）

（2）说习俗。

（3）吟诗歌。（可配乐）小组展示朗诵儿童诗或相关诗词曲赋。

二、“好吃的粽子”我来写

活动目标：灵活运用本课掌握的词语和句式进行写话。

师：孩子们，你们用合作的方式学到了这么多有趣的知识，老师为你们感到骄傲！现在，我们再回到课文中来看一看，课文作者是怎样介绍外婆包的红枣粽子的：“粽子是用青青的箬竹叶包的，里面裹着白白的糯米，中间有一颗红红的枣。”

---

① 邱鑫．在教学中落实语言文字运用的策略［J］．小学语文教学，2021（35）：57－58．

② 中华人民共和国教育部．义务教育语文课程标准（2022 年版）［S］．北京：北京师范大学出版社，2022：3．

在我们闽南地区，每到端午节，家家户户都会包各种各样的粽子，那你家包的粽子是什么样的呢？学着作者的样子说一说，并尝试写一两句话吧！感兴趣的同学，还可以学着作者，详细介绍你最喜欢的粽子之后，再简单介绍其他粽子哦！

在一年级下册第十课《端午粽》的教学过程中，教师设计了学生参与语文实践的两个教学环节"'有趣的端午'我来说"和"'好吃的粽子'我来写"。案例2-1充分体现了语文学科实践性的特点。教师通过引导学生采访、查阅资料等方式，力求提升学生运用听说读写的能力，开展关于端午节的综合实践活动，让学生在活动中充分感受语文学科与生活实际紧密联系。教师介绍端午节的来历和风俗习惯，让学生在理解、感悟语言的同时，接受文化、情感的熏陶，激发爱国情感，增强民族文化自信，充分体现了语文学科人文关怀的教学特色。① 除此之外，教师还可以设计多种语文体验实践活动。比如，在《曹冲称象》等课文教学后，组织开展"少儿故事"讲述与分享活动；针对如《草船借箭》《景阳冈》等情节性、操作性较强的课文，在教学结束后，组织小学生开展"课本剧"式的改编和表演活动。教师还可在条件许可情况下，把语文教学课堂"搬出"班级和校园，引向社区生活和大自然，让小学生通过"社会阅读、绿色阅读"不断增强情感体验。②

本章小结

课程性质是一门课程有别于其他课程的本质特点。课程性质随着课程的发展而发展。理解课程性质，是理解整个课程标准的逻辑起点。关于小学语文课程的性质，一直是学界的关注点。我们可以从过去百年语文课程性质的变化中，认识语文课程性质的丰富性和深刻性，反思语文学科发展的方向究竟该去往何处。人们对于语文课程性质的认识主要经历了三个阶段并表现出相应的特点，具体而言：第一阶段（1949年以前）的特点是强调"文道统一"；第二阶段（1949—2000年）的特点是突出语文"工具性"；第三阶段（2000年至今）的特点是凸显了"工具性与人文性的统一"。

深入理解小学语文课程性质的当代内涵，必须明确三点：一是工具性是语文课程的本质属性；二是人文性是语文课程的重要属性；三是工具性与人文性的统一是语文课程的基本特点。若无法明确语文学科的性质，教师在实践中容易走入的误区归结起来有三类表现：一是工具性至上，人文性成补充；二是人文性张扬有余，工

---

① 赵璟．审美与哲思的诗意人生：例谈小学语文教学中实现工具性与人文性统一的策略［J］．学苑教育，2020（11）：33，35．

② 周霞云．如何抓实小学语文人文性教育的有效着力点［J］．课外语文，2020（11）：34-35．

具性成了点缀；三是机械处理工具性和人文性的关系。对此，教师在把握工具性与人文性的平衡，体现二者统一的过程中应注意：一是要以工具性为载体，落实人文性；二是注意把握人文性在不同阶段的内涵；三是在把握课文特点的基础上，落实二者统一；四是要在语文体验实践活动的开展中实现二者的统一。

思考与练习

1. 简述小学语文课程性质的演变。
2. 结合实例，分析当前语文课程性质的实践误区。
3. 结合实例，谈谈你对语文课程性质“工具性与人文性”的认识。

第三章
小学语文课程目标研究①

学习目标

1. 识记：课程目标的内涵，核心素养的内涵；

2. 理解：小学语文课程目标改革历史发展的特点；

3. 运用：逆向教学设计中教学（学习）目标的分析步骤，陈述教学（学习）目标的方法；

4. 分析：课程目标与教学目标的关系。

学习概要

本章第一节的重点是基于小学语文课程目标历史发展的视角，分析近几次课改语文课程文件中关于课程目标的总结，理解当今语文课改建构的素养型课程目标体系。第二节则是结合实例分析说明如何进行教学目标设计，在教学实践中有效落实核心素养导向下的课程目标。

第一节
小学语文课程目标的历史发展

义务教育语文课程标准中的目标不仅引领未来一段时期的语文教材编写、课程实施以及课程评价走向，而且对一代青少年的语言活动产生较大影响。课程目标的研制需要回答一个中心问题：义务教育阶段的语文学科应该培养什么人？为谁培养人？怎样培养人？考虑三个参照：一段时期内的社会生活背景特点、义务教育阶段学生的基本情况以及语文学科的发展逻辑。这是语文课程目标修订的基本出发点。②改革开放 40 多年来，我国基础教育课程教学改革的目标方向和价值追求的变迁，经

① 本章所参考和引用的课程标准或教学大纲如无特注，均引自课程教材研究所. 20 世纪中国中小学课程标准 · 教学大纲汇编：语文卷［M］. 北京：人民教育出版社，2001.

② 郑桂华. 2022 年版语文课程标准中课程目标的价值追求［J］. 中学语文教学，2022（5）：8－13.

历了从“双基”到“三维目标”再到“核心素养”三个阶段。本节将在分析课程目标改革历史演变的基础上，总结近几年课改语文课程文件中关于课程目标的规定及呈现特点，进而把握当今新课改提出的语文素养型课程目标体系。

一、语文课程目标改革的三个阶段

回顾历史，课堂目标的演变基本上是沿着“偏重‘双基’—注重‘三维目标’—重视核心素养”这一条轨迹发展前进的。从“双基”的确立，到“三维目标”的提出，再到核心素养的出台，每次转折都会对课堂教学产生深刻且广泛的影响。课程目标的变迁体现了从“学科本位”到“以人为本”的转变，落实了“立德树人”的根本要求，体现正确价值观、必备品格和关键能力的培养要求。① 具体而言可分为以下三个阶段。

（一）“双基”教学的形成和发展过程

改革开放初期，教育领域进入探索阶段，课程教学的主要任务是恢复教学秩序、重视学科知识、提高教学质量。1978 年，教育部参照相关文件，重新修订和颁布《全日制小学暂行工作条例（试行草案）》，之后国家对小学各学科教学大纲进行了修订，开启了改革开放第一拨课程教学改革的征程。作为教学改革的纲领性文件，教学大纲在教学内容上围绕各学科的“双基”进行组织，是知识本位的突出反映。它对教学内容、知识点的具体要求与深度、难度都做了明确清晰的规定。据东北师范大学教授史宁中回忆，直至 1999 年制定我国最后一个教学大纲时，编制者所关心的问题依然是“应当教哪些内容”“应当教到什么程度”。教学大纲在教学活动上凸显“刚性”和“技术”取向，即对教师怎么教给出了规范要求和直接指导。作为教学大纲直接体现的教材，是学科基本知识和基本技能的载体，是对教学大纲所规定的学科知识的“逻辑汇编”和权威解释。教学活动只是教材的展开过程，教师充当教材的代言人，学生的学习就是对教材的理解、记忆和掌握。②

1996—1998 年，教育部基础教育司针对我国现行义务教育阶段课程方案的实施状况进行了大规模的抽样调查，包括全国 9 个省市 72 个地区约 16 000 名学生和 2 500名教师、校长。调查结果表明：第一，74% 的校长、62% 的教师认为教材中体现得较好的目标是基础知识和技能。与此形成鲜明对比的是，只有 3% 的校长、4% 的教师认为教材中体现得较好的目标是自主创造，2% 的校长、4% 的教师认为教材中体现得较好的目标是搜集利用信息的能力，1% 的校长、3% 的教师认为教材中体现

① 戴正兴，缪旭芳. 用好语文新课标开启课改新征程［J］. 语文教学通讯，2022（27）：10－12.

② 余文森. 从“双基”到三维目标再到核心素养：改革开放 40 年我国课程教学改革的三个阶段［J］. 课程·教材·教法，2019（9）：40－47.

现得较好的目标是健康。这意味着，广大校长和教师认为基础知识和技能是教材的核心构成，而自主创造、搜集利用信息的能力、健康被漠视，或处于教材的边缘。第二，60% 的教师与同事谈论最多的话题是基础知识与技能，50% 的教师与同事谈论最多的话题是解题技巧。与此形成对比的是，只有 10% 的教师与同事谈论的话题是个性发展、情感态度。这充分表明，广大教师对课程目标的关注焦点是基础知识与技能。第三，50% 的校长、35% 的教师认为在学生身上体现最好的目标是基础知识与技能，而在学生身上表现最差的目标依次是劳动态度与技能、动手能力、自主创造能力、搜集利用信息的能力。当教师把关注的焦点置于基础知识与技能时，其必然成为学生素质的核心。①

通过我国与西方教育的比较可以发现，我国学生的优势在于知识、技能、解题能力、勤奋与刻苦，不足之处在于实践能力、创造性、情感体验与自尊自信等方面。以“双基”为中心的教学，从大纲到教材再到课堂，形成了一整套我国特有的“双基”教学论：重视基础知识的讲授、基本技能的训练，讲究精讲多练，主张“练中学”，相信“熟能生巧”，追求基础知识的记忆和掌握、基本技能的操演和熟练，以让学生获得扎实的基础知识、熟练的基本技能和较高的解题能力为主要教学目标。这样一套教学体系在历史上有其合理性和进步性，对于稳定教学秩序、提高教学质量也发挥了重要作用。这在改革开放初期特定的历史背景下，具有特别重要的意义：一是在全社会尽快形成一种尊重知识的风气，极大满足了人们对知识普遍而强烈的饥渴感，营造了“知识就是力量”的社会文化；二是尽快把学校教育从“政治中心”“劳动中心”转向“学科中心”“学习中心”，使学校课程教学初步回到了自己的轨道。

但是，“双基”本位的教学在其发展过程中逐步背离了“人的全面发展”的主题和方向，具体表现为三方面：一是“双基”教学本身存在片面性，“双基”只是学科的载体，不是学科的核心；只是学科的表层，不是学科的深层；“双基”教学不能体现学科的完整性、本质性。以“双基”为主要目的甚至是唯一目的的教学本身就是对学科和学科教育的割裂、浅化。二是“双基”教学强化了“三中心”教育传统。“双基论”实际上是传统“三中心”（以课本为中心、以课堂为中心、以教师为中心）教育思想的集中体现。学生学习以书本知识为中心，教学过程以课堂为中心，课堂教学以教师为中心，并由此形成了中国特有的教材文化和“双基”情结，严重地窄化了教育应有的内涵。② 三是“双基”教学与应试教育无缝对接，“双基”易教易考，二者一拍即合，并愈演愈烈，最终导致二者走向“繁难偏旧”和“死记硬背”的怪圈，从根本上背离了教育促进人的全面发展的宗旨，并使教育丧失了本该有的生命力。

---

① 余文森．课程教学改革目标方向的 40 年变迁［N］．中国教育时报，2018－12－25.

② 余文森．从“双基”到三维目标再到核心素养：改革开放 40 年我国课程教学改革的三个阶段［J］．课程·教材·教法，2019（9）：40－47.

（二）从“双基”走向“三维目标”

“双基”教学作为一种具体的教学策略、模式和要求，有其可取之处，但作为一种教学目的和价值导向，特别是作为引领整个课程教学改革的指导思想，已经不合时宜，由其演绎出来的整个课程教学体系严重滞后时代的发展。第八次课程改革正是在这样的背景下登场的，其标志性文件是2001年6月教育部印发的《基础教育课程改革纲要（试行）》。该文件明确提出，课程目标要根据“知识与技能”“过程与方法”“情感态度与价值观”三个维度设计，形成一个立体结构（简称“三维目标”），如图3－1所示。

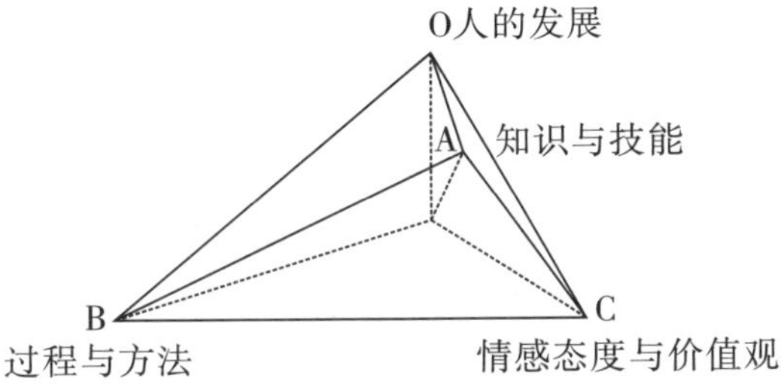

图3－1　“三维目标”

“知识与技能目标”是整个目标结构的基础元素。语文课程要学生掌握的知识和技能是一个很丰富的系统。知识方面，一般包括语文学科知识和其他科学文化知识；技能方面，一般包括听说读写和其他智力技能。

“过程与方法目标”是课程目标中最具动态性的元素。所谓过程，其本质是以学生认知为基础的知、情、意、行的培养和发展过程；所谓方法，是指学生在学习过程中采用并学会的方法。把“过程与方法”作为课程目标之一是课程标准的显著特征，体现了对学生学习能力培养的显性要求。

“情感态度与价值观目标”是在目标结构中具有绝对人格导向性的元素。情感是人对外界刺激所产生的肯定或否定的内心体验和心理反应，表现出来的喜怒哀乐就是态度，价值观是对人和事物积极作用的评价和取舍的观念。它们是人的素质中的非智能因素。[①] 把“情感态度与价值观”作为课程目标之一体现了对学生态度养成和人格发展的关注。

总之，“三维目标”中的三维是互相促进、不可分割的有机整体。“知识与技能”维度的目标立足于让学生“学会”；“过程与方法”维度的目标立足于让学生“会学”；“情感态度与价值观”维度的目标立足于让学生“乐学”。[②] 从学生学习的角度，“三维目标”对应着学生“学会”“会学”“乐学”，是学生完整学习的体现。

---

① 陈建伟. 中学语文课程与教学论［M］. 2版. 广州：暨南大学出版社，2008：14－15.

② 王萍. 基于心理学原理的语文教学设计［M］. 广州：广东高等教育出版社，2018：23.

课程教学改革从“双基”走向“三维目标”，它的进步是不言而喻的。这其中既有量变也有质变，量变就是从“一维”到“三维”，质变就是强调学生的发展是“三维”的整合结果。从学科角度讲，“三维目标”较之于“双基”更完整地反映了学科的完整性和本质性。任何学科知识都包括知识内容、知识形式和知识旨趣三个维度，知识内容的主干部分就是基础知识和技能，是一门学科中最外显的部分；知识形式是一门学科的认知方式和思维形式，是学科基础知识与基本技能形成和获得的必经路径和方式，表现为“过程与方法”，是一门学科的内在构造；学科旨趣是“内在于知识内容、形式背后，表征着知识生产的目的、宗旨、理想、情感、信念与价值追求”，表现为“情感态度与价值观”，是一门学科的精神灵魂。

（三）课程教学改革进入核心素养新时代

语文核心素养的提出，其背景可追溯至国际教育变革的发展动向。随着学科分化的加速和学科知识的累积，学生的认知负担和学习挑战也越来越大。为应对这一问题，一些国家和国际组织开始关注“核心素养”的研究，力图从日益细密的学科中筛选出那些对学生最为重要的知识。

1997 年 12 月，经济合作与发展组织（OECD）启动了“素养的界定与遴选：理论和概念基础”项目，并于 2003 年提出了三个方面的核心素养：能互动地使用工具，能在异质社会团体中互动，能自主地行动。

2002 年，美国 21 世纪学习合作组织制定了“21 世纪学习素养框架”（Framework for 21st Century Learning），并于 2007 年发布了该框架的更新版本。美国所提出的核心素养体系是一个完整的学习蓝图，也被称为“21 世纪学习体系”。它以核心素养为中轴，包括学习内容的科目与主题、学习结果的指标以及强大的学习支持系统，见图 3－2。

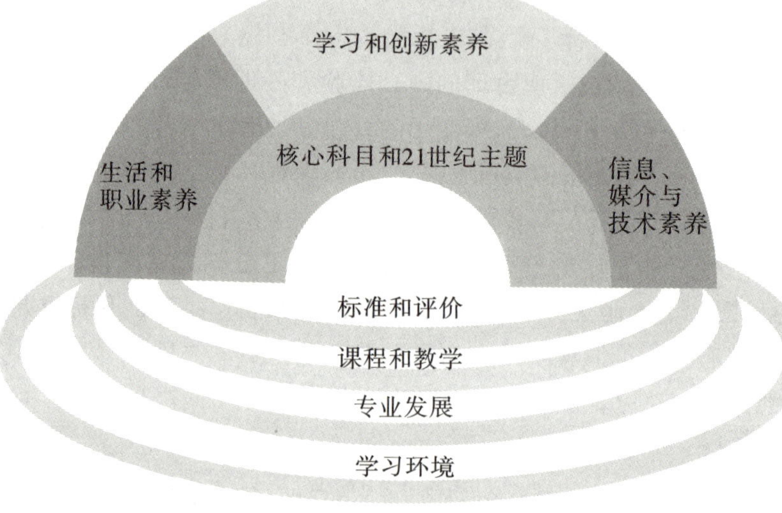

图 3－2　美国“21 世纪学习体系”（学习结果与支持系统）

如图 3－2 所示，“21 世纪学习体系”主要包含三个部分，图中彩虹部分的外环呈现的是学生学习结果的内容，即核心素养的指标成分，其主要包括“学习和创新素养”“信息、媒介与技术素养”“生活和职业素养”三个方面。这三个方面主要描述的是学生在未来工作和生活中所必须掌握的技能、知识和专业智能。我们将其称为“核心素养”，它是内容知识、具体技能、专业智能与素养的融合。

随后，2004 年芬兰颁布了《基础教育国家核心课程》。2006 年欧盟通过《针对终身学习的关键能力：欧洲参考框架》。2008 年澳大利亚发布《墨尔本宣言》。2010 年新加坡教育部颁布了新加坡学生的“21 世纪素养”框架，旨在培养自信的人、自主学习者、积极贡献者和热心的公民，如图 3－3 所示。

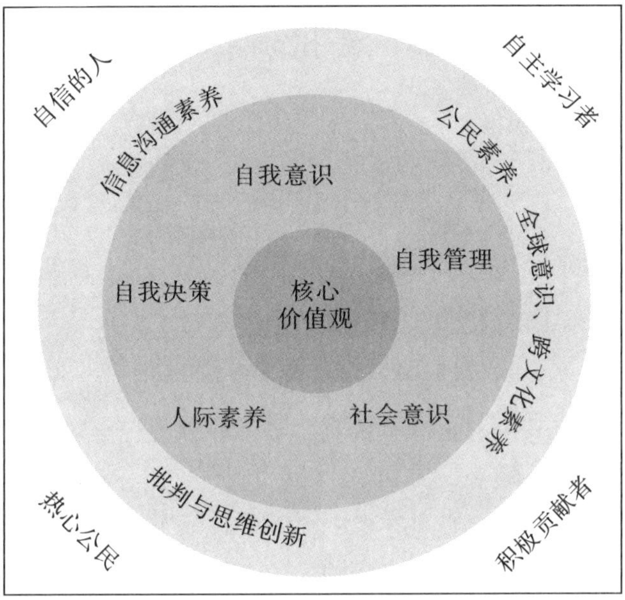

图 3－3　新加坡“21 世纪素养”框架

2013 年，日本国立教育研究所发布《培养适应社会变化的素质与能力的教育课程编制的基本原理》报告，提出实践力、思考力、基础力三项能力。[①] 2013 年联合国教科文组织发布报告《走向全球化的学习：每位儿童应当学什么》。这些文件都反映了建构学生核心素养模式的共同追求。[②]

在国际“核心素养”研究的推动下，“核心素养”于 2014 年 3 月首次出现在《教育部关于全面深化课程改革落实立德树人根本任务的意见》中，并被置于深化课程改革、落实立德树人根本任务的首要位置，成为修订课程标准、研制学业质量标准的重

① 左璜. 基础教育课程改革的国际趋势：走向核心素养为本［J］. 课程·教材·教法，2016（2）：39－46.

② 郑昀，徐林祥. 从“双基”到“三维目标”，再到“核心素养”：新中国成立以来语文学科教学目标述评［J］. 课程·教材·教法，2017（10）：43－49.

要依据。2016 年 9 月，中国学生发展核心素养总体框架正式发布，以培养“全面发展的人”为核心，从文化基础、自主发展、社会参与三个方面，凝练出人文底蕴、科学精神、学会学习、健康生活、责任担当、实践创新六大素养（见图 3－4），具体细化为国家认同等 18 个基本要点。核心素养总体框架的发布，引发了社会高度关注。

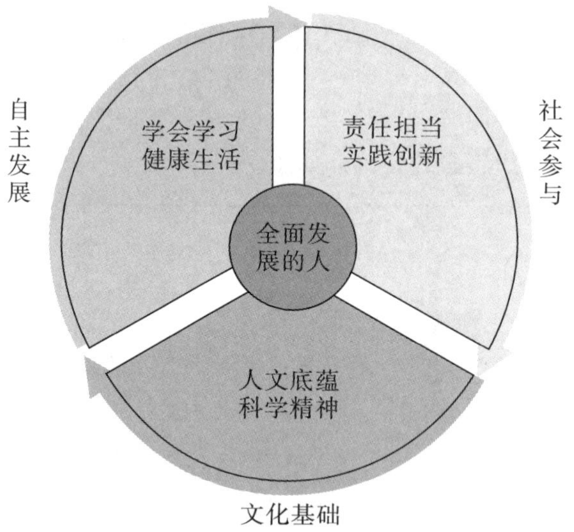

图 3－4　核心素养体系总框架

2018 年 1 月，基于学科核心素养的高中各学科课程标准陆续颁布，课程教学改革进入核心素养新时代。随着 2022 年版课标的颁布，核心素养也正式成为基础教育阶段课程目标的核心概念。核心素养之于“三维目标”，同样也是既有传承的一面，也有超越的一面。传承更多体现在“内涵”上，超越更多体现在“性质”上。作为核心素养主要构成的关键能力和必备品格，实际上是“三维目标”的提炼和整合，把知识与技能及过程与方法提炼为能力，把情感态度与价值观提炼为品格。能力和品格的形成即“三维目标”的有机统一。若从形成机制来讲，核心素养是“三维目标”的进一步提炼与整合，是通过系统的学科学习之后而获得的。“三维目标”是核心素养形成的要素和路径。①

“双基”是外在的，主要是从学科的视角来刻画课程与教学的内容和要求；素养是内在的，是从人的视角来界定课程与教学的内容和要求；“三维目标”是由外在走向内在的中间环节。相对于“双基”，“三维目标”的理论比较全面和深入，但“三维目标”依然有不足之处，其一是缺乏对教育内在性、人本性、整体性和终极性的关注；其二是缺乏对人的发展内涵特别是关键的素质要求进行清晰地描述和科学地界定。因此，教师在教学过程中需要由“三维目标”走向核心素养。只有这

① 余文森. 从三维目标走向核心素养是课改深化的标志［J］. 人民教育，2016（19）：27.

样，才能实现教育对人的真正的全面回归。相对“三维目标”，素养更具内在性和终极性的意义。[①]

二、近几次课改语文课程文件中关于课程目标的总结

近几年课改语文课程文件中关于课程目标的规定及呈现的特点，如表 3－1 所示。

表 3－1　近几次课改语文课程文件中关于课程目标的规定及呈现的特点

时期	课程文件	目标理念	主要特点
改革开放第一波课程教学改革（第五次课改 1977—1980 年）	《全日制十年制学校小学语文教学大纲（试行草案）》	加强“双基”训练：基础知识和基本技能，注重智力培养	教育部通过成立“教材编审领导小组”，重建人民教育出版社，确定中小学基本学制（十年制），使用第五套全国通用中小学教材等举措，实现课程领域的拨乱反正。提出“双基”任务，编写第五套全国通用教材
第六次课改（1981—1985 年）	《全日制六年制城市小学教学计划（草案）》、《全日制六年制农村小学教学计划（草案）》	加强“双基”教学，三个面向：面向现代化，面向世界，面向未来	将研究如何减轻学生的学业负担，提高教学质量、使学生生动活泼地发展作为初等学校教学改革的重点
第七次课改（1986—2000 年）	《全日制小学语文教学大纲》《九年制义务教育全日制小学语文教学大纲（初审稿）》		为教育事业发展提供了体制创新和法律保障，特别是后者的出台，确立了义务教育的性质和地位

① 余文森. 从三维目标走向核心素养［J］. 华东师范大学学报：教育科学版，2016（1）：11－13.

续上表

时期	课程文件	目标理念	主要特点
第八次课改（2001—2017年）	《全日制义务教育语文课程标准（实验稿）》	“三维目标”：知识与技能、过程与方法、情感态度与价值观	打破了原来以“双基”为主线界定课程功能的思维模式，凸显了语文课程作为“人的发展的基础”的综合性功能，拓展了“基础”的内涵，使其走出“双基”的拘束
	《义务教育语文课程标准（2011年版）》	“三维目标”：知识与技能、过程与方法、情感态度与价值观，三者相互渗透，融为一体，目标设计着眼于语文素养的整体提高	突出语文课程的核心目标：学习祖国语言文字的运用
第九次课改（2017—）	《义务教育语文课程标准（2022年版）》	语文核心素养：文化自信、语言运用、思维能力、审美创造	明确语文核心素养的概念，突出育人取向，体现学生立场，强调课程整合，彰显时代特点

由表3－1可知，以核心素养为中心的课程目标体系与以往几版课程标准内容和表述方式有不少区别，当然会给教学实施带来挑战。不过，课程发展之间有很强的连续性，尤其是21世纪后的三版课程标准，存在明显的继承关系。例如，《全日制义务教育语文课程标准（实验稿）》在“课程的基本理念”中提出“三维目标”和“语文素养”概念，2011年版课标则正式将它们列入了“总体目标与内容”中，而2022年版课标中的核心素养，其实是对“三维目标”和语文素养观的进一步凝练和结构化。三版课程标准目标在追求整体、强调关联、注重实践方面的努力是一脉相承的。也就是说，核心素养目标体系对前者来说并不是替代，而是发展。可以看出，基于核心素养目标的教学实施，完全可以从过去的教学经验开始，比如一些教师探索的整体感知、单元教学、基于真实情境的教学，以及有交流目的的写作，都是在往这条路上走。因此，一线教师不妨先对自己的教学经验做些梳理，并从自己熟悉的领域和成功之处开始，逐步接近核心素养观的教学要求。①

三、语文素养型课程目标体系解读

培养学生的核心素养是全面深化课程改革、落实立德树人根本任务的关键举措。

① 郑桂华. 2022年版语文课程标准中课程目标的价值追求［J］. 中学语文教学，2022（5）：8－13.

在启动此次课程方案和各科课程标准修订时，教育部明确要求各门学科均需提炼、描绘本学科核心素养的表现样态，建构素养型的目标体系，以突出学科的育人导向。为回应这一要求，2022 年版课标在“课程理念”的第一条即明确提出：“义务教育语文课程围绕立德树人根本任务，充分发挥其独特的育人功能和奠基作用，以促进学生核心素养发展为目的，以识字与写字、阅读与鉴赏、表达与交流、梳理与探究等语文实践活动为主线，综合构建素养型课程目标体系。”那么，在语文课程中，核心素养的内涵和样态到底是怎样的呢？

2022 年版课标在“课程目标”部分对“核心素养”的内涵做了如下界定：“核心素养是学生通过课程学习逐步形成的正确价值观、必备品格和关键能力，是课程育人价值的集中体现。义务教育语文课程培养的核心素养，是学生在积极的语文实践活动中积累、建构并在真实的语言运用情境中表现出来的，是文化自信和语言运用、思维能力、审美创造的综合体现。”① 这一定义主要包含了以下三层意思。

（一）语文核心素养的四个方面是彼此融合而又有所侧重的关系

2022 年版课标强调，语文课程培育的核心素养“是文化自信、语言运用、思维能力、审美创造的综合体现”。其中“综合体现”四个字非常重要，意在提醒我们：语文核心素养四个方面之间是彼此融合又有所侧重的关系。从实际的教学活动来看，四者是动态地融合于同一个语文活动之中的，犹如盐溶于水，你中有我，我中有你，难以分离。而从课程的功能来看，语言运用和其他三者又不可等量齐观。在四者之中，只有语言运用是语文课程的专责，其他三者则是各门课程均需关注的内容。

（二）语文核心素养产生于“积极的语文实践活动”

为了彰显语文课程的实践性，2022 年版课标进一步强调了“语文实践活动”的重要性。所谓语文实践活动，从操作层面说，就是“让学生从使用语言中学习语言，从说话中学习说话，从聆听中学习聆听，从阅读中学习阅读，从习作中学习习作”。而本次修订之所以加上“积极”一词，意在强调它不同于自然状态下的语文学习活动，而是由教师精心设计和组织的、具有强烈目标指向和学习兴味的活动；是能够引导学生更容易、更快速地借助积累形成语言直觉（即语感）并借助建构领悟语言规律（即语理）的活动。

（三）语文核心素养需要依托“真实的语言运用情境”

普通高中语文课程标准修订组组长王宁先生认为：“所谓‘情境’，指的是课堂

---

① 中华人民共和国教育部. 义务教育语文课程标准（2022 年版）[S]. 北京：北京师范大学出版社，2022：2－4.

教学内容涉及的语境。所谓‘真实’，指的是这种语境对学生而言是真实的，是他们在继续学习和今后生活中能够遇到的，也就是能引起他们联想，启发他们往下思考，从而在这个思考过程中获得需要的方法，积累必要的资源，丰富语言文字运用的经验。”王宁先生用“语境”来解释“情境”，一是强调情境的“语言本位”，即它必须要能够引导学生在文字中“走上几个来回”；二是强调它必须指向方法指导和问题解决，而不是“纸上谈兵”“花拳绣腿”。[①] 语文核心素养的四个方面以及语言运用的语理、语感、语境三个因素，共同构成了一个外延逐层扩大的“彩虹模型”（见图 3－5）。[②]

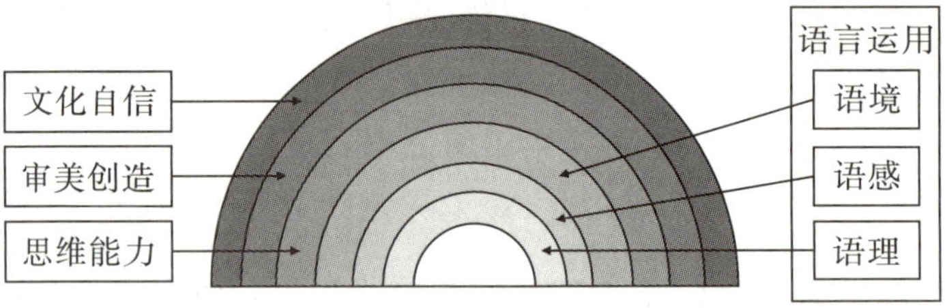

图 3－5　语文课程中的核心素养彩虹模型

◆第二节◆

基于语文核心素养的教学目标制定

确定核心素养导向下的课程目标是本次义务教育课程标准修订的最重要变化之一。2022 年版课标的修订坚持素养立意，强化了语文课程的育人导向，优化了课程内容结构，研制了学业质量标准，增强了指导性，加强了学段衔接。核心素养语境下的课程改革必然会引起语文课堂教学的一系列转变：教学目标从指向“三维目标”转向“核心素养”；教学内容从“语文知识体系”转向“语文核心素养体系”；教学方式从“反复记忆与强化训练”转向“丰富多彩的语文实践活动”；教学评价从“以语文知识为中心”转向“以学业质量标准为导向”。如何使核心素养在课堂上落地生根，构建核心素养语境下的新课堂，教学策略与途径的考量，将是今后的一个时期着力探讨的问题。[③] 教师要如何理解与把握素养立意，进而在教学实践中有效落实核心素养导向下的课程目标呢？下面对课程目标与教学目标、学业质量的

---

① 《语文建设》编辑部．语文学习任务群的“是”与“非”：北京师范大学王宁教授访谈［J］．语文建设，2019（1）：4－7.

② 申宣成．义务教育语文课程标准修订：背景、内容与实施［J］．全球教育展望，2022（6）：14－23.

③ 戴正兴，缪旭芳．用好语文新课标开启课改新征程［J］．语文教学通讯，2022（27）：10－12.

关系、撰写教学目标的步骤以及注意事项的阐述，将有助于进一步澄清问题。

一、课程目标与教学目标的关系

目标是人们在一定时段内通过某种活动或过程所要达到的预期结果或愿景。教育改革是国家结合当时政治，经济、社会、文化等发展状况而进行的。由上一节的介绍可知，40 多年来我国经历过三次大的教育改革，以适应不同时期人才培养和选拔的要求。每一次教育改革都有显著的印记，这种印记往往体现在教育目标的变化上。国家顶层的教育总目标通过学科课程目标来体现，在课程目标的统领下有模块教学目标（学段目标）、内容目标（任务群目标）、教学目标（包括单元目标、课时目标）。各类目标之间有上位和下位之间的从属关系，如图 3－6 所示。

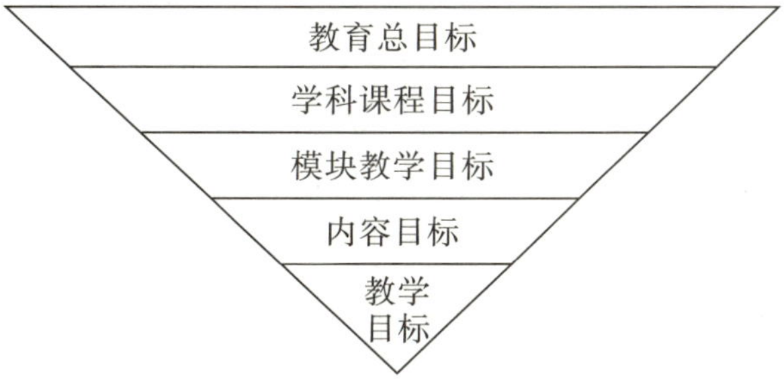

图 3－6　“倒三角形”教育目标体系

教学目标是教师期望通过教学活动所达成的预期结果，是其课程观、教材观、学生观及评价观的具体体现，是学科专业素养的集中反映，以及对课堂教学价值及意义综合考虑的文本表达。教学目标影响教学内容、教学组织形式及教学策略的选择，通过指导学科课堂教学实践，落实课标要求，进而达成模块教学（学段）目标，最终实现学科课程总目标。在教学目标的制定过程中，教师应对课程标准中不同层次的培育要求进行“分解”与“组合”，理解核心素养培育的指导意义和作用，将核心素养思想具体化到每节课的教学目标中（见图 3－7）。

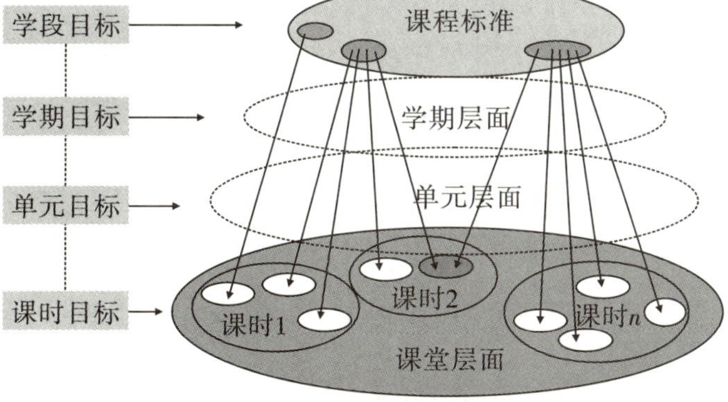

图 3－7　课程标准中不同层面的教学目标

总之，从图3－6、图3－7可以看出，教学目标是各上位目标“落地”的关键。[①] 教师在课堂教学目标的具体制定中需要考虑不同层面的要求，每一层面的目标在指导的范围与时间、实施中的运用与功能上都是不同的。同时，它们之间也是相互联系和影响的，在一定程度上属于一般与个别的关系。目标内容与要求的逐级展现，从课程不同的运行阶段上保证了素养化培育的整体方向和具体要求的一致性。因此，教学目标的制定要处理好不同级目标之间的关系。

教学目标可分为单元目标与课时目标。不同教学内容所应该达成的目标侧重程度与方面是不同的，有必要将这一级别的目标进一步具体化。这部分表述呈现在了课程标准的“学段要求”“内容组织与呈现方式”中，其作用通常是针对一个学段的目标要求。而落实到课堂教学环节中的单元、课时目标，则对指导教学具有最为直接而具体的作用，它比上两级目标都更有实际的意义与价值，但其制定需要依据上两级目标，在落实核心素养的过程中也更难操作。由于课程标准的“学段要求”“内容组织与呈现方式”并没有具体到每个教学框题所应该实现的具体要求，这就需要教师根据教学内容与学生的实际情况，将课程标准中的精神有针对性地逐步落实到单元或课时目标中。教师若对处于上位学科课程目标、中位模块教学目标（学段目标）与下位教学目标之间的关系认识不清，无法处理好核心素养不同水平要求之间的承上启下关系，就会导致教学目标不能明确核心素养的具体指向。[②]

从对核心素养思想的呈现程度上来看，2022年版课标规定的整个小学语文课程目标的要求比较“抽象”与“宏大”，其中的素养化追求并没有规定其实现的具体要求，只是给出了一个大致的方向与脉络，为课程的开发与建设指明方向，对课程的运行具有全局性的指导作用。课时目标的要求比较“具体”与“细小”，需要直接阐释具体的学习过程后应实现的素养培育任务。从教学实施角度来看，小学语文课程目标包含有复杂的、多方面的内容与方向，以抽象的、框架式的阐述提供了与整个课程有关的较为概括的目标，帮助教师对课程运行中的目标有个宏观的规划，可以认为是“课程的一种教学宗旨和意图，被陈述的目的在于激发想象和给课程受用者提供他们努力追求的某种东西”。教学目标制定中考虑的是如何将这些宏观的方向性目标，具体落实到不同教学过程中的诸环节中去。从核心素养达成的时间跨度上来看，课程目标中的核心素养要求需要在整个课程运行中的时间（至少是小学语文课完成的12个学期）内进行，这是较长时间实施的结果，需要诸多的教学过程组成；而教学目标则是一个课题（框题）的实施结果，一般需要在几天或一节课内完成。当然，这只是对整个课程计划的预期，真正的效果还需要根据不同的教学

---

① 郭芳英. 教学目标从“双基”到“三维”再到“核心素养”的变革［J］. 中学地理教学参考，2018（15）：18－20.

② 李寒梅. 基于核心素养的教学目标制定：困惑、问题与策略——以高中“哲学与文化”课程为例［J］. 教学月刊：中学版（政治教学），2018（9）：3－6.

情况来确定。

在对贯彻核心素养的初步探索阶段，教学目标的制定必须首先要从技术与内容上处理好不同级目标之间的逻辑关系。2022 年版课标的课程目标中，无论是四个方面的核心素养，还是某一项核心素养中的一系列要求，都是针对整个义务教育阶段语文课程而言的总目标，不可能全部体现或落实到每一节课的教学中。也就是说，一节课不可能落实太多的核心素养要求。特别是这些核心素养的培育要求是对整个课程运行的方向性引领，指导的是整个义务教育阶段语文课程的培育过程，不能将这些目标的宏观表述直接拿来作为教学目标的制定与实施，需要与较高水平的语文教育专业知识与教育教学理论的结合，加以层级化与具体化。为此，2022 年版课标指出，“教师应充分认识到语文课程工具性与人文性是统一的，从培养核心素养出发，把握四个方面整体交融的特点，设定教学目标时既有所侧重，又融为一体。注意在识字与写字、阅读与鉴赏、表达与交流、梳理与探究的过程中，整体提升学生的核心素养。注意教学目标之间的关联，避免将核心素养四个方面简单罗列”①。

二、逆向教学设计中教学（学习）目标的分析步骤

受现代社会注重效率的影响，小学语文教学设计中追求教学目标的达成效率成为一些教学模式的最高目标。例如，泰勒的目标模式由确定教学目标、根据教学目标选择合适的经验、根据教学目标合理组织经验、根据教学目标评价结果四部分组成，并围绕教学目标形成了一个封闭的教学循环。受泰勒目标模式的影响，部分小学语文教师在教学设计时往往会预先设计一个固定不变的目标，并在对目标进行明晰、细化和分解的基础上不断加快教学进程，以最高的效率实现预设的教学目标。姑且不论提前预设的目标是否合理，这一行为本身也是不恰当的，因为教学目标需在具体的教学情境中，通过师生之间不断地探索、合作、修正方可达成。特别是小学语文教学很大一部分价值就在于师生共同探索的过程，单纯追求目标达成效率的教学设计忽视了教学过程中丰富的价值意蕴。

针对传统教学设计存在的弊端，美国学者戈兰特·威金斯（Grant Wiggins）提出了逆向教学设计（Backward Design）的新思路。“评价设计先于教学活动设计”是逆向教学设计的主要特征。教学的逆向设计过程可分为三步，设计步骤如图 3－8 所示。

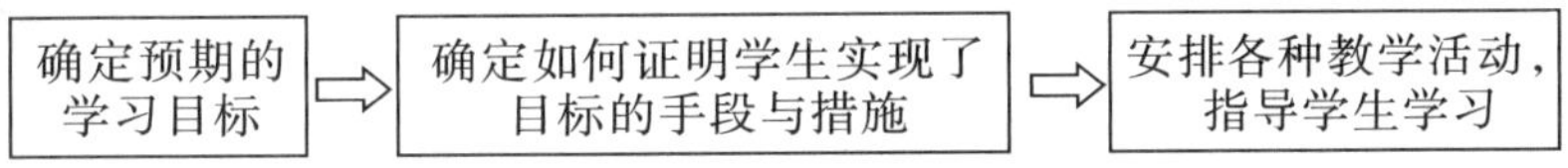

图 3－8 逆向教学设计的步骤

① 中华人民共和国教育部. 义务教育语文课程标准（2022 年版）[S]. 北京：北京师范大学出版社，2022：44.

第一步，确定预期的学习目标。教师首先要思考学习目标是什么？通过教学活动的开展，学生应该知道什么？应该理解什么或者能够做什么？在这一步骤中，教师要充分地考虑已有的课程标准，同时也要依据学生的学习特点，制定符合课程标准的要求、适合当前学生学习需要的学习目标。

第二步，确定如何证明学生实现了学习目标的手段与措施。教师要依据学习目标设计学生的学习评价，即教师如何知道学生是否已实现了预期的学习结果？如何能证明学生掌握和理解了相关的内容？教学活动设计前，有目的地设计学习评价，可以帮助教师带着问题思考教学。

第三步，安排各种教学活动，指导学生学习。教师在确定预期学习结果、完成教学评价设计之后，就需要安排明确的教学计划，其中包括学习经验的选择与组织、方法与策略的选择等。学习经验的选择和组织以及具体教学指导都应指向目标的实现。①

需注意的是，逆向教学设计并不是简单的线性设计过程，它同样也需要在教学实施过程中不断调整和完善，适应当时的教学环境，达成预期的学习结果。② 在逆向教学设计中，学习目标的设置不仅对促进学生深度学习起着关键性作用，也是设计与实施后续教学环节的重要前提。确定学习目标的步骤一般包括：①列出该课时课程标准所要求的具体内容，就是相关课标陈述。②解读并分解课程标准，确认标准所要求达到的能力要求，包括知识性目标（了解、理解、学会），技能性目标（积累、观察、讲述），情感目标（感受、体会、领悟）。③依据课程标准和教材，确认“行为动词”“行为条件”“认知内容”。④依据学情，设计出每个点的学习结果（行为结果），即学到什么程度。⑤叙写出完整的教学目标。下面结合案例 3－1 进行说明。

小案例

案例 3－1　统编版小学四年级下册“诗歌单元”的目标设计③

【课程标准】

2022 年版课标对第二学段的现代诗教学提出了明确要求：“诵读优秀诗文，注意在诵读过程中体验情感，展开想象，领略诗文大意。”

【教材内容】

统编版小学语文教材呈现的是“双线组元”的结构体系。“双线组元”指的是采用“人文主题”和“语文要素”两条线索相结合的方式来组合和编排单

① 威金斯，麦克泰格．理解力培养与课程设计：一种教学和评价的新实践［M］．么加利，译．北京：中国轻工业出版社，2003：14－24.

② 李锋．基于课程标准的教学设计研究［D］．上海：华东师范大学，2010.

③ 朱文辉，胡美玉，冀蒙．统编版小学语文逆向教学设计的研究：以小学四年级下册“诗歌单元”为例［J］．天津师范大学学报：基础教育版，2022（3）：34－39.

元内容，统编版小学四年级下册“诗歌单元”的“人文主题”是“诗歌，让我们用美丽的眼睛看世界”。“语文要素”包括：①初步了解现代诗的一些特点，体会诗歌的情感；②能根据需要收集资料，初步学习整理资料的方法；③合作编写小诗集，举办诗歌朗诵会。

这一诗歌单元教学的重点是让学生通过了解现代诗的特点，进而感悟诗人表达的感情。该单元所选的现代诗分别是冰心的《短诗三首》、艾青的《绿》、叶赛宁的《白桦》、戴望舒的《在天晴了的时候》。这几首诗虽然展现的背景和表达的思想感情不同，但却浸透着诗人运用“自由的形式和美感的语言”来抒发的丰富感情。在强调落实语文核心素养的当下，教师在诗歌教学时应在把握“诵读和感悟诗人感情”的基础上，鼓励学生学习诗人的写作手法，积极创作诗歌。

【学情】

从学情来说，四年级的学生在以往学习中已经积累了一些学习现代诗的经验，因此，再学习现代诗的结构元素并进行仿写便具有了一定的可行性。但是考虑到现代诗中的押韵、想象、节奏感强等语言特点以及感受诗歌思想感情的学习要求等，教师要能够引导学生运用多种方式进行反复朗读、认真体会。

【单元教学设计】

本单元的大概念确定为“诗歌是一种表达感情、经验或思想的写作形式”。教学设计可要求学生结合诗歌体裁的特点，独立地创作表达自己思想感情的诗歌，能够围绕“是什么让诗歌成为一种独特的写作形式”“人们为什么写诗”“如何写诗”这三个基本问题，设计出表现性任务，即学生独立创作发表自己的诗歌，由此环环相扣地建构起整个单元教学设计。

以“大概念”来组织单元教学，是基础教育改革的趋势。作为我国基础教育改革的“排头兵”，语文学科的课程标准、统编教材和一线教学正在积极进行探索，也面临着一系列迫切需要解答的理论和实践问题。“大概念”的提法，源于以内容知识为主的科学学科。然而，科学与语文有较大的学科差异，语文学科以过程技能为主。① 案例 3－1 呈现了教师通过对课标、教材以及学情的分析与整合，如何科学确定基于“大概念”的单元学习目标的过程。学习目标确定的关键点在于“大概念”，教学设计的难点也在于如何提炼“大概念”。“大概念”是综合性的高阶目标，指向真实世界的问题解决。将“大概念”引入小学语文逆向教学设计不仅能够突破基本概念间的表面联系，指向概念间的精神内核，更为重要的是可以融通学校教育与真实世界，形成持久性理解。但是“大概念具有高度的抽象性、概括性和间接

---

① 高晶，王荣生. 过程技能与“大概念”：以语文学科为背景［J］. 课程·教材·教法，2021（7）：91－98.

性，既不利于学生直接理解，也不便于直接对教学进行组织”。它的落实必须具化于单元教学设计中。钟启泉教授指出：“在思考教学单元的设计中，关键的问题不在于‘大单元’与‘小单元’之别，而在于超越学科（知识）与经验（活动）的二元对立，求得单元组织的进化。因为，‘排斥活动的知识’或者‘排斥知识的活动’终究是畸形的‘无意义学习’。”① “大概念”可以作为一种超越二元对立、求得单元组织进化的关键锚点和融通学校教育与真实世界的统整性要素。②

三、陈述教学（学习）目标的方法

（一）ABCD目标陈述法

行为目标表述模式以行为主义心理学为理论基础，是指用可以观察的或可以测量的行为来描述课堂教学目标。目标表述的行为化是由美国心理学家马杰（Mager）最终完成的。1962年，马杰出版的《准备教学目标》一书被视为“陈述教学目标中发起的一场革命”。③ 此后不久，阿姆斯特朗（Armstrong）和塞维吉（Savage）以马杰的行为目标理论为基础，提出了一个教学目标的表述要包括四个要素，分别是对象（audience）、行为（behavior）、行为条件（condition）、表现程度（degree），简称ABCD模式。

（1）A——对象：阐明教学对象（学习者）。

（2）B——行为：说明通过学习以后，学习者应该能做什么。

（3）C——行为条件：说明上述行为在什么条件下产生的。

（4）D——表现程度：评述上述行为是否合格的最低衡量依据。

把以上四个方面合在一起，就可得到完整的教学目标的陈述。在表述时，上面这四个方面的内容没有一定的顺序规定，次序可以颠倒，但必须都包括在内。例如：

1. 提供一篇新闻，学生能将文章中陈述事实与发表议论的句子进行分类，至少90%的句子正确。
（C. 行为条件）（A. 对象）（B. 行为）（D. 表现程度）

2. 经过本文的学习，每位学生都必须在五分钟的默读中正确地说出本篇记叙文大部分的语言特点。
（A. 对象）（C. 行为条件）（B. 行为）（D. 表现程度）

3. 经过本文的学习，每位学生能用三种以上不同的开头结尾法，根据提供的一则材料写记叙文。
（A. 对象）（D. 表现程度）（C. 行为条件）（B. 行为）

在运用这种方式陈述教学目标时，应注意教学目标描述的是学生的学习行为，而不是教师的行为，一般不用来描述教师的教学程序或活动安排，如“使学生”

---

① 钟启泉. 从“知识本位”转向“素养本位”：课程改革的挑战性课题［J］. 基础教育课程，2021（11）：4－20.

② 朱文辉，胡美玉，冀蒙. 统编版小学语文逆向教学设计的研究：以小学四年级下册“诗歌单元”为例［J］. 天津师范大学学报：基础教育版，2022（3）：34－39.

③ 王小明. 教学论：心理学取向［M］. 上海：上海教育出版社，2005：55.

“让学生”以及“提高学生”“培养学生”等描述。总的来看，现在欧美国家较多用ABCD模式来陈述教学目标。在我国，此模式尽管在“情感态度与价值观”目标陈述的使用上还存在一些缺陷，但它确实能够较好地发挥教学目标的导向、聚合、激励和评价作用，也是目前运用最广泛的目标陈述方式。[①]

（二）KUD目标陈述法

2022年版课标进一步精选了学科内容，重视以学科“大概念”为核心，使课程内容结构化，以主题为引领，使课程内容情境化，促进学科核心素养的落实。美国教育专家林恩·埃里克森（H. Lynn Erickson）博士与洛伊斯·兰宁（Lois A. Lanning）博士提出的“以概念为本的课程与教学”理念为核心素养的落实提供了切实的途径。[②] 该理论采用以观点为中心，概念为本的学习模式，推动学生从事实性知识走向概念性理解的学习。作为概念为本的核心——KUD（know 知道，understand 理解，do 能做）的意义在于聚焦概念性视角，提出引导性问题，使学生在事实性层面上“知道”，概念性层面上“理解”，技能和过程层面上“做”，帮助学生发现新旧知识间的联系，为其终身学习提供大脑图式。基于“概念为本的学习模式”进行教学目标设计，我们称之为KUD目标陈述法。

“概念为本的学习模式”紧紧围绕“知道”“理解”和“能做”这三个维度进行学习目标设定，恰巧也符合美国著名应用语言学家克拉申（Stephen D. Krashen）提出的“i+1”理论（i代表习得者现有水平，1代表略高于习得者现有水平的语言材料）。这种方式有助于学生明确学习目标，清晰地知道自己学习完一个话题或者一个词语、一个句式之后，自己应该知道哪些内容、理解哪些概念、利用所学知识能做哪些事情。单元目标是学生通过单元学习后要达到的预期结果，是中观层面上的教学目标，是落实课程目标的基本单位。有关学者将“概念为本”的课程理念与单元教学目标设计相结合，确立了课时目标的流程图，如图3-9所示。

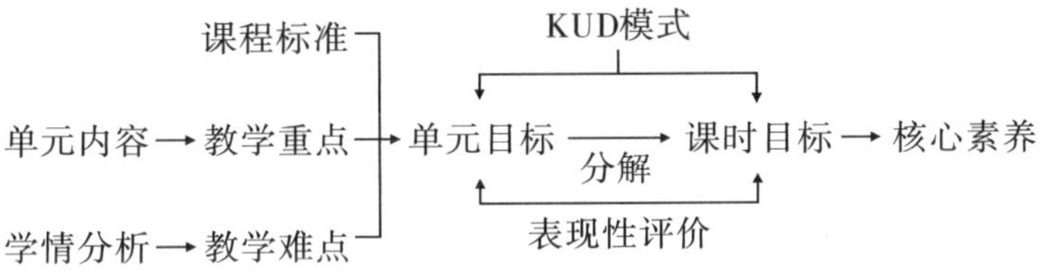

图3-9　单元目标与课时目标确立流程图

KUD目标陈述法包括学生将会知道、学生将会理解、学生将能够做以下三个方面的内容。

---

① 赵慧君. 阅读教学目标达成策略研究［D］. 长沙：湖南师范大学，2012.

② 埃里克森，兰宁. 以概念为本的课程与教学：培养核心素养的绝佳实践［M］. 鲁效孔，译. 上海：华东师范大学出版社，2018.

（1）K 即学生将会知道（know）。它包含四个方面：①事实性知识，如神话诞生的原因和流传方式，故事起因、经过、结果的定义；②概念性知识，如神话想象的三个角度；③程序性知识，如如何撰写一个完整的故事；④元认知知识，如运用归类对比方法和思维导图等工具可以分析神话故事。

（2）U 即学生将会理解（understand）。“理解”目标是学习任务指向的顶点，是需要学生长期掌握的、抽象的基本观念。它揭示了需要持久理解的“大概念”。

（3）D 即学生将能够做（do）。“能够做”目标是指学生在经历了特定的学习活动后所呈现出的、指向评价证据的行为。这些行为本身就是学习成果的一部分。

总的来看，“能够做”目标既检验了“知道”和“理解”目标的达成度，同时又促进“知道”和“理解”目标的进一步深化和落实。下面借助的案例 3－2 来呈现在实际中是如何采用 KUD 目标陈述法来设定学习目标，从而有的放矢地帮助学生清晰界定学习要求的。

小案例

案例 3－2　KUD 目标陈述法的设计实例①

在小学语文逆向教学设计中，预期的学习结果可以从下列三个维度来分析。

一是学习迁移，指本单元确定的一个或多个长久的迁移目标，强调学习者通过单元学习后可成功迁移所学，并独立自主地解决真实情境中的问题，常常以“学生能自主地将所学运用到……”“学生将会独立地使用……”来表述。

二是理解意义，包括理解和基本问题。理解是指学生在掌握知识技能的基础上达到对意义的理解，它源于具有内在迁移性的大概念并指向本单元内容的核心本质，在架构理解时可以将其陈述为“学生们应该理解……”的完整句子，基本问题是指引导学生进行探究性学习的关键性问题。

三是掌握知能，通过本单元的学习，学生将知道什么、能做什么。通过对课程标准、教学内容以及学情的分析，进而将提炼出的诗歌大概念解构为学习目标的三个维度，并借助 KUD 目标陈述法进行呈现（见表 3－2）。

---

① 朱文辉，胡美玉，冀蒙. 统编版小学语文逆向教学设计的研究：以小学四年级下册“诗歌单元”为例［J］. 天津师范大学学报：基础教育版，2022（3）：34－39.

表 3－2　阶段一：明确预期的学习目标

<table>
<tr><th>课程标准</th><th colspan="2">学习迁移</th></tr>
<tr><td rowspan="5">诵读优秀诗文，注意在诵读过程中体验情感，展开想象，领悟诗文大意</td><td colspan="2">学生将会独立地使用诗歌结构元素写出表达思想感情的诗歌</td></tr>
<tr><td colspan="2">理解意义</td></tr>
<tr><td>U 即学生将会理解：诗歌内容滋养心灵，兼备音韵和情感之美；诗人写诗是为了表达他们的思想感情</td><td>基本问题
学生将不断地思考：什么是诗歌？现代诗歌有什么样的特点？人们为什么要写诗？怎样才能使写的诗更完美？如何多途径收集和整理诗歌？</td></tr>
<tr><td colspan="2">掌握知能</td></tr>
<tr><td>K 即学生将会知道：诗歌的类型、现代诗的特点、诗歌结构元素、写作四步骤、收集资料的多种途径</td><td>D 即学生将能够做：通过写作步骤（计划、起草、修改/编辑和出版）来撰写诗歌，表达自己的想法和感受；根据需要收集资料，初步学习整理资料的方法</td></tr>
</table>

案例 3－2 体现了 KUD 目标陈述法的运用。教师按照依据“概念为本的学习模式”能够明确学习目标，即学生需要知道什么、理解什么并最终学会做什么，从内容覆盖向观点形成转化。对于不同层次的学生，教师可以进行分层教学，依据最终要形成的观点或理论制定差异化策略，帮助学生达到概念性的理解。KUD 目标陈述法为“教学评一致性”提供了有力保障，采用的是“确定预期结果—确定合适的评价证据—设计学习体验和教学”的逆向设计进行，从而提高学生的学科核心素养。

本章小结

课程目标是按照国家的教育方针根据学生的身心发展规律通过完成规定的教育任务和学科内容使学生达到的培养目标。课程目标是课程编制、课程实施和课程评价的准则和指南，在课程标准中属于主体部分。语文课程目标则是从语文学科的角度规定人才培养的具体规格和质量要求。为适应经济发展及教育改革的需要，国家课程方案会进行适时调整，这势必会引起各学科课程在目标、内容、难度、评价等方面的变化。其中，我国课程目标经历了从“双基”到“三维目标”再到“核心素养”的变化历程。纵观近几年课改语文课程文件中关于课程目标的规定，呈现了虽有差异但却一脉相承的特点。教师在解读语文素养型课程目标体系时，应明确语文核心素养的四个方面是彼此融合而又有所侧重的关系，语文核心素养产生于“积极的语文实践活动”，而且需要依托“真实的语言运用情境”。

教师进行基于语文核心素养的教学目标制定时，首先要明确课程目标与教学目标的关系。其次，教师需要把握逆向教学设计中教学（学习）目标的分析步骤，即包括三个步骤：第一步，确定预期的学习目标；第二步，制定如何证明学生实现了学习目标的手段与措施；第三步，安排各种教学活动，指导学习活动，达成学习目标。最后，教师还需要掌握陈述教学（学习）目标的方法，即 ABCD 目标陈述法和 KUD 目标陈述法。

思考与练习

1. 谈谈你对当今语文课改建构的素养型课程目标体系的理解。

2. 结合实例分析说明如何进行教学目标设计。

3. 结合实例，谈谈你对在教学实践中有效落实核心素养导向下的课程目标的认识。

第四章
小学语文课程内容研究

学习目标

1. 识记：语文学习任务群的内涵和特点，从语文课程设计到课程实施的“三重转换”；

2. 理解：小学语文课程内容的主题与载体形式，小学语文学习任务群的设计理念；

3. 运用：小学语文学习任务群的教学建议，小学语文学习任务群的实施路径；

4. 分析：义务教育语文课程六大任务群之间的结构关系。

学习概要

本章第一节的重点是介绍小学语文课程内容的主题与载体形式，分析小学语文课程内容转换为教材内容的过程。第二节是介绍语文课程内容的组织模式及学习任务群的提出，明确语文学习任务群的内涵和特点，分析不同语文学习任务群的结构关系。第三节则是了解小学语文学习任务群的教学建议，明确小学语文学习任务群的实施路径，理解小学语文学习任务群的设计理念。

第一节
小学语文课程内容的主题、载体形式及转换

一、小学语文课程内容的主题与载体形式

长期以来，学界对“哪些语文知识和技能应纳入课程”“根据什么原则选择课程内容”“以何种方式呈现和教学课程内容”没有形成共识，在“避免系统和完整地进行知识的讲授和操练”的掩盖下，语文课程内容其实是缺位的。以前多个版本

的语文教学大纲和课程标准（包括2011年版课标）都没有对课程内容做出结构化、系统化的描述，只是在课程目标中附带列举某些课程内容，或以“附录”的形式明确某些语文基础知识及其载体（常用字、语法修辞常识、古诗文篇目等）。①

优化课程内容结构是此次课程标准修订的一大变化。具体来看，“以习近平新时代中国特色社会主义思想为统领，基于核心素养发展要求，遴选重要观念、主题内容和基础知识，设计课程内容，增强内容与育人目标的联系，优化内容组织形式。设立跨学科主题学习活动，加强学科间相互关联，带动课程综合化实施，强化实践性要求”是2022年版课标对课程内容的指导思想、原则要求、基本结构、重点内容的相关表述。② 其中，为坚持目标导向、落实习近平新时代中国特色社会主义思想，2022年版课标要求将社会主义先进文化、革命文化、中华优秀传统文化、国家安全、生命安全与健康等重大主题教育有机融入课程，增强课程思想性，因此课程内容的主题与载体形式方面则特别强调了中华优秀传统文化、革命文化以及社会主义先进文化等，具体表述如表4－1所示。

表4－1　语文课程内容的主题与载体形式

文化	主　题	载体形式
中华优秀传统文化	围绕创造性转化和创新性发展要求，弘扬讲仁爱、重民本、守诚信、崇正义、尚和合、求大同等核心思想理念；弘扬有利于促进社会和谐、鼓励人们向上向善的中华人文精神；弘扬自强不息、敬业乐群、扶危济困、见义勇为、孝老爱亲等中华传统美德	主要载体为汉字、书法，成语、格言警句，神话传说、寓言故事、历史故事、民间故事、中华民族团结一家亲的故事，古代诗词、古代散文、古典小说，古代文化常识、传统节日、风俗习惯等
革命文化	围绕伟大建党精神，确定革命文化内容主题，注重反映理想信念、爱国情怀、艰苦奋斗、无私奉献、顽强斗争和英勇无畏等革命传统	主要载体为老一辈无产阶级革命家和革命英雄人物的代表性作品及反映他们生平事迹的传记、故事等作品，反映党领导人民革命的伟大历程和重要事件的作品，有关革命传统人物、事件、节日、纪念日活动等方面的作品，阐发革命精神的作品，革命圣地、革命旧址和革命文物等

① 柯孔标．从三维目标到核心素养：《义务教育语文课程标准（2022年版）》解读之一［J］．教学月刊：小学版（语文），2022（5）：4－7．

② 陈贤彬．新课标“课程内容”的解读与建议［J］．小学教学：语文版，2022（6）：9－12．

续上表

文化	主 题	载体形式
社会主义先进文化	围绕社会主义核心价值观，确定社会主义先进文化内容主题，突出爱党、爱国、爱社会主义相统一	反映社会主义建设事业中取得的重大成就、涌现出来的模范人物与先进事迹的作品；反映当代中国从站起来、富起来到强起来的奋斗历程和重大事件，以及体现中国式现代化新道路和人类文明新形态的相关作品；反映和谐互助、共同富裕、改革创新、劳动创造美好生活等方面的作品

中华优秀传统文化、革命文化和社会主义先进文化是语文课程内容的主要组成部分，占其比重的60%～70%，应根据不同学段特点对各类主题的学习内容进行统筹安排。课程标准对三大主题在不同学段提出了教学要求，如表4－2所示。

表4－2　课程标准对三大主题教学的学段要求

学段	要求
第一学段	注重引导学生关注中华优秀传统文化在日常生活中的表现，初步感受中华优秀传统文化的重要价值；初步懂得幸福生活是革命前辈浴血奋战、艰苦奋斗换来的，激发学生对革命领袖、革命家、英雄人物的崇敬之情
第二学段	注重引导学生感悟国家通用语言文字的文化内涵，初步认识中华优秀传统文化蕴含的思想和智慧；感悟革命英雄模范人物的爱国主义情怀和高尚品质，激发学生向英雄模范学习的意愿和行动，培养对中国共产党和中华人民共和国的朴素情感，增强民族自豪感
第三学段	注重引导学生了解中华优秀传统文化的源远流长、丰富多彩，提升自身中华优秀传统文化修养；感受先贤志士的人格魅力，感悟老一辈无产阶级革命家的英雄气概、优良作风和高尚品质，体会捍卫民族尊严、维护国家利益和世界和平的伟大精神

除如表4－1所示的三大主题外，2022年版课标还对其他主题与载体形式做了补充说明，即“选择反映世界文明优秀成果、科技进步、日常生活特别是儿童生活等方面的主题，其主要载体为外国文学名著、科普科幻作品、实用性文章、中外优秀儿童文学作品等”，占比30%～40%。纳入反映自然、科技、生活等方面的应用、说明、记叙类作品，以及外国优秀文化作品有助于学生了解和吸收人类文明优秀成果，不断开阔文化视野，增强文化底蕴。此外，2022年版课标提出了“各类主题的主要载体还应包括口头和书面交流与沟通、跨媒介阅读与表达等语文实践活动”这一具体操作建议。总的来看，反映三大主题材料的作品占60%～70%，其他作品占30%～40%。这一规定为教材编写、语文考试评价命题提供了基本的内容和主题参考。

二、小学语文课程内容转换为教材内容的过程

小学语文课程内容不仅与课程目标具有内在的逻辑联系，还指导和规范着语文教材的研制与编写。教材编者如何把语文课程内容转换为教材内容呢？我们发现其中存在着两个重要领域：一是课程标准或教学大纲的研制，二是课程教科书的编制。这是两个在目的、任务、职责、参与人员等方面都存在着明显不同的领域，但是，它们又具有一定的连续性。换言之，由课程设计到课程实施的全程中存在着如下三重转换：第一重转换——课程目标的内容化，第二重转换——课程内容的教材化，第三重转换——教材内容的教学化，如图 4 - 1 所示。

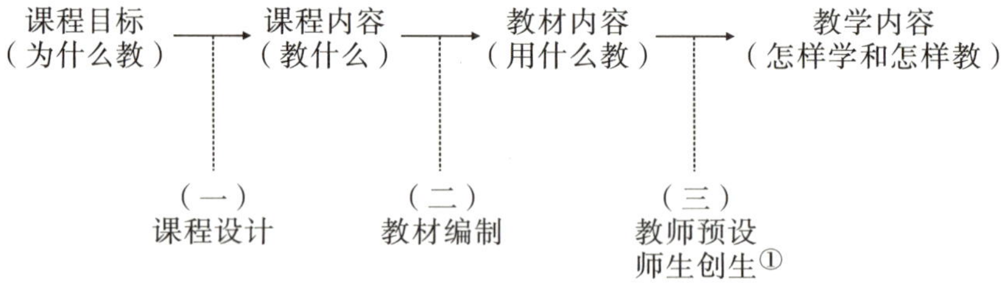

图 4 - 1 从语文课程设计到课程实施的“三重转换”示意图

（一）第一重转换——课程目标的内容化

从课程设计到课程实施要做好三步工作，首先是研制出语文课程目标，解决“为什么教”的问题，继而研制出语文课程内容，解决“教什么”的问题。此为第一重转换，即课程设计，工作主体是课程专家、学科专家，也吸收部分学科教学专家。[②]在这三重转换中，第一重转换，即把课程目标转换为相应的课程内容，是课程研制的中心环节。因为课程内容上承课程目标，下启教材和教学，直接指导和规范着教材编制和撰写，直接决定着学生学和教师教的内容、过程与方法。因此，课程内容是由课程设计到课程实施全程中的枢纽。

（二）第二重转换——课程内容的教材化

以课程标准为指导，研制语文教材，完成课程内容向教材内容的转换过程。此为第二重转换，即教材编制，主体是语文教材专家、语文教学专家，并吸收少量中小学骨干教师。小学语文教材是语文课程目标、课程内容的载体，其编制质量的高

---

① “创生”作为一种教育教学理念，其本质是指创设适合师生生命成长的环境生态，以此导引师生不断获得新的创造性的发展。

② 吴忠豪．小学语文课程标准与教材研究［M］．北京：教育科学出版社，2016：60 - 61.

低直接影响到小学语文的课程目标、课程内容能否得以落实，影响到小学教育的目的能否实现。教材的编者对于审慎遴选出来的课程内容，需要进行大量精细的教学论加工，以使教科书成为便于学生学习和利于教师教学的专业文本。

在把课程内容转化为教材内容的过程中，需要教材编写者付出艰苦的劳作。教材编写者力求注入独特的学术见识，表现其非凡的教育智慧。① 对此，有研究者指出："在这种加工中，其实蕴含了'文化内容''教育内容''教材（教科书）'三个不同层次的概念。我们应该依据教育宗旨，首先从浩瀚的人类'文化内容'中精选出作为'教育内容'的核心知识，然后围绕核心知识收集、组织大量的素材，然后才能谈得上'教材（教科书）'的编制工作。多年来，我们的课程教材改革工作缺乏对这种文化内容—教育内容—教材（教科书）的区分及对其运作程序的把握。"②

课程内容的建构是语文课程标准研制过程中的核心议题之一。不同于以往课程标准中的模糊界定，2022 年版课标首次将课程内容单独设章，并对其进行了科学分类和细致表述，回答了"教师教学教什么"和"学生学习学什么"两个重要问题。小学语文教材是民族优秀文化的载体。关于课程内容的三大主题，课程标准在教材编写建议中明确指出："教材编写要高度重视继承和弘扬中华优秀传统文化、革命文化、社会主义先进文化，赓续红色血脉，自觉维护国家统一和民族团结，理解和尊重多样文化。要有助于学生铸牢中华民族共同体意识，增强中华民族自尊心、爱国情感、集体意识和文化自信，形成正确的世界观、人生观、价值观。"这次部编版语文教材的编写也力求将社会主义核心价值观、中华民族优秀传统文化、良好的思想道德风尚等人文教育内容自然地融合在教材之中，激发学生热爱祖国的思想感情，培养自尊自信、勤劳勇敢、自强不息的美好品德，增强社会责任感。③

（三）第三重转换——教材内容的教学化

将静态的教材内容动态地转化形成教学内容，这一转换工作的主体是教师和学生。使用教材，首先要确立正确的教材理念，提倡教师"用教材教"而不是"教教材"，其实质就是教师能够根据自己的特点、学生的实际状况重新整合教材，使教学内容更加符合具体的教学情境，从而取得更好的效果。

例如，革命文化题材的课文对学生语文学习和精神成长具有重要意义。在统编

① 韩雪屏．从课程论高度研究母语教材［J］．中学语文教学，2009（7）：77－78.

② 钟启泉，等．为了中华民族的复兴　为了每位学生的发展：《基础教育课程改革纲要（试行）》解读［M］．上海：华东师范大学出版社，2001：214.

③ 徐轶．守正创新　特色鲜明：部编义务教育语文教科书一年级上册分析［J］．小学语文，2016（9）：18－24.

版小学语文高年级教科书的编排中，此类文本往往以主题单元的形式呈现，更凸显其重要性。相比于以往的单篇的零散安排，主题单元意味着统整的视野。同时，由于进入高年级的学习，更要考虑能力序列的定位。因此，教师不仅需要从教材编排、语文要素以及学情视角等维度进行思考，还要思考如下两个问题：首先，作为多次出现的人文主题，如何进行整体把握，实现人文主题和语文要素的螺旋式推进？其次，此类教材既要落实语文要素，又承载着革命传统教育的任务，怎样让两者有机交融，体现“文道统一”？最后，此类教材内容远离学生的生活实际，怎样缩短学生与文本间的距离，使其在语文实践中接受革命传统教育，内化为精神追求？因此，在教学革命文化类单元时，应处理好三重关系：整体与部分的关系、语文要素与人文主题的关系、文本与生本间的关系。①

对语文教材进行整合，不仅可以使教学内容处理过程实现最优化，同时还可以促进其他方面如教学方法、教学结构的改革。例如，魏书生老师把语文知识建构成一个有主有次、互为联系的“知识树”，为此，对传统的教学过程进行了改革，形成了与“知识树”相适应的“六步法”。②

◆第二节◆

小学语文课程的内容组织与呈现方式

2022 年版课标在遵循义务教育阶段学生身心发展规律和语文核心素养形成规律的基础上，设置“语言文字积累与梳理”“实用性阅读与交流”“文学阅读与创意表达”“思辨性阅读与表达”“整本书阅读”“跨学科学习”六个学习任务群。这些任务群融通中华优秀传统文化、革命文化和社会主义先进文化，凸显语文课程“以文化人”的价值取向；聚焦国家通用语言文字的学习和运用，突出义务教育阶段语文课程的基础性；对接普通高中语文课程标准，进一步推动语文课程内容结构的深度变革。③ 课程内容深刻影响课程实施中教与学的活动方式。小学语文课程内容采用学习任务群的形式来组织与呈现。那么什么是学习任务群？有何特点？按照内容整合程度提出的六大任务群之间有何关系？本节将对此进行回答。

---

① 谢慧云. 梳理·细化·融通：革命文化类单元备课路径——以六年级下册第四单元为例[J]. 福建教育，2020（1）：45－47.

② 焦名海. 谈语文教学内容的整合［J］. 深圳教育学院学报，1996（1）：53－56.

③ 王潭娟，徐鹏. 义务教育语文学习任务群的结构关系及教学建议［J］. 语文建设，2022（11）：9－12，27.

一、语文课程内容的组织模式及学习任务群的提出

21 世纪以来，中国的经济、科技、文化，以至我们整个的社会生活，都发生了深刻的变化，在这个情况下对国民素质和人才培养的目标都提出了新的要求。据此，我国提出了中国学生发展六大核心素养，回归到教学中，培养学生的核心素养指向着对教学方式的一次重要更新。学校是主课堂、主阵地，学校课程的改革必须要跟时代的发展接轨，与时俱进。因此，语文教学领域提出了要转变教师教的方式和学生学的方式，任务群率先打响了头阵，学生通过独立思考探究，小组组团合作学习，体验感悟等形式来走进语文天地，这些变化纷纷体现出任务群作为新生事物，成为教学改革中早早树起的一面旗帜，有望成为实现我国人才培养新目标的重要途径。①

从以往语文课程建设经验来看，语文课程内容的组织模式有四种，具体而言：一是按知识领域或知识类型组织。例如，1956 年颁布的汉语教学大纲将课程内容分为语音、词汇、语法、修辞、文字、标点符号六个板块，文学教学大纲则是分成文学作品和文学理论常识、文学史知识两大类。二是按社会生活领域或主题类型组织。例如，1941 年颁布的《小学国语科课程标准》规定的初级学段语文教材内容，按“关于个人生活的”“关于学校生活的”“关于家庭生活的”“关于乡土生活的”等划分板块。三是按学习活动类型组织。例如，2011 年版课标的“识字与写字”“阅读”“写作（写话、习作）”“口语交际”“综合性学习”，这些课程内容的划分和组织线索是学习活动。四是按模块组织课程内容。例如，2003 年颁布的《普通高中语文课程标准（实验）》的学习内容，设有“语文 1”至“语文 5”五个必修模块和“系列 1”至“系列 5”五个选修系列，就是模块化组织。新课标用学习任务群组织课程内容，可以看作是模块型课程的升级。②

学习任务群还深受 20 世纪 80 年代欧洲提出的“任务型语言教学（task-based language teaching，TBLT）”的影响。欧洲理事会一直致力于推广这种教学方法。该组织在其发布的《欧洲语言学习、教学、评价共同参考框架》（*Common European Framework of Reference for Languages*：*Learning*，*Teaching*，*Assessment*）中强调，语言使用者和学习者首先是一个“社会人”（social agent），是一个需要在特定的条件和情境中、在特定的领域内完成各种任务（不一定只是语言活动）的社会成员。任务型语言教学法源自交际法，并建立在扎实的第二语言习得理论和研究基础上，对

① 许愿. 高中语文“实用性阅读与交流”学习任务群教学设计探索［D］. 长沙：湖南师范大学，2019.

② 郑桂华. 义务教育语文学习任务群的价值、结构与实施［J］. 课程 · 教材 · 教法，2022（8）：25 – 32.

外语学习和教学产生了重要影响。[1] 进入21世纪，以情境任务驱动语言学习逐渐成为国际母语教育的热点。以美国为例，为提高学生的学业成绩和国际竞争力、促进教育机会公平并为学生就业做好准备，2010年，美国发布的《英语语言文学艺术共同核心州立标准》（*Common Core State Standards for English Language Arts*）就突破了传统的序列性知识体系，强调以任务为导向，引导学生在实践运用中提升读写听说能力。[2] 任务型语言教学注重培养学生在真实任务中使用语言进行交际的能力，强调“做中学”。这与新课标中要培养学生综合语言运用能力的目标和教学理念是一致的。

二、语文学习任务群的内涵

“学习任务群”最初出现在《普通高中语文课程标准（2017年版）》中，主要分布于“‘课程结构’之‘设计依据’”“课程内容”以及“实施建议”三处关键位置，其具体描述是：

“语文学习任务群”以任务为导向，以学习项目为载体，整合学习情境、学习内容、学习方法和学习资源，引导学生在运用语言的过程中提升语文素养。[3]

2022年版课标继承了学习任务群的理念，但并没有对此专业术语进行内涵的阐释，只是在“课程理念”“‘课程内容’之‘内容组织与呈现方式’”和“课程实施”三个部分皆有对“语文学习任务群”做不同程度的介绍。

第一处在“课程理念”部分指出：

义务教育语文课程结构遵循学生身心发展规律和核心素养形成的内在逻辑，以生活为基础，以语文实践活动为主线，以学习主题为引领，以学习任务为载体，整合学习内容、情境、方法和资源等要素，设计语文学习任务群。

第二处在“课程内容”部分指出：

义务教育阶段语文课程内容主要以学习任务群组织与呈现。设计语文学习任务，要围绕特定学习主题，确定具有内在逻辑关联的语文实践活动。语文学习任务群，由相互关联的系列语文学习任务组成，共同指向学生核心素养的发展，具有情境性、实践性、综合性。

第三处在“课程实施”部分又紧接着对任务群与各要素、活动间的关系做了说明：

---

① 秦洁.《任务型语言教学：理论与实践》评介［J］. 现代外语，2021（6）：870－874.

② 申宣成. 义务教育语文课程标准修订：背景、内容与实施［J］. 全球教育展望，2022（6）：14－23.

③ 中华人民共和国教育部. 普通高中语文课程标准（2017年版）［S］. 北京：人民教育出版社，2018：8.

依托学习任务整合学习情境、学习内容、学习方法和学习资源，安排连贯的语文实践活动。[1]

由上可见，关于语文学习任务群的本质属性，课程标准修订稿没有用专门的语段进行界定，而是采用类似描述性定义的方式，对其形态、要素、分类、功能等进行了阐释。美国著名教育哲学家谢弗勒（Israel Scheffler）在《教育的语言》指出，教育的语言可以分为三类，即规定性定义、描述性定义和纲领性定义。规定性定义是创制性的定义，就是作者自己所下的定义，要求这个被界说的术语在后面的讨论中，始终表示这种规定的定义。描述性定义是适当地描述被界说的对象或者使用该术语的方法。纲领性定义是说教育应该怎样，它往往包含着“是”和“应当”两种成分，是描述性定义与规定性定义的综合。[2] 对照谢弗勒对于定义的分类可知，语文新课程标准“课程理念”部分对学习任务群的阐述为描述性定义，它用身心发展规律、核心素养、生活、语文实践活动、学习主题、学习任务、学习内容、情境、方法、资源等十个关键词对语文学习任务群进行了描述。[3]

综上所述，可将“语文学习任务群”定义为：语文学习任务群是遵循学生身心发展规律，按照学生核心素养形成逻辑，以生活为基础，以学习主题为引领，依托相互关联的系列学习任务整合学习情境、内容、方法和资源，安排连贯的语文实践活动的组织呈现形式，具有情境性、实践性和综合性的特征。

三、语文学习任务群的特点

（一）情境性

情境性是语文学习任务群突出的特点之一。“语文学习任务群”教学需要创设情境，语文实践活动只有在情境中才得以展开。2022 年版课标在“课程理念”中明确规定，“义务教育语文课程实施从学生语文生活实际出发，创设丰富多样的学习情境，设计富有挑战性的学习任务，激发学生的好奇心、想象、求知欲，促进学生自主、合作、探究学习”。

2022 年版课标在“教学建议”中指出，“学习情境的设置要符合核心素养整体提升和螺旋式发展的一般规律。语文学习情境源于生活中语言文字运用的真实需求，服务于解决现实生活的真实问题。创设情境，应建立语文学习、社会生活和学生经验之间的关联，符合学生认知水平；应整合关键的语文知识和语文能力，体现运用

① 中华人民共和国教育部．义务教育语文课程标准（2022 年版）［S］．北京：人民教育出版社，2022：19.

② 瞿葆奎，沈剑平．教育学文集·教育与教育学［M］．北京：人民教育出版社，1993：32.

③ 申宣成．语文学习任务群的背景、内涵与结构逻辑探析［J］．语文建设，2022（11）：4－8.

语文解决典型问题的过程和方法。创设学习情境，教师应利用无时不有、无处不在的语文学习资源与实践机会，引导学生关注家庭生活、校园生活、社会生活等相关经验，增强在各种场合学语文、用语文的意识，建设开放的语文学习空间，激发学生探究问题、解决问题的兴趣和热情，引导学生在多样的日常生活场景和社会实践活动中学习语言文字运用”。

（二）实践性

语文课程是一门学习国家通用语言文字运用的综合性、实践性课程。2022 年版课标反复强调以“识字与写字、阅读与鉴赏、表达与交流、梳理与探究等语文实践活动为主线”开展教学，促进语文核心素养的形成。[①] 新背景下的“任务群”学习是多种实践交织互动的学习，不仅有传统的识字与写字、阅读与鉴赏、表达与交流，还有新提出的梳理与探究，最大限度地彰显了语文学习形式的多样性。其中，阅读与鉴赏、表达与交流、梳理与探究，并不等同于常说的听说读写，可以说是听说读写在核心素养时代的升级版。

阅读与鉴赏，不仅是读，而且有鉴赏，既涉及精读、略读、浏览等阅读方法的综合运用，也涉及对文本由表及里的认知、体验、感悟与理解，当然也离不开对语法、修辞、逻辑和文体等多种知识的应用，审美鉴赏融入了阅读的全过程，思维与情感深度参与。表达与交流，不仅是写作与口语交际，更不只是说和写。为了表达和交流而说而写，表达与交流既是一种手段，也是一种目的，还是一种情境。梳理与探究，即通过学习者自身对所学知识的梳理，将所学知识结构化，融入并改善大脑中原有的认知结构。梳理与探究指向主动、个性、探寻、建构，指向知识的情境化、结构化。

这三种语文实践并非彼此孤立、毫无关系，相反，它们之间有着密切的联系。根据刘勰《文心雕龙 · 知音》中“夫缀文者情动而辞发，观文者披文以入情”的观点，有阅读就会有表达，而有阅读和表达后，自然就会有梳理；同理，有鉴赏就会有交流，而有鉴赏和交流后，自然就会有探究。梳理与探究离不开阅读与鉴赏、表达与交流，反之亦然。[②] 每个任务群的学习，都离不开这三种语文实践，或者是单独使用某一种方式，或者是三种方式的灵活运用、综合运用。统领这些的是学习任务。[③]

---

① 戴晓娥. 大单元教学是学习任务群实施的基础［J］. 语文建设，2022（12）：4－8，43.

② 刘飞. 高中语文“学习任务群”：布局、特点与实施路径［J］. 基础教育课程，2019（3）：33－41.

③ 陆志平. 语文学习任务群的特点［J］. 语文学习，2018（3）：4－9.

（三）综合性

语文是学习其他所有学科的基础，语文要与其他学科综合起来。语文是母语，生活中无处不在，无处不需要用到语文。在现实生活中，人们运用语言文字解决问题，需要高度融通各种文本、多样情境、诸多语文知识与技能、言语思维方式及价值观念来完成。基于此，为培养学生的语文核心素养，就需要设置具有综合性特点的学习任务群来顺应现代社会的发展。

学习任务群的综合性体现在它以任务为导向，以学习项目为载体，多方面整合学习情境、学习内容、学习方法和学习资源，引导学生在运用语言的过程中提升语文核心素养。①《普通高中语文课程标准（2017 年版）》指出："学习任务群追求语言、知识、技能和思想情感、文化修养等多方面、多层次目标发展的综合效应，而不是学科知识逐'点'解析、学科技能逐项训练的简单线性排列和连接。"这里面体现的是一种整合思想，不仅是内容和情境上的整合，也是方法和资源上的整合，旨在规避传统的按照"字、词、句、篇、语、修、逻、文、听、说、读、写"组织而成的知识能力体系的教学考试模式。各种语文学习要素在"学习任务群"中不再彼此封闭、相互脱节，而成共生共融、契合一体的关系，"语文核心素养"的四个主要方面"语言、思维、审美、文化"也在"任务群"的学习中得以综合性地发展与提升。

从"三性"的诠释看，情境性、实践性与综合性，是一个一体的过程，三者之间是交叉紧密联系的。强调学习任务群的情境性、实践性和综合性，追求的是课程内容、学生生活、语文实践之间的协调和融通，不是知识点、能力点的简单线性排列，也不是学科知识的逐点解析和学科技能的逐项训练。

四、不同语文学习任务群的结构关系

（一）六个学习任务群之间的关系

2022 年版课标指出，义务教育语文课程按照内容整合程度不断提升，分三个层面设置学习任务群，其中第一层设"语言文字积累与梳理"一个基础型学习任务群，第二层设"实用性阅读与交流""文学阅读与创意表达""思辨性阅读与表达"三个发展型学习任务群，第三层设"整本书阅读""跨学科学习"两个拓展型学习任务群。

从这段表述中不难看出，2022 年版课标对于六个任务群的分类视角为"内容整

---

① 陆志平. 语文学习任务群的特点［J］. 语文学习，2018（3）：4－9.

合程度”。如果进一步考察，就可以发现它们之间还内隐着学科认知和文本类型两种逻辑。所谓学科认知逻辑，指的是从基础型学习任务群到发展型学习任务群，再到拓展型学习任务群，其认知的综合性和复杂性是逐次升高的。而单就第二层的三个发展型学习任务群来说，又遵循了文本功能分类的逻辑。六个学习任务群之间的结构关系，也可以用一个“金字塔”模型来直观地表示。其中，“语言文字积累与梳理”为“底座”，“实用性阅读与交流”“文学阅读与创意表达”“思辨性阅读与表达”为“主体”，“整本书阅读”和“跨学科学习”为包裹在外部的“墙体”，如图 4－2 所示。

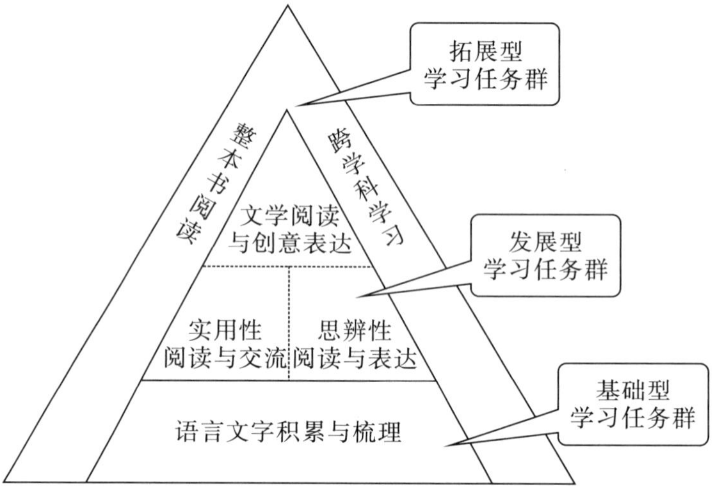

图 4－2　语文学习任务群的结构关系图①

需注意的是，2022 年版课标没有类似高中课程标准中的“中国革命传统作品研习”“中国革命传统作品专题研讨”“中华传统文化经典研习”“中华传统文化专题研讨”等任务群，而是把中华优秀传统文化、革命文化，以及社会主义先进文化的学习内容分散在六个任务群中。例如，“实用性阅读与交流”任务群阅读内容就安排了相关的学习内容。

（二）三大层次学习任务群的内涵

六大任务群既相互独立又相互联系。六大学习任务群的编排不仅是根据内容整合程度安排的，不同学习任务群的内容本身也存在差异。具体而言，分为以下三个层次的学习任务群。

① 申宣成．语文学习任务群的背景、内涵与结构逻辑探析［J］．语文建设，2022（11）：4－8.

1. 基础型学习任务群

“语言文字积累与梳理”是贯穿整个义务教育阶段的重要教学内容，既是基础型学习任务群的学习内容，独立设置任务群的同时也渗透在其他各任务群中，前后贯穿四个学段，学习内容和学习目标呈现螺旋上升的趋势。[①] 例如，“实用性阅读与交流”任务群也要注意识字与写字教学，如第一学段，要求“认识图文中相关的汉字”“学习认识有关标牌、图示”等。需注意的是，根据学段特点，学习任务群的安排可有所侧重。例如，在进行“文学阅读与创意表达”学习任务群的教学时，必然涉及“语言文字积累与梳理”学习任务群的内容，只是此时与语言文字相关的内容不是主要的教学内容。

2. 发展型学习任务群

“实用性阅读与交流”“文学阅读与创意表达”“思辨性阅读与表达”三大任务群，同属发展型学习任务群，既相互独立，又可以根据实际教学的需要进一步整合在一起，在培养目标上有着交叉融通的关系。

三大学习任务群有着相同的内容。“阅读与交流”“阅读与创意表达”“阅读与表达”，说法不同，本质一致。阅读，主要解决信息输入的问题。表达，解决信息输出的问题，在一定的交际语境中，运用、表达、交流变得尤为重要。在输入（阅读）和输出（表达）的中间，是信息的内化，即经过顺应、同化，完成建构，形成认知图式。也就是说，输入的东西，必须要经过主观能动，客体才能成为主体的东西，然后在特定的情境中，有了交流的需要，才会生产表达。这种“输入—内化—输出”的过程，三个任务群在本质上都是共同具有的。但是，加诸“实用”“文学”和“思辨”，则三个任务群的性质和思维方法就有了区别。

三大任务群分别指向不同文体类型的学习。“实用性阅读与交流”任务群指向实用类文本的学习，“文学阅读与创意表达”任务群指向的是文学类文本的学习，“思辨性阅读与表达”任务群指向的是论述类文本的学习。不同的学习任务群中，阅读的要求和方法是“因文而异”的；写的方面，“交流”“创意表达”和“表达”也体现出一定的差异。[②] 为此，三大任务群学习的对象和思维方式是有所区别的，描述也存在明显的不同。

“实用性阅读与交流”指向生活实用，只求实用性和普适性，思维方式以定义、解释、认同、操作为主。在此任务群中，“阅读”是通过倾听、阅读、观察，获取、整合有价值的信息；“交流”则是根据具体交际情境和交流对象，清楚得体的表达，

---

① 陆志平.《义务教育语文课程标准（2022 年版）》修订的整体思路［J］. 中学语文教学，2022（5）：4－7.

② 孙和平. 关于语文学习任务群的理解和实施建议［J］. 语文教学通讯，2022（26）：12－15.

有效传递信息，满足交流沟通的需要。

“文学阅读与创意表达”本质上是以感悟、体验为主的审美活动，其思维方式以虚构、想象、联想等形象思维为主。在此任务群中，“阅读”是通过整体感知、联想想象，感受文学语言和形象的独特魅力，获得个性化的审美体验，了解作品特点，欣赏和评价语言文字，提高审美品位；“创意表达”则是观察、感受自然与社会，表达自己独特的体验与思考，尝试创作文学作品。

“思辨性阅读与表达”本质上是以思辨、批判为主的理性活动，其思维方式以逻辑分析为主。在此任务群中，“阅读”是通过阅读、比较、推断、质疑、讨论等方式，梳理观点、事实与材料及其关系，辨析态度与立场，辨别是非、善恶、美丑；“表达”则是负责任、有中心、有条理、重证据地表达，培养理性思维和理性精神。[①]

总的来说，三个任务群的比较如表 4 – 3 所示。

表 4 – 3　发展型三个任务群的比较[②]

学习任务群	相同的内容与过程	不同的目的、价值	不同的思维特点
实用性阅读与交流	输入：理解、积累探究； 内化：顺应、同化、建构； 输出：运用、表达、交流	功利实用	认同与操作
文学阅读与创意表达		文学审美	虚构与想象
思辨性阅读与表达		理性思辨	批判与审辨

3. 拓展型学习任务群

学习任务群的三个层面是按照内容整合程度划分的。整合程度最低的“语言文字积累与梳理”属于基础型学习，整合程度较高的“实用性阅读与交流”“文学阅读与创意表达”“思辨性阅读与表达”属于发展型学习，整合程度更高的“整本书阅读”“跨学科学习”属于拓展型学习。例如，“整本书阅读”学习任务群，因为整本书就包含了不同的语篇类型（实用性、文学性、思辨性），其学习任务中，就必然整合了基础型和发展型学习任务群所指向的学习内容。“整本书阅读”学习任务群与“文学阅读与创意表达”学习任务群存在内容上的交叉。整本书的阅读也会涉及文学类作品的阅读，此时的教学内容的整合程度更加复杂。[③]“整本书阅读”学习任务群尽管包括文学类作品的阅读，但也不局限于文学类作品。

---

① 褚树荣. 经世致用：“实用性阅读与交流”任务群解读［J］. 语文学习，2018（9）：26 – 29.

② 中华人民共和国教育部. 义务教育语文课程标准（2022 年版）［S］. 北京：人民教育出版社，2022.

③ 刘飞. 高中语文“学习任务群”：布局、特点与实施路径［J］. 基础教育课程，2019（3）：33 – 41.

总之，这六个学习任务群的设计，可以说搭建起了小学语文课程内容形态与结构体系的基本框架。厘清不同学习任务群在学习内容上的关系，有助于帮助我们更好地处理对该任务群教学时的内容选择。

第三节

小学语文学习任务群的教学建议与实施

课程内容及其组织形态的变革推动语文教学方式的变革。基于前面对语文学习任务群的内涵理解和结构梳理，我们对如何开展学习任务群教学也获得更为深刻的认知。这里主要结合案例简要探讨语文学习任务群的教学建议及实施路径。

一、小学语文学习任务群的教学建议

关于语文学习任务群的教学实施，2022 年版课标明确提出两点建议：

一是明确不同学习任务群的定位和功能，准确理解每个学习任务群的学习内容和教学提示。在此基础上，综合考虑教材内容和学生情况，设计不同类型的学习任务，依托学习任务整合学习情境、学习内容、学习方法和学习资源，安排连贯的语文实践活动。注重语文与生活的结合，注重听说读写的内在联系，追求语言、知识、技能和思想情感、文化修养等多方面、多层次发展的综合效应。

二是关注不同学习任务群之间的内在联系，以及同一学习任务群在不同学段的连续性和差异性；关注不同地区学校和学生的差异，合理安排学习内容，把握学习难度，组织学习活动。根据学生需求提供学习支持，引导学生在完成任务、解决问题的过程中积累语文学习经验，发展未来学习和生活所需的基本素养。注意减轻学生学习负担，避免死记硬背、机械训练；注意幼小衔接，减缓坡度，降低难度，增加学习的趣味性和吸引力。

二、小学语文学习任务群的实施路径

素养导向的语文教育呼唤语文教学方式的变革。如何从学科知识和技能本位，走向真实性、情境性、任务性和综合性的语文实践活动，打通书本与生活的壁垒，唤醒学生的学习兴趣，促使学生采用科学有效的方式去学习语文呢？华东师范大学崔允教授建议素养导向的语文教学要采用大单元教学。大单元教学的重要表征之一就是要有一个组织者，即“依据某个核心素养的要求，结合具体的教材，按某种大任务（或观念、项目、问题）的逻辑，将相关知识或内容结构化”。如何进行教材内容的统合整理展开大单元教学，下面结合案例 4－1 进行说明。

小案例

案例 4 – 1　统编版小学语文教科书六年级下册内容重构与大单元设计构想①

【明确主题大概念】

站在“学科育人”的视角，教师可将双线组元的 6 个单元学习内容，置于实现中华民族伟大复兴中国梦的宏大背景中考量，围绕育人导向鲜明的“少年锦时，逐梦而歌”的主题大概念，以三个大单元搭建学期课程框架（如表 4 – 4 所示）。

表 4 – 4　“少年锦时，逐梦而歌”大单元设计

主题	少年锦时，逐梦而歌			
大单元	任务群	类型	关键能力	学习活动
寻根·家国情怀	家乡风俗（对应第一单元）	实用性阅读与交流	分清主次 体会详略	活动 1——寻根溯源。 学习单元课文《北京的春节》《腊八粥》《古诗三首》《藏戏》，观看中国传统节日文化纪录片《佳节》，用思维导图完成文本、影视材料的节日信息梳理。 活动 2——思辨发现。 中国节日文化的传承和创新（小论文写作或主题小报制作）。 活动 3——律动体验。 组织一次节日家庭活动，将活动过程用图文结合方式分享到个人空间。 活动 4——文化传承：完成功能习作《家乡的 × × 节》。 《北京的春节》用广角镜，对北京春节做了全景式扫描；《腊八粥》用显微镜，对“腊八节”做了白描式的描写。请你借鉴其中一篇课文的写法，写一篇介绍家乡节日风俗的习作
	民族气节（对应第四单元）	文学阅读与创意表达	关注细节 体会品质 查阅资料 加深理解	活动 5——文学圈：读诗文，言志向。 说说最欣赏哪位诗人的气节，并阐述理由。 活动 6——班级短评：平凡与伟大。 结合查阅的人物资料，围绕主题对课文中人物的相关事迹做出评述。 活动 7——交际写作：《心愿》（小我到大我）

① 荣维东，周胜华.“表达与交流”教学应走向能力进阶和统整实践：《义务教育语文课程标准（2022 年版）》“表达与交流”解读［J］. 福建教育，2022（27）：37 – 42.

续上表

主题	少年锦时，逐梦而歌			
大单元	任务群	类型	关键能力	学习活动
启航·当下生活	冒险与生产（对应第二单元）	整本书阅读	群书阅读	活动8——根据阅读提示，完成“阅读活动单”。 活动9——思辨读写：我心中的英雄
	观点与表达（对应第五单元）	思辨性阅读与表达	高阶思维 解释描述 应对调整	活动10——辩论：信息时代，需要好好练字吗？ 活动11——整理阐释：制作单元学习地图。 活动12——想象文体写作：插上科学的翅膀飞
	校园采果节（对应第三单元）	实用性阅读与交流	直抒胸臆 融情于景	活动13——应用文体写作：撰写校园采果节活动策划方案。 活动14——为采果节制作一张有创意的“品果邀请卡”。 活动15——跨文体写作：《母校的李子熟了》。 活动16——和同学一起开展并参与采果节诵诗会活动
修远·恰同学少年	明天，我们毕业（对应第六单元）	跨学科学习	统整 联结 梳理 表达	活动17——制作“我的班级毕业纪念册”。撰写个人信息毕业感言等相关信息，并配上照片、插图等，制作成个人成长纪念页。 活动18——少年有话说。 撰写毕业演讲稿《少年锦时，当逐梦而歌》；为个人演讲设计一张宣传海报；在卢作孚广场做一场毕业演讲。 活动19——举办毕业联欢会“童心向党，献礼附小”。 讨论联欢会主题、节目、形式等；撰写主持词，设计邀请函；用“美篇”写一则活动报道，分享到班级空间

案例4－1呈现的设计是围绕“梦想”这一大概念，将教材单元内容重构为三大课程群落：基于文化传承和价值认同的“家国情怀”寻根课程（对应本册第一、第四单元），基于自我观照的“当下生活”启航课程（对应本册第二、第三、第五单元），基于综合性学习的“恰同学少年”修远课程（对应本册第六单元）。三个大单元环环相扣，学习逻辑清晰，通过感悟节日风俗和民族气节，学习做有根的中国人，孕育梦想种子；通过阅读欣赏名家作品，观照自我，逐梦启航；通过毕业课程，以“向上、向美”的情感投入语文综合性学习，以活动驱动催生学习成果，达成少年梦想。而三大课程模块始终统摄于“少年锦时，逐梦而歌”这一主题情境之下，有利于学生在整

体语境中展开深度学习和对话，为“表达与交流”创设了宽广的实践空间。

三、小学语文学习任务群的设计理念——“教—学—评”一体化

2022年版课标在义务教育阶段首次提出以学习任务群组织与呈现课程内容。“纵观我国课程发展的历史，可以发现课程改革总是通过提出新概念来取代旧概念，以概念的更替来实现思想的更新。”① 语文学习任务群既是语文课程的内容载体，又是语文教材的呈现方式，同时还是语文教学的方式方法。② 从学习任务群是语文课程内容的载体看，以学习任务群组织课程内容，实际上是为了将课程内容结构化，更好地实现学生对课程内容的运用、迁移。从语文教学的方式方法角度看，语文学习任务群并不是推倒以往的语文教学形式。早在高中提出语文学习任务群的时候，王宁教授就曾指出：“学习任务群在形式上跟过去的语文课并没有太大区别。实际上，学习任务群就是一种课堂教学，不过是转变了一下内在的主体，把以教为主变成了以学为主。”③ 首次提出的学习任务群的教学该如何展开？首要的是转变教师的教学观念，转变传统以单篇教学为主的教学范式，进行“教—学—评”一体化设计。

目前国内外教学设计的趋势已拓宽了范围。过去的教学设计仅仅局限于“教—学”过程，如今要进行有效教学，必须将教学设计的范围拓展到“教—学—评”整个过程。2022年版课标提倡“教—学—评”一体化设计，学业质量标准与课程目标呼应协调。课程标准中的几个核心概念按抽象程度从高到低排列，应该是“课程核心素养→课程目标→课程内容→学业质量”。学业质量是最具体的标准，是对学生完成课程学习后“能做什么”的表现性描述，应具备可观察、可评估的特点。④

学业质量是学生在完成课程阶段性学习后的学业成就表现，反映核心素养要求。语文课程学业质量标准是以核心素养为主要维度，结合课程内容，对学生语文学业成就具体表现特征的整体刻画。它“依据义务教育四个学段，按照日常生活、文学体验、跨学科学习三类语言文字运用情境，整合识字与写字、阅读与鉴赏、表达与交流、梳理与探究等语文实践活动，描述学生语文学业成就的关键表现，体现学段结束时学生核心素养应达到的水平”（见表4－5），旨在“引导和帮助教师把握教学深度与广度，为教材编写、教学实施和考试评价等提供依据”。

---

① 文艺，郭允漷．语文学习任务究竟是什么？[J]．课程·教材·教法，2022（2）：12－19.

② 徐林祥．关于语文学习任务群的思考[J]．学语文，2020（3）：3－6.

③《语文建设》编辑部．语文学习任务群的“是”与“非”：北京师范大学王宁教授访谈[J]．语文建设，2019（1）：4－7.

④ 柯孔标．从三维目标到核心素养：《义务教育语文课程标准（2022年版）》解读之一[J]．教学月刊：小学版（语文），2022（5）：4－7.

表 4－5　语文学业质量标准刻画要素

<table>
<tr><th>核心素养
（主要维度）</th><th>课程内容</th><th>语言文字运用情境</th><th>语文实践活动</th></tr>
<tr><td rowspan="6">文化自信
语言运用
思维能力
审美创造</td><td>语言文字积累与梳理</td><td rowspan="6">日常生活情境
文学体验情境
跨学科学习情境</td><td rowspan="6">识字与写字
阅读与鉴赏
表达与交流
梳理与探究</td></tr>
<tr><td>实用性阅读与交流</td></tr>
<tr><td>文学阅读与创意表达</td></tr>
<tr><td>思辨性阅读与表达</td></tr>
<tr><td>整本书阅读</td></tr>
<tr><td>跨学科学习</td></tr>
</table>

课标对依据学业质量标准的考试评价提出了新的思路。从评价原则、课堂教学评价、作业评价三方面，加强了对过程性评价的指导。从命题原则、命题规划、命题要求三方面，提出学业水平考试命题的要求。针对达成语文素养目标的“阅读与鉴赏”“表达与交流”“梳理与探究”这三种基本实践方式，2022 年版课标提出了相应的命题要求，建议教师“根据语文实践活动的不同类型问题或任务设计可以侧重阅读与鉴赏、表达与交流、梳理与探究中的某一方面，也可以设置综合型题目，让学生在复杂情境中充分展示核心素养的发展水平。阅读与鉴赏类问题或任务要立足文本信息的提取、归纳、概括，考查学生对作品思想内容、篇章结构、表现手法语言风格的理解和把握，引导学生对作品的创作动机、表达效果做出合理评价。表达与交流类问题或任务要注重调动学生已有的知识积累和学习经验，记述生活经历，表达情感体验，就语言、文学、文化生活等现象发表自己的看法。要在与学生实际生活经验密切关联的交际语境中，考查学生语言文字运用能力，思考问题的立场、观点和态度，以及思维发展水平。梳理与探究类问题或任务要从具体的文本材料出发，拟定有育人价值和探究空间的活动，考查学生提取信息选分类、比较概括、归纳总结等思维能力；问题或任务设定要关注探究结果的合理性，关注学生思维品质的发展。综合型题目或任务要充分体现阅读与鉴赏、表达与交流、梳理与探究的整合，在命题材料和社会生活实际之间找到结合点，引导学生围绕话题或现象，深入思考探究，综合分析解决问题，在学以致用的过程中展现正确的世界观、人生观、价值观”。其中，“梳理与探究”是 2022 年版课标首次提出的关键词，旨在“通过梳理和整合，将积累的语言材料和学习的语文知识结构化，将言语活动经验逐渐转化为具体的学习方法和策略，并能在语言实践中自觉地运用”。① 梳理是建构知识，

① 孟亦萍. 真实情境下的“梳理与探究”教学设计与实践：以统编版语文三年级上册为例［J］. 小学教学研究，2020（16）：34－36.

讲求归类清晰、逻辑分明；探究是发现问题，自主、开放、发现是其应有特征。梳理适合于内容相对复杂的阅读材料，探究能引导课堂教学内容走向深刻、丰富。总之，2022年版课标增加的学业质量部分，明确了义务教育各个学段学业质量要求，对于保证全国义务教育的质量具有十分重要的意义。[①]

对于小学语文教师来说，落实以语文学习任务群的形式整合教学内容存在较大的困难。与高中语文教材不同，统编版小学语文教材没有明确地以学习任务群编排每一单元的内容，这也为小学语文教师开展任务群的教学带来了不便。然而无论如何，小学语文教师应积极地更新教学观念，转变教学范式。每个学习任务群均由学习目标、学习内容和教学提示三部分组成。教师要准确理解每个学习任务群的学习内容和教学提示，同时了解学业质量标准的要求，利用评测改进教学。接下来的章节将大致按照“教—学—评”的思路介绍分析2022年版课标提出的六大学习任务群的教学。

本章小结

2022年版课标将“课程内容”分为“主题与载体形式”“内容组织与呈现方式”两个板块。“主题与载体形式”板块侧重语文课程的育人功能，载体形式为表现“中华优秀传统文化”“革命文化”“社会主义先进文化”三大主题的各种优秀作品及其他资料。“内容组织与呈现方式”板块则具体描述了“学习任务群”，解决的是“语文课程”要教什么、要学什么的问题。

2022年版课标提出以学习任务群来组织和呈现课程内容，从而在课程内容结构化方面迈出了新的改革步伐。语文学习任务群是遵循学生身心发展规律，按照学生核心素养形成逻辑，以生活为基础，以学习主题为引领，依托相互关联的系列学习任务整合学习情境、内容、方法和资源，安排连贯的语文实践活动的组织呈现形式，具有实践性、情境性和综合性的特点。义务教育语文课程按照内容整合程度不断提升，分别设置了基础型、发展型和拓展型三个层面的学习任务群。梳理学习任务群的结构关系，有利于建立对有效开展任务群教学的清晰认知。

关于语文学习任务群的教学实施，2022年版课标明确提出两点建议：一是明确学习任务群的定位和功能，准确理解每个学习任务群的学习内容和教学提示。二是关注不同学习任务群之间的内在联系，以及同一学习任务群在不同学段的连续性和差异性；关注不同地区学校和学生的差异，合理安排学习内容，把握学习难度，组织学习活动。教师在明确教学建议的基础上，建构教学路径，实现从课程标准到课

① 陆志平.《义务教育语文课程标准（2022年版）》修订的整体思路［J］. 中学语文教学，2022（5）：4－7.

堂教学的有效转化，力求体现小学语文学习任务群的设计理念，即“教—学—评”一体化。

思考与练习

1. 简述从语文课程设计到课程实施的“三重转换”。
2. 简述语文学习任务群的内涵和特点。
3. 结合实例，谈谈你对小学语文学习任务群实施路径的认识。

教学篇

第五章
“语言文字积累与梳理” 任务群研究

学习目标

1. 识记：“语言文字积累与梳理”任务群的地位；

2. 理解：“语言文字积累与梳理”任务群的目标、学习内容及学业质量要求；

3. 运用：“语言文字积累与梳理”任务群的实施建议、评价建议。

学习概要

本章第一节的重点是介绍“语言文字积累与梳理”任务群的提出背景，在明确其地位的基础上分析此任务群的目标、学习内容。第二节是分别介绍课程标准在“激发学生兴趣，文化传承”“识字与写字教学”“诵读、积累与梳理”三方面的教学建议，同时结合案例指出“语言文字积累与梳理”任务群教学实施的方向和路径。第三节则明确“语言文字积累与梳理”任务群的学业质量要求，了解教学评价，力求实现“教学评一体化”。

第一节
“语言文字积累与梳理” 任务群概述

一、“语言文字积累与梳理”任务群的提出

“语言文字积累与梳理”学习任务群的提出是对过去课改理念的继承与发展，一方面是继承了“语言文字运用”的说法和“语文学习任务群”的相关理念；另一方面则是将上述二者统整起来，以学习任务群的形式呈现识字与写字的教学内容。具体而言：

在2011年版课标中，“语言文字运用”等相关表述多次出现。2011年版课标对

语言文字的重视，被视作是对“语文学科课程本体探寻”的回归。在十年课改中，我们提出“工具性和人文性的统一”的语文课程特点，但实际上是将“人文性”凌驾于“工具性”之上，导致诸多问题的出现。如今，我们再次找回“运用语言文字”这一学科基点，可以看作是对传统语文教育论争经验的再次确证，是十年课改一度迷失的语文本体的回归。这同时也是“语文课程定位的确证”，强调课程的目标和内容须聚焦于“语言文字运用”，突出“实践性”“综合性”的特点，指向“动态的言语实践活动”，是“超越学校教育、课堂学习的狭隘时空的，语文学习的外延与生活相等”，而且“任何的语言活动都是有具体的语境或活动场域的”。①

“语言文字运用”的重要性还体现于汉字教育。2011 年版课标在汉字教育方面有以下建树。第一，提出汉字教育的新理念，要求不能以纯粹的工具观来看待汉字学习和教学，不能简单地把识字、写字的学习当作阅读、写作的附庸。第二，强调要帮助学生从第一学段到第四学段始终保持正确的写字的姿势和良好的习惯。第三，适当降低第一、第二学段识字写字量的要求。第四，针对识字、写字方面学习负担过重的问题，在教学建议中进一步强调“多认少写”的教学原则，希望下功夫扭转多年来形成的每学一字必须达到“四会”要求的教学观念和做法。第五，在“附录”中新增了两个字表：《识字、写字教学基本字表》和《义务教育语文课程常用字表》，为写字教学、教材编写和教学评估等提供依据。此外，还提倡高度重视积累。诵读可以帮助学生增强积累，但是还要指导学生用好积累的工具，掌握积累的方法，激励和督促学生养成这方面的习惯，并且引导学生在语文运用中充分调动自己的积累。在积累的过程中要加强梳理，每隔一个阶段进行一次“盘点”，边学习，边温习，并且将所学内容条理化，归类存档，领悟知识、经验和各种新信息之间的联系，逐步把握语文学习和语文运用的规律。② 上述 2011 年版课标中关于语言文字运用的相关说法在 2022 年版课标中得到了坚持，并针对识字与写字的教学内容、教学方法和评价方式以及积累和梳理的要求做了更细致的论述。

二、“语言文字积累与梳理”任务群的地位

通过对语言文字的学习与应用，增强民族认同感，塑造文化自信，是新时代语言文字工作的重要使命之一。2011 年版课标对语文课程性质的界定是“学习语言文字运用的综合性、实践性课程”，而 2022 年版课标则进一步将其定性为“学习国家通用语言文字运用的综合性、实践性课程”。新时代国家语言文字工作以“推广普及和规范使用国家通用语言文字为重点”，要“牢固确立国家通用语言文字的主体

---

① 荣维东．语言文字运用：语文课程定位的新亮点：《义务教育语文课程标准（2011 年版）》解读［J］．语文学习，2013（3）：4－7.

② 巢宗祺，施久铭．语文：聚焦“语言文字运用”——《义务教育语文课程标准（2011 年版）》热点问题访谈［J］．人民教育，2012（6）：32－35.

地位”。2022 年版课标对国家通用语言文字的强调完全契合新时代国家语言文字工作的政策精神。同时，课标也指明，语文课程在促进学生热爱国家通用语言文字，感受语言文字及作品的价值，进而铸牢中华民族共同体意识、建立文化自信和培育时代新人等方面具有无可替代的地位。①

语文学习任务群共六个，“语言文字积累与梳理”排在任务群之首，定位为基础型学习任务群。这是其地位与价值的一种体现。“语言文字积累与梳理”为其他任务群的学习提供了可能与保障。“语言文字积累与梳理”的学习内容，关注的是最普遍的和最基础的语言材料和现象，诸如常用字词、格言警句、儿歌、对联、古诗、精彩句段等，这些都是为进一步的语言运用打基础的。例如，统编版低年级的识字单元、语文园地中的“识字加油站”“字词句运用（词句段运用）”“日积月累”都可以作为这一学习任务群中的具体内容。

总之，“语言文字积累与梳理”任务群聚焦的是语言材料和语言经验积累所促成的学生语感发展，以及对汉字语言运用规范的掌握，是为语文能力打基础的。没有“语言文字积累与梳理”作为基础，学生就不可能开展“实用性阅读与交流”，也不可能进行“文学阅读与创意表达”“思辨性阅读与表达”，更不可能实现“整本书阅读”，而“跨学科学习”也只能成为空谈。②

三、“语言文字积累与梳理”任务群的目标及学习内容

2022 年版课标将“语言文字积累与梳理”任务群的目标定为：引导学生在语文实践活动中，积累语言材料和语言经验，形成良好语感；通过观察、分析、整理，发现汉字的构字组词特点，掌握语言文字运用规范，感受汉字的文化内涵，奠定语文基础。为了达成目标，2022 年版课标将“语言文字积累与梳理”小学各学段的学习内容定为如表 5－1 所示的内容。

① 黄甜甜. 新课标视域下义务教育阶段汉字教学的定位和走向［J］. 语文建设，2022（14）：20－24.

② 王崧舟，陆虹. 厚积而薄发　知类而通达：新课标“语言文字积累与梳理”解读［J］. 语文教学通讯，2022（27）：18－24.

表 5－1　2022 年版课标有关“语言文字积累与梳理”任务群小学各学段的规定①

学段	学习内容
第一学段	（1）认识有关人的身体与行为、天地四方、自然万物等方面的常用字；认识家庭生活、学校生活、社会生活中的常用字；学习书写笔画简单的字，初步体会汉字结构的主要特点。 （2）先认先写基本字，学习部首检字法，尝试发现汉字的一些规律，初步学习分类整理课内外认识的字；在生活中主动识字，发展独立识字能力。 （3）认读拼音字母、拼读音节、认识声调，借助汉语拼音认读汉字，学习音序检字法；在日常交际情境中学习汉语拼音和普通话。 （4）诵读、记录课内外学到的成语、谚语、格言警句、儿歌、短小的古诗等，感受中华优秀传统文化，养成自主积累的习惯
第二学段	（1）在真实的语言文字运用情境中独立识字与写字，初步梳理常用汉字形、音、义之间的联系。 （2）关注校园内外汉字和标点符号的正确使用情况，整理自己的发现并和同学交流，互相正字正音。 （3）诵读、积累成语典故、中华文化名言、短小的古诗词和新鲜词语、精彩句段等，丰富自己的语汇，分类整理、交流，初步认识中华优秀传统文化蕴含的思想；在语言积累和运用过程中，体会同义词、反义词等词语的作用，发现、感受语言的表现力和创造力
第三学段	（1）主动通过多种方式独立识字，按照汉字字形结构等规律梳理学过的汉字。丰富自己的词语积累，注意词语的情感色彩。 （2）开展校园内外讲普通话、写规范字、正确使用标点符号情况的调查，整理、分享自己的发现。 （3）诵读优秀诗文，分主题梳理自己积累的成语典故、格言警句、对联等语言材料，并尝试运用到日常读写活动中，增强表达效果

◆第二节◆

“语言文字积累与梳理”任务群的设计及实施

“语言文字积累与梳理”任务群如何进行设计与实施？依据 2022 年版课标，“语言文字积累与梳理”任务群教学需要特别注意以下三方面的建议。下面结合案例进行具体分析。

① 中华人民共和国教育部．义务教育语文课程标准（2022 年版）［S］．北京：北京师范大学出版社，2022：20－22．

一、在“激发学生兴趣，文化传承”方面的建议

（一）课标有关任务群的实施建议

语文学科在育人方面有着独特的优势，可以潜移默化地使学生受到精神的滋养。语言是文化的符号和载体，语言传承是文化传承的基本形式。一个民族的语言传承既传递着民族的构成要素——共同的群体语言，也通过心理传承传递着民族的深层心理和认同意识：一方面，语意是深层的文化，内含着深刻的民族感情；另一方面，语言的表达方式也是一个民族心态的反映。① 在灿烂的中华文化长河中，语言文字是我们独特的精神标识和文化印记。一个国家的文化软实力，一个民族的凝聚力主要通过语言来表达和传递。我们应清晰地认识到，语言文字是文化的基础要素和鲜明标志，是文化传承、发展、繁荣的重要载体。从文字语言入手是确立文化自觉、自信的基础。

2022 年版课标在“教学提示”中明确指出，“语言文字积累与梳理”任务群的实施要“根据学生的年龄特点和认知规律，紧密联系学生的生活实际，结合识字内容，选择适宜的学习主题，创设学习情境，激发学生识字、写字、诵读、积累、探究的兴趣，并注意将语言积累、梳理与体认社会主义先进文化、革命文化、中华优秀传统文化相结合；引导学生在识字、写字、语言积累中感受中华文化的魅力，激发热爱中华文化的情感”②。

统编版教材格外重视弘扬中华优秀传统文化。阅读材料的选择，集中识字课的编排，以及专门设置的《日积月累》栏目，处处融入传统文化元素，使教材充满浓郁的传统文化气息，为儿童留下共同的文化记忆。③ 例如，统编版小学语文教科书在识字板块的课程编制中，尤为注重中华优秀传统文化的传承，而传统蒙学经典的呈现丰富了这一文化传承的意蕴。识字板块蒙学经典包括《三字经》《百家姓》《千字文》《笠翁对韵》等。对这些蒙学经典文本的学习，不仅能促进优秀传统文化的传承，还能促进学生的文化归属感和生命归属感形成。如一年级上册识字 1《天地人》，借鉴于《三字经》“三才者，天地人。三光者，日月星”语句，蕴含古代先民关于天、地、人和谐平等，人与自然共处、共在的思想文化精神。一年级下册识字

---

① 赵世林. 论民族文化传承的本质［J］. 北京大学学报：哲学社会科学版，2002（3）：10－16.

② 中华人民共和国教育部. 义务教育语文课程标准（2022 年版）［S］. 北京：北京师范大学出版社，2022：22.

③ 徐轶. 守正创新 特色鲜明：部编义务教育语文教科书一年级上册分析［J］. 小学语文，2016（9）：18－24.

4《姓氏歌》，源自《百家姓》，传承了中国的姓氏文化，有意识地让学生了解我国姓氏在血脉传承上的意义，以增强学生的文化归属感。一年级上册识字5《对韵歌》和下册识字6《古对今》，都选自古代启蒙读物《笠翁对韵》。这些韵文语调和谐、语境优美、意象丰富，展现了中国古代的对韵文化，这是一种对宝贵的汉语言文化形式的传承。[①] 下面以统编版语文一年级上册《天地人》一课为例，探讨如何在教学实践中将语言积累、梳理与体认文化相结合，具体内容见案例5－1。

（二）教学案例呈现及分析

小案例

案例5－1　《天地人》教学实践[②]

【设计理念】

一年级语文上册的首篇课文就是《天地人》。整篇课文虽然只有“天、地、人、你、我、他”两组六个常用汉字，但这两组字包含了中华文化的精髓。正如《三字经》中所说“三才者，天地人”。“天地人”涵盖宇宙间最重要的三件事物——“天空、大地、人类”。与此同时，“你我他”说明当今社会平等互助，团队协作的人际关系。六个字又以“三字经”的形式出现，不仅读起来朗朗上口，还引导我们思考事物之间的多维联系。文字的背景图画是现代画家傅抱石的国画作品：天地之间，两人似在远眺似在交流。在本课中，不管是编排的内容，还是编排的形式，都体现了一种新的理念：挖掘汉字文化内涵，培养热爱语言文字感情。

【教学过程】

教学环节一：凸显听读学习，纠正读音，激发学生认读兴趣

教师运用录音、图画、范读等多种途径帮助学生正音。在“天地人，你我他”六个汉字中，学生“人、我、你”的发音较难读准。

教学完“人”后，教师出示图片“男人”“女人”“老人”，在图片认读中，教师运用范读、跟读、对读、听读等各种方式帮助学生正音。

认读汉字“我”时，教师通过创设对话情境，引导学生进行听读。教师先示范读，让学生听清楚，再引导学生说。其中一定要求学生把“我”说准确。通过一次次练习、听读，学生在说话中，把“你、我、他”读准了。

---

① 马进，王琳琳．从开端而来：统编本语文教科书识字版块的文化传承意蕴研究［J］．教师教育论坛，2020（2）：8－12.

② 娄屹兰．彰显汉字文化内涵　培养热爱语言文字情感：试教部编义务教育小学语文教科书一年级上册第一单元识字课《天地人》的感受［J］．小学语文，2016（7）：19－20，23.

教学环节二：以国画为背景，图文结合，激发识记兴趣

教师先通过谈话引出“成为小学生后，我们将一起学习文化知识，成为一个受人尊重的文化人”，以激发他们成为小学生的自豪感。接着，和着古曲“高山流水”的音乐，教师出示现代画家傅抱石先生的国画作品，引导学生观察：“今天我们一起欣赏著名画家傅抱石的国画作品，作为鉴赏大师，首先你看明白了这幅国画主要画了些什么吗?”

对于直观的图画，让小学生当鉴赏大师，学生当然更有兴趣说了。有的说：“我看见了两个人站在地上说话。”有的说：“天气晴朗，两个人站在山上一边讲话一边看风景。”还有的说：“天上飘着朵朵白云，两个人站在山顶，看着江上船儿驶过。”……学生们一个个踊跃发言，虽然他们对于国画的内涵还不了解，但是个个饶有兴趣，兴奋无比。

在学生观察、思考的基础上，教师点拨提出：这幅画就画了这世界上最重要的三件事物—天、地、人，并依据相应的位置出示：“天、地、人”。

在此基础上，教师引导学生重点观察图画中的人物，并照样子做做动作。根据学生的动作，教师引导学生观察，汉字和我们人有什么相似的地方。引导学生画画汉字“人”。最后，教师出示“男人”“女人”“老人”的图片，引导学生在不同语境中读“人”。通过“看—演—画—读”这四种方法，“人”已经深植于每个学生的心中，汉字“人”是一个个活生生的朋友、同学、教师，成为儿童游戏的一部分。

教学环节三：以“三字经”形式出示汉字，朗朗上口，培养朗读的兴趣

在教学“天地人”三个汉字时，充分借助三个汉字之间的联系，帮助儿童识记汉字。在学习汉字“天”后，教师再引导学生观察汉字“天”与“人”的关系，通过讨论交流，学生知道“天”就是人头顶上的“一横”。

“天地人”三个汉字都学完后，教师引导学生做课间操。结合教材教师出示三种不同节奏、曲调的儿童朗读配乐录音：“人之初，性本善。性相近，习相远。”“玉不琢，不成器。人不学，不知义。”“三才者，天地人。三友者，你我他。”要求学生跟着拍手并读一读。

教学环节四：“你、我、他”关注人之间的关系，融入生活，识字与学习常规相结合

教师根据“人”通过游戏引发出“你、我、他”的学习。教师请学生以三人小组为单位，相互介绍，认识对方。例如：“我是王明，他是刘东，你叫什么名字?”“我叫李红。”然后，教师邀请学生三人一组上台，一边找出相应的字卡，一边介绍表演。

表演完后，教师引导台下同学做游戏：用上"你、我、他"，说说你认识哪些同学，并可以和新朋友招招手、握握手，或者拥抱等。学生学习的劲头都很大，认识新朋友更是每个儿童的愿望。"你、我、他"已经成为学生们记住新朋友名字的好帮手。最后教师适时点拨，同学们认识到，"你、他"两个字还可以包括男生、女生、家长、妹妹、弟弟……通过"你、我、他"的学习，班集体意识在学生心中扎下了根；在活动中，学生感受到要尊重他人，主动认识朋友。识字成为学生学习常规的有效组成部分。

"天地人，你我他"作为一年级统编版教材中第一个集中识字单元的第 1 课，渗透中华传统文化天人合一的思想，蕴含着人与自然、人与人之间和谐相处的理念，后面的几课《金木水火土》《口耳目》《日月水火》《对韵歌》，也都围绕人与自然的主题，营造出和谐的氛围，为学生的成长打下精神的底子。此案例展现了娄屹兰老师将语言积累、梳理与体认文化相结合。娄屹兰老师指出，要激发一年级儿童学习汉字的兴趣和热爱语言文字的思想感情，就必须遵循儿童身心发展的规律，借助汉字文化内涵，将汉字符号图片化、故事化、儿歌化、音乐化、动漫化，将汉字符号与汉字内涵紧密结合。这样不仅能帮助儿童识别汉字，提高学生的语文修养，还能真正将"培养热爱祖国语言文字的感情"落到实处。娄屹兰老师在"教学后记"中提及："一年级的识字同样可以寻找汉字文化内涵，识字不仅是一种能力、一种习惯，我们还能在识字中培养儿童热爱祖国语言文字的感情。"①

二、在"识字与写字教学"方面的建议

（一）课标有关任务群的实施建议

2022 年版新课标在"教学提示"中明确指出，"识字与写字是阅读和写作的基础，是第一学段的教学重点，也是贯串整个义务教育阶段的重要教学内容。识字与写字教学应结合学生的生活经验，采用形象直观的教学手段，创设丰富多彩的学习情境，综合运用随文识字、集中识字、注音识字、字理识字等多种识字方法，逐步发展学生的识字、写字能力"。其中，多种识字方法的介绍如下。

1. 随文识字

随文识字注重为学生提供一定的语言环境，这里的"文"包括了含有生字的词语、句子、段落或短文。随文识字有助于学生建立与生字的亲切感，降低识字的难

① 娄屹兰. 彰显汉字文化内涵 培养热爱语言文字情感：试教部编义务教育小学语文教科书一年级上册第一单元识字课《天地人》的感受［J］. 小学语文，2016（7）：19－20，23.

度，提高学生识记的效率。随文识字，字不离词，词不离句，结合语言环境，既易于知字音、认字形，又能解字义、明用法，提高识字的效率，对课文的理解也起到积极的促进作用。①

2. 集中识字

集中识字是指把生字集中起来用整块的时间进行教学，目的是使学生在较短的时间内能够认识比较多的生字。在语文教学中，教师需要站在识字教学的高度，寻找开展集中识字的教学路径和策略，努力让学生通过集中识字达成多识字、早阅读的目标。集中识字并不是简单地把一批生字放在一起学习，而是需要教师认真研究汉字的构字特点，根据汉字构字规律对生字进行分类，再按类进行集中学习。②

3. 注音识字

1982 年秋季起，黑龙江省在拜泉县、讷河县、佳木斯市三所小学六个一年级班开始“注音识字，提前读写”小学语文教学改革实验（简称“注·提实验”），拟定的目标是三年完成五年制小学语文教学的内容。这个实验以充分发挥汉语拼音的工具作用为前提，以发展儿童语言、寓识字于学汉语之中为总原则，达到发展语言、开发智力、培养能力的目的。这项实验改变了传统的小学语文教学的结构，变“先识字，后读书”为“先读书，后识字”，或“边读书，边识字”，用这个办法解决小学语文教学中长期存在的学汉语和识汉字的矛盾，为提高教学质量、开发儿童智力寻求一条途径。

4. 字理识字

“字理”指构字的理据，也就是字形与字音、字义的联系。在教学汉字中，密切结合构字的理据，避免死记硬背。学生学一个生字，知道这个字的构成道理，同时也就学习了它的写法、读音和意义。例如，先学习了“女”字和“马”字，然后把这两个字组合起来，就成了妈妈的“妈”。其中的“女”表示妈妈是女性，是意符；“马”表示读音，是音符；“妈”是形声字，它的形、音、义很容易就能学会而且容易记住。学会了“妈”再适当扩展，就又学会了玛瑙的“玛”，数码、砝码、二维码的“码”，蚂蚱的“蚂”，不要骂人的“骂”等字。教师可以通过编制字谜、动作示范等方式发挥字理识字的优势。字谜的编制过程即为对汉字字形字义进行深度剖析的过程，更是建立汉字的兴趣化表现形式的过程。例如，在讲解“泛”这个汉字时，教师可以使用“分开水太少，合拢水太多”这样的字谜形式和字谜内容，对此类汉字的字形结构和汉字含义进行解构，从而不仅可以通过字谜展示汉字的形

① 莫然. 运用灵活多样的识字方法发展学生的思维品质［J］. 小学语文，2022（6）：24－27，56.

② 顾艺凡. 低年级“集中识字”教学探析［J］. 语文世界：小学生之窗，2022（8）：28－29.

体特点，还可渗透讲解与汉字含义相关的内容。这也是编制字谜进行字理识字教学的优势之一。汉字中还有一些字体本身具备动态特征，例如“蹬”“蹲”“睁”等汉字。教师在讲解此类汉字时，可以加入一些肢体动作，从而借助此类肢体动作，引导学生从动作含义或者字形特点的角度理解汉字的内涵。① 字理识字是传统的识字方法，要应用六书构字法。需注意，并不是所有的汉字都适合用这种方法。有些字的字理至今也弄不清，自然无法应用。也有一批字字理虽然清楚，但是比较复杂，涉及的问题较多，解说困难，也不适合这种方法。②

除了对识字方法的要求，2022 年版课标在“教学提示”中明确指出，“第一学段应多认少写，要求学生会认的字不一定同时要求会写，合理安排识字与写字的量。一年级第一、第二学期会认的字大致安排 250 个和 350 个，其中 1/2 的字会写。应先认先写《识字、写字教学基本字表》中的字，充分发挥这些字构形简单、重现率高、组字构词能力强的特点，打好基础，举一反三。应重视学生的写字姿势，引导学生掌握基本的书写技能，养成良好的书写习惯”。识字评价要考察学生对字形、字音、字义的掌握情况，以及在具体语境中运用汉字、借助工具书查检字词的能力，“养成写规范字的习惯”，第一、第二学段以主动识字的兴趣为主，第三、第四学段以独立识字的能力为主，写字评价则“考察学生对要求‘会写’的字的掌握情况”，逐步达成书写正确、端正、整洁和流利的要求，特别注意“语文知识的概念不作为考试内容”。

（二）教学案例呈现及分析

1. 识字案例

研读教材是上好课的前提。随着统编教材的出台，将识字融入不同的活动中，以及识字内容的丰富性、多样性，对教师提出了更高的要求，如何设计一堂更科学、更多样的识字课堂教学是一线教师所面临的重要问题。统编版教材，尤为突出的特点是“全程识字”，低年级的所有教学活动都是围绕识字展开的，特别设计了两个专门识字的单元，包括字理识字、生活识字、归类识字等。下面案例 5 - 2 以统编版语文二年级下册《中国美食》一课为例，探讨如何在教学运用多种识字方法。

---

① 张旭. 提升小学语文字理识字教学效率的策略［C］//国家教师科研基金管理办公室. 中小幼教师新时期首届“教育教学与创新研究”论坛论文集，［出版地不详］：［出版者不详］，2022：653 - 655.

② 桑哲，苏培成. 关于新中国识字教育与汉字研究的对话：苏培成教授访谈录［J］. 现代语文，2022（7）：4 - 10.

小案例

案例5-2 《中国美食》教学设计（节选）①

【教学目标】

1. 运用多种识字方法识记本课16个生字，读准多音字“炸”，会写9个生字。

2. 能说出用“炒、烤、爆”等方法制作的美食。

3. 能用部首查字法查找“灶、烫、烈”等字，发现偏旁“火”和“灬”的联系。

4. 了解中国美食的特点，并通过畅聊家乡美食，激发学生热爱家乡的情感。

【课时安排】2课时。

【教学过程】

一、温故知新入新课

我们的祖国有雄壮秀丽的河山，有历史悠久的节日，有内涵丰富的文字，还有各具特色的美食。今天，我们就一起走进课文《中国美食》，了解祖国的美食文化。接下来，我们将开启一组闯关游戏，在游戏中完成今天的学习任务。本组游戏共有五关，每完成一关即可收获一颗星。

二、闯关游戏学方法

（一）第一关：新鲜食材认一认

俗话说：“民以食为天。”今天，老师就带来了一些食材，看你能不能认出它们。

结合课件图片，逐个出示词卡（一）：菠菜、豆腐、茄子、鸭、鸡、蘑菇。看图读词语，猜生字读音。出示拼音，验证读音，说说自己是怎么猜出来的。（方法总结：联系图片识字法）开火车读词语。

（二）第二关：美味佳肴读一读

不同的食材到了不同的厨师手上，可以制作出不一样的美味佳肴，人们还给这些美食起了非常响亮的名字呢！让我们一起去看一看吧！

1. 继续使用“联系图片识字法”，结合课件认读词卡（二）：凉拌菠菜、香煎豆腐、红烧茄子、烤鸭、水煮鱼、葱爆羊肉、小鸡炖蘑菇、蒸饺、炸酱面、小米粥、蛋炒饭。

教师出示拼音，验证学生猜读是否正确。

---

① 杜春蕾.《中国美食》教学设计［J］. 小学语文教学，2021（1）：99-100.

教师重点指导多音字“炸”，结合字形，识记“炸”字。

同学们，这个“炸”字是由火字旁和“乍”两个部分组成的，火字旁表示火力爆发，“乍”是“忽然”的意思，所以这个字本来的意思是火力忽然爆发，读作zhà，谁能用“炸”组一个词？（爆炸、炸药等）后来，人们也用这个字来称呼油煎的食物，此时读作zhá，比如课文里的“炸酱面”就是加了炸酱的面食，除了炸酱面，你知道哪些食品也是炸的？（炸鸡腿、炸糕、油炸、炸鱼……）

2. 指导朗读菜名，读出节奏。教师范读，注意节奏：凉拌/菠菜、香煎/豆腐、红烧/茄子、烤/鸭、水煮/鱼、葱爆/羊肉、小鸡/炖/蘑菇、蒸/饺、炸酱/面、小米/粥、蛋/炒/饭。师生对读，读熟练。学生拍手读两次，逐步加快速度。

（三）第三关：烹饪方法圈一圈

你知道吗？这些美食的名字里还藏着烹饪方法呢！让我们一起把它们找出来。

出示菜名：红烧茄子、烤鸭、葱爆羊肉、小鸡炖蘑菇、炸酱面、蛋炒饭。

圈一圈：找出烹饪方法。（烧、烤、爆、炖、炸、炒）

找一找：这几个字有什么相同点？（都是火字旁的字）

记一记：火字旁的字跟什么有关呢？（跟火有关）

（1）看视频，说说这几种烹饪方法的相同点和不同点。（都要用到火，火候的大小或时间不同）结合视频辨析字义，形成口诀：

烧烤爆、炖炸炒，有的迟、有的早；

爆要嫩、烤要老，油多炸、油少炒；

小火炖、大火烧；不挑食、身体好。

（2）“声旁+形旁”识记：烧、烤、炖、炒。

（3）字源识记“烤”：会意字，右边是个“考”字，在古文里“考”的意思就是“老”。烤字本来的意思是东西烤了以后枯黄的样子，就像老人一样。

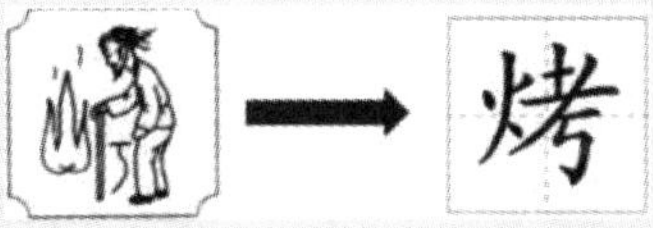

（四）第四关：生字分类写一写（略）

（五）第五关：自主学习用一用

通过刚才的学习，我们不但认识了各地的美食，而且学到了识字写字的方法，接下来，我们进入第五关：用上本课所学的方法，学习余下的内容。

1. 结合板书，回顾识字方法：读—圈—找—记。

2. 识字方法运用：归类识记“灬”的字。

出示词语：香煎豆腐、水煮鱼、蒸饺。引导运用上节课所学的方法学习：读词语，圈出烹饪方法：煎、煮、蒸；找到共同点：都是“灬”的字；用“声旁+形旁”的方法识记形声字，用组词法加深理解（如香煎包子、香煎饺子、水煮肉片、蒸包子……）

拓展学习：我们学了带“火”和“灬”的字，下面这些字你能认出来吗？

出示：灶、焰；烫、煲、烈、熏。

查字典，完成表5-2。

表5-2

生字	部首	再查几画	读音	意思
灶	火	3	zào	用砖石砌成的生火做饭的设备
焰	火	8	yàn	火苗
烫	火	6	tàng	用热的物体使另外的物体起变化
煲	火	9	bāo	用煲煮或熬
烈	灬	6	liè	火势猛
熏	灬	10	xūn	气味或烟气接触物品

说说你的发现。（火字旁、火字底、灬的字都与火有关）

3. 拓展：多种形式记生字。出示生字：菠、腐、酱、粥、蛋。

（1）小组合作，说说你可以用什么方法记哪个生字。

（2）小组汇报，如“菠、腐、酱”可以用“声旁+形旁”的方法识记；“粥”字可以编字谜识记；“蛋”字可以用联系生活的方法来识记。

三、美食交流拓视野

1. 打开课本读词语，分清菜肴与主食。

2. 小组合作学习：与小组成员分享你查找到的家乡美食资料，并制作美食小卡片。

3. 小组交流，以小组为单位进行美食展示。

在案例5-2中，教师注意遵循儿童的认知规律，根据教材的内容和特点，巧妙设计了较多学生喜欢的学习方式。案例5-2呈现了教师带领学生利用字理识字法、归类识字法学习了带有“火”和“灬”偏旁的生字。识字课的教学任务，绝对不是仅仅识记几个字。识字课作为语文课的一种形式，承载着发展学生语文核心素养的重任。教师在组织学生识字的同时，将识字与学生的生活有机地联系起来，穿插了一些语言实践，有效激发了学生的识字兴趣。

2. 写字案例

中年级是小学写字教学的关键形成期，现实教学中写字教学隐形弱化。建构小学中年级写字教学“微专题”契合教学年段特点，按字形内在逻辑结构关系对教学内容进行灵活重组，有助于进行系列、有序、推进式的训练，增强学生写字学习的自主建构能力，提升写字教学实效和学生综合素养。案例5－3以小学中段写字教学的整合为例，探讨具体实施。

小案例

案例5－3　微专题建构：小学中段写字教学的整合与优化①

【设计理念】

写字指导要遵循“整体—部分—整体”的原则，在具体指导写的训练时，要求学生掌握每个笔画的要领，从起笔、行笔到收笔，动作要准确，笔画要到位，结构要匀称。针对小学写字教学特点，本设计尝试进行小学中年级“写字教学微专题”的建构。所谓“写字教学微专题”，即在整体感知、系统把握的前提下，按字形内在逻辑结构关系对教学内容进行灵活重组，形成系统的技能、方法结构和学习过程结构，并将其规划于中年级写字课程中。

【示范】结构·组合方式微专题

汉字有独体字和合体字两类，指导学生写字，可以从汉字形态特点中找出规律，一般归纳以下五类。

1. 独体字·对称式

一个字中心线两边的笔画多少相等、形态也差不多的独体组合类型。在处理此类字的结构时需注意左右笔画对称，长度基本相等，重心平稳，疏密有度。如：

本

以竖中线为界，左右笔画长短相近，形状相对。

① 杨清璇．微专题建构：小学中段写字教学的整合与优化［J］．江苏教育，2016（53）：75－78.

2. 独体字·偏侧式

中心线两边笔画不一、形态不一的独体组合类型。此类独体字的结构处理要注意多的一边笔画缩细排紧，少的一边笔画写粗放长，左右均衡，重心平稳。如：

广

字的笔画多集中于某一角时，书写要收紧，笔画少的部分舒展，以保证字的平稳。

3. 合体字·横向组合

结构单位或由结构单位构成的组合按横向左右或左中右顺序构成的合体字，其结构处理要保持左右、左中右宽窄相宜、高低适当、重心平稳、疏密匀称。如：

伍

根据各部分笔画多少确定所占位置大小。

4. 合体字·纵向组合

结构单位或由结构单位构成的组合按纵向上下或上中下顺序构成的合体字，其结构处理要注意上下、上中下高矮适度、宽窄有致、重心平稳、疏密匀称。如：

花

和横向组合一样，纵向组合的字也是根据笔画多少确定所占位置大小。

5. 合体字·内外组合

结构或由结构单位构成的组合按内外顺序构成的合体字，其结构处理要注意内外协调、收放适当、重心平稳、疏密匀称。如：

布

多半为半包围或全包围结构，处理好外包部分笔画长短和角度。

在案例5－3中，小学中段写字教学“微专题”的建构，遵循了汉字书写的内在学习规律，创造性地开发其育人价值，在研究中提炼教学分析、教学内容、教学设计、教学过程的特定结构，形成可操作的课型专题，在一定程度上可以提升写字教学的逻辑性、结构性和学习效率。案例5－3呈现的“结构·组合方式”微专题设计，既遵循了学生熟悉的由独体字到合体字的学习顺序，又遵循了由简单到复杂的认知规律，有助于学生类化结构。

三、在“诵读、积累与梳理”方面的建议

（一）课标有关任务群的实施建议

2022年版课标在“教学提示”中明确指出，“诵读、积累与梳理，重在培养兴趣、语感和习惯。引导学生增强语言积累和梳理的意识，教给学生语言积累和梳理的方法，注重积累、梳理与运用相结合。诵读材料要选择脍炙人口的千古名篇和名言名句，既要有文化内涵，又要短小精悍，朗朗上口。提倡日积月累，不要贪多求快；提倡熟读成诵，不要死记硬背。引导学生借助信息技术等多种方式汇总、梳理自己积累的语言材料，建立自己的创意语言资料库，并能学以致用”。由此可见，丰富学生语汇是发展学生语言、完成语文教学任务的基础工作。在诵读过程中获得古诗文经典的基本熏陶和修养，接受中国传统美德潜移默化的影响和教育，是语言积累的重要途径之一。① 积累语言素材和言语活动经验，分类整合与梳理积累的素材，是发现问题与探究规律的基础。

2022年版课标要求学生要积累较为丰富的语言材料和言语活动经验，形成良好的语感；同时还要通过梳理，在已经积累的语言材料间建立起有机的联系，将积累的语言材料和学习的语文知识结构化，将言语活动经验逐渐转化为具体的学习方法和策略，并能在语言实践中自觉地运用。然而，学生积累的材料多是零散的，教师要通过点拨，教给学生积累和梳理的方法，帮助学生从语料中发现关联，从现象中探究规律。2022年版课标中有关“诵读、积累和梳理”的规定，如表5－3所示。

① 金晓静．注重学生语言文字运用能力的培养：基于语文课程性质的日常教学反思［J］．新课程，2017（10）：143.

表 5－3　2022 年版课标有关“诵读、积累和梳理”的规定①

学段	“诵读、积累和梳理”的要求
第一学段	（1）积累自己喜欢的成语和格言警句。背诵优秀诗文 50 篇（段）。课外阅读总量不少于 5 万字。 （2）观察字形，体会汉字部件之间的关系。梳理学过的字，感知汉字与生活的联系。 （3）观察大自然，热心参加校园、社区活动，积累活动体验。结合语文学习，用口头或图文等方式整理、表达自己在活动中的见闻和想法
第二学段	（1）积累课文中的优美词语、精彩句段，以及在课外阅读和生活中获得的语言材料。背诵优秀诗文 50 篇（段）。养成读书看报的习惯，收藏图书资料，乐于与同学交流。课外阅读总量不少于 40 万字。 （2）尝试分类整理学过的字词。尝试发现所学汉字形、音、义和书写的特点，帮助自己识字、写字。 （3）学习组织有趣味的语文实践活动，在活动中学习语文，学会合作。结合语文学习，观察大自然，观察社会，积极思考，运用书面或口头方式，并可尝试用表格、图像、音频等多种媒介，呈现自己的观察与探究所得
第三学段	（1）背诵优秀诗文 60 篇（段），注意通过语调、韵律、节奏等体味作品的内容与情感，扩展阅读面，课外阅读总量不少于 100 万字。 （2）分类整理学过的字词，发现所学汉字形、音、义和书写的特点，发展独立识字能力和写字能力。 （3）感受不同媒介的表达效果，学习跨媒介阅读与运用，初步运用多种方法整理和呈现信息

由表 5－3 可知，常用的积累和梳理的方法如下所述。

1．分类摘记法

分类摘记法是指学习者根据分散的学习材料之间的内在关联，赋予其一定结构或对其进行重组，以便将其储存在长时记忆中的一种策略。分类摘记法，难在确定分类的标准体系及其层级。教师不仅需要从汉字、词语、语句、修辞等语言形式的宏观角度分门别类，还要深入每一类的微观层面进行梳理，如词语中的熟语，可以从读音、字形、来源、结构、运用等角度进行细分，从而在积累与梳理的基础上，形成良好的语言经验。高质量的积累与梳理，需要对大量的文字材料进行分类整理，便于记忆和提取。比如，在低段的汉字教学中，按照偏旁对汉字进行归类，学生的记忆由一个字变成一串字，积累与梳理的效果就特别好；又比如，在中高段的古诗文教学中，将古诗文按照主题进行归类，如送别诗、边塞诗、咏物诗等，把具有相

① 中华人民共和国教育部．义务教育语文课程标准（2022 年版）［S］．北京：北京师范大学出版社，2022：1－13．

同特征的信息组合成一个模块，记忆效果会更好，调取也会更顺畅。①

2. 符号标记法

符号标记法，即用不同形式的符号对不同类别的语言素材进行标记，迅速而清晰地对语言素材进行积累和梳理。这种方法尤其适用于文言文的学习与积累。如“左右欲刃相如”中的“刃”是词类活用，可以用“○”标记；“请指示王”中的“指示”是古今异义词，可以用“□”标记；“便要还家”中的“要”是通假字，可以用“△”标记；“于是王召见”“秦城恐不可得，徒见欺”“我见相如，必辱之”等句中的“见”是一词多义，我们可以用“●”来标记；“句读之不知，惑之不解”是倒装句，可以用对调符号来标记。用符号标记法学习文言文，能快速发现、积累并整理各类文言字词句，从而在各类文言素材中发现规律，提升文言文的阅读能力。②

3. 思维导图法

思维导图是记忆、学习和思考的思维地图，也是简单而有效的学习工具。思维导图法，可以将积累与梳理的语言材料进行合理归类，并能发现各类素材间的有机联系，从而建构知识的逻辑体系。例如，对小学语文的成语做了充分的积累与梳理后，就可以用思维导图的方法，围绕“成语的不同出处、不同结构、不同结构等”，建构其逻辑体系，如图 5－1 所示。

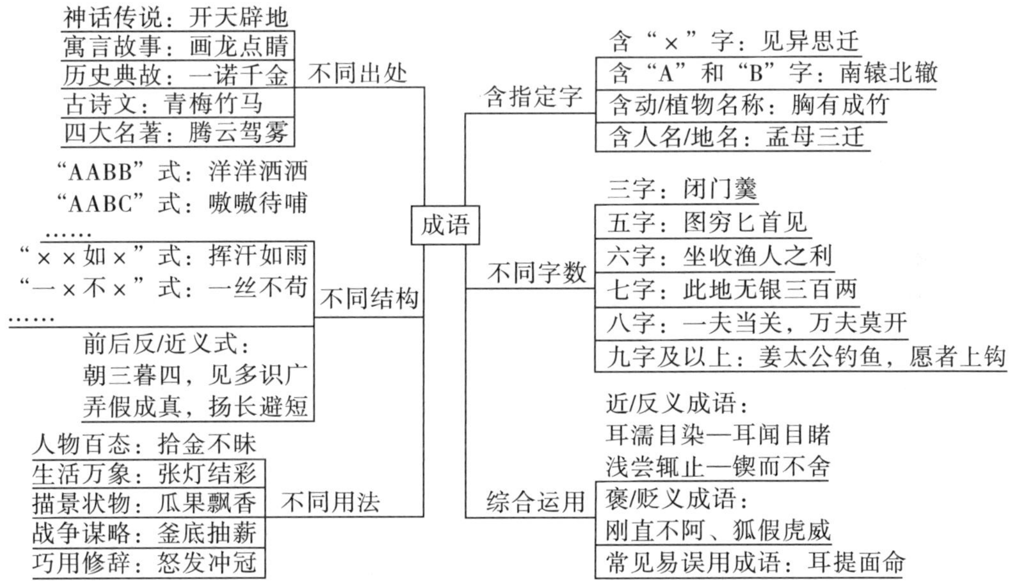

图 5－1 小学语文成语积累与梳理的思维导图

---

① 王崧舟，陆虹．厚积而薄发　知类而通达：新课标“语言文字积累与梳理”解读［J］．语文教学通讯，2022（27）：18－24.

② 张安群．“语言积累、梳理与探究”学习任务群活动设计原则及方式初探［J］．语文教学通讯，2021（1）：21－24.

需注意的是，积累与梳理的效果，有时候取决于是否有机会将记忆仓库中的语言文字调取出来，运用于新的语境中。通过有目的地使用，可以将沉睡的语言文字唤醒，将惰性的语言文字激活。经历多次使用的语言文字，就能进入到自动化调用的模式中。比如统编版小学语文教材二年级上册《妈妈睡了》课后习题，要求“读一读，照样子说一说，看谁说得多”。教材给出了两个例子：“明亮的眼睛、水汪汪的眼睛”，请学生照样子说一说“（　）的眼睛”。学生需要在记忆仓库中把与眼睛相匹配的形容词搜索出来。不同的学生记忆仓库容量不同，搜索路径不同，调用的信息也不同，如“炯炯有神的眼睛、亮晶晶的眼睛、红通通的眼睛、水灵灵的眼睛……”在这样的调取中，词语又进行了一次编码归类，获得了同一个标签——形容眼睛的词语。学生积极调取储存的词汇加以运用，信息提取形成相互刺激，语言文字在使用过程中又生动起来。①

（二）教学案例呈现及分析

《父亲、树林和鸟》是统编版教材三年级上册第七单元的第二篇精读课文。该单元目标中语言要素是“感受课文生动的语言，积累喜欢的语句”；课后练习第三项的要求是“读句子，说说加点的部分给你什么感受，然后选择一句抄下来”。不难看出，感受生动语言、积累精彩句段应是这篇课文的重要教学目标。下面以案例5－4为例进行展示。

小案例

案例5－4　《父亲、树林和鸟》教学设计②

一、聚焦：发现语言价值

（1）父亲突然站定，朝幽深的雾蒙蒙的树林，上上下下地望了又望，用鼻子闻了又闻。

（2）我茫茫然地望着凝神静气的像树一般兀立的父亲。

（3）我只闻到浓浓的苦苦的草木气息，没有闻到什么鸟的气味。

仔细揣摩加点的词句就会发现，这三处加框的部分都是修饰语连用。这是一种在学生的日常语言中不大会用到的一种表达方式，纵观整套小学教材也不十分多见。因此，这就是一个富有价值的教学点。

---

① 王崧舟，陆虹．厚积而薄发　知类而通达：新课标“语言文字积累与梳理”解读［J］．语文教学通讯，2022（27）：18－24．

② 臧琴．小学第二学段感受语言、积累语言的策略：以《父亲、树林和鸟》教学为例［J］．语文建设，2020（4）：36－38．

以第二句为例。形容父亲，作者用了两个修饰语，一是“凝神静气”，二是“像树一般兀立”。“凝神静气”是从神态方面来说的，词典里解释为“使精神凝聚，使心气平和”。即使查阅到资料，学生也未必能真正懂得这个词的真正含义。仅仅说到“安静”的层面显然是不够的，还应该想象此时父亲脸上专注的神情：父亲连呼吸也变得轻缓，甚至停止了。第二处修饰关注的是动作，其中有一个日常生活中使用率不高的词——兀立，它与我们通常所说的“直立”在表达上是有差异的，“兀立”在这里更多是指“高大而肃静地挺立”。透过这个词，我们几乎能想象父亲脸上的表情：安静中透着一股肃然，这是一种由外及内的安静，树一样直立的父亲，与这片树林已经融为一体，完全沉浸在鸟儿的世界里。

二、熟读：纳入语言仓库

对于“幽深的雾蒙蒙的树林”“浓浓的苦苦的草木气息”这样的短语、相关的句子，可以采用多种形式让学生敞开嗓子来来回回读，读顺，读到心里去，读到一开口就能让这样的句子从嘴巴里讲出来，就像使用我们早已熟知的词语，运用我们习惯的表达一样，使其成为自我语言体系中灵动的一部分。

三、比较：探秘语言符码

以“我茫茫然地望着凝神静气的像树一般兀立的父亲”一句为例，教师在给足时间，让学生发现其外在形式的特点的同时，要引导学生细细品一品，感受“连续修饰”与“分成两句来讲”这两种表达的不同之处。比如，将句子改为：我茫茫然地望着凝神静气的父亲，他像树一般兀立。这是我们更为习惯的表达方式。虽然两句从意义的表达来看差不多，但是表达效果却不一样。的确，短句子使得理解更容易，表达更畅快。然而，连续修饰形成的长句子，由于词语的增加，使句子读起来有了一种回环的意味，增添了一种绵延的、意思交叠形成的立体而又丰富的独特语言魅力。

四、运用：实现自我建构

在“父亲突然站定，朝幽深的雾蒙蒙的树林，上上下下地望了又望，用鼻子闻了又闻”这个句子的教学中，教师们往往会关注“望了又望”“闻了又闻”这两个词语。除了要读懂其在内容表达上的作用外，我们还应该让学生学会运用。生活中，当表示重复某动作多次的时候，就会用“（　）了又（　）”这样的词语。可以通过多种方式让学生读读课文中的这个句子，接着告诉学生，将这句话读了好几遍就叫“读了又读”，顺势启发学生“看了好几遍就叫——看了又看，洗了好几遍就叫——洗了又洗”，然后再让学生自由练习词语，实现从理解、模仿到运用自如。

案例5－4很好地体现了“语言文字积累与梳理”任务群在第二学段的要求。教师的设计紧紧围绕着语言的感受和积累，分为“聚焦、熟读、比较、运用”四个阶段展开主题教学。具体而言：在阶段一“聚焦”中，教师选取修饰语连用的语料作为教学焦点，对于第二学段的学生而言具有新意。学生可以由此体会到修饰语连用带来的感觉的立体叠加和不断丰富，并对“树林中的父亲”这一形象有更加饱满的体认。阶段二“熟读”目的是加深学生的记忆。学生在此阶段做到正确地读、流利地读、充分地读，使得那些富有价值的语言萦绕于脑海，纳入自己的语言仓库。当课文语言与学生的日常语言或表达习惯有差异时，阶段三的“比较”是揭开课文语言密码的有效方法。汉语表达的多元性为“比较”提供了空间，可以帮助学生鉴别与分析优劣，通过对细微表达差异的推敲与揣摩，提升对语言的感知能力。阶段四“运用”是该教学设计的最终目的，教师在本阶段通过练习等方式帮助学生举一反三，从理解、模仿到运用自如，实现课本语言的内化和迁移。整个教学设计正如吴中豪教授强调的那样：“小学阶段语文教学最有效的手段，就是将课文中的规范的词语和句型输入学生的语言仓库，最大限度地丰富他们的语言经验的积累。”[①] 总的来看，教师设置的任务群具有序列化的特征，在四个任务中逐一加深学生对书中语言的理解，最终达成运用的目的。

从儿童语文学习的规律看，大量积累语言经验是小学语文教学特别是低、中年段教学的重点。所谓语言经验，包括生字、词语、句子等语言材料的积累，包括词语运用和搭配、词与句和句与句的组织等汉语运用方面的策略，还包括学生在语言实践中形成的语感。语言材料积累的多少可以决定一个人语文水平的高低，掌握的语言材料越多其语言表达能力就越强，语言水平也就越高，而语言规则掌握得越好，语言表达就越规范。儿童心理学研究认为，6～12岁儿童正处于语言发展的关键期，最大限度地丰富儿童的词汇量，增加各种常用规范的句子范型，可以为学生今后的语言发展奠定坚实的基础。

① 吴中豪．寻找课文语言与学生语言的差异［J］．小学教学：语文版，2018（12）：4－6．

第三节

“语言文字积累与梳理” 任务群的教学评价

一、“语言文字积累与梳理”任务群的学业质量要求

小学“语言文字积累与梳理”小学各学段的学业质量要求，如表5－4所示。

表5－4 2022年版课标有关“语言文字积累与梳理”小学各学段学业质量标准的规定①

学段	学业质量标准
第一学段	（1）留心公共场所等真实社会场景中的文字，尝试认识标牌、图示、简单的说明性文字中的常用汉字；借助汉语拼音认读汉字，借助学过的偏旁部首推测字音字义，愿意向他人说出自己的猜想；遇到不认识的字，主动向他人请教。 （2）在学习与生活中，累计认识1 600个左右常用汉字，能正确书写800个左右常用汉字。 （3）喜欢识字，有意识地梳理在日常生活中学习的汉字、词语，并尝试进行分类；愿意整理自己的学习成果，并向他人展示
第二学段	（1）能借助汉语拼音、工具书，在阅读中主动识字；能根据具体语境辨析多音多义字的读音和字义，辨识、纠正常见的错别字。 （2）在学习与生活中，累计认识2 500个左右常用汉字。能使用硬笔规范、端正、整洁地书写1 600个左右常用汉字。 （3）注意积累和梳理语言材料，能把具有相同或相似特征的汉字进行分类，愿意与他人交流分类的理由，感受汉字和汉语的魅力；能分类梳理日常生活中学到的词句，愿意用自己喜欢的方式整理学习成果，参加集体展示活动
第三学段	（1）能独立识字，能借助工具书准确理解不同语境中汉字的意思。能辨识同音字、形近字，纠正错别字。 （2）在学习与生活中，累计认识3 000个左右常用汉字。能用硬笔规范、端正、整洁地书写2 500个左右常用汉字。 （3）有自觉识字的意识，在社会生活中发现自己不认识的字，能根据字形推断字音字义，并借助语境和工具书验证自己的推断；在学习中，能发现富有表现力的词句和段落，自觉记录、整理，乐于与他人分享积累的经验，并尝试在自己的表达交流中运用

“学业质量”由关键要素、典型表征和水平等级三个元素构成。

---

① 中华人民共和国教育部．义务教育语文课程标准（2022年版）［S］．北京：北京师范大学出版社，2022：37－41．

1. 关键要素

“要素”指的是构成事物必不可少的因素，“关键要素”指的是体现某一质量特征的重要元素。“学业质量”中的关键要素主要包括：①指定的课程内容与能力，即考查评价项目。比如，“喜欢识字，有意识地梳理在日常生活中学习的汉字、词语，并尝试进行分类”中，“汉字”和“词语”是具体的课程内容，隐藏其间的识字方法、分类梳理方法则是相应的语文能力。②特定的知识背景与情境，即在什么情况下评价。比如，“留心公共场所等真实社会场景中的文字，尝试认识标牌、图示、简单的说明性文字中的常用汉字”中的“公共场所”“标牌、图示、简单的说明性文字”强调汉字考查评价的真实性和社会化，指向汉字的实际运用能力。③限定的学习方式与条件，即以什么方式评价。比如，“能独立识字，能借助工具书准确理解不同语境中汉字的意思”中的“借助工具书”，是“理解不同语境中汉字的意思”的主要方式。①

2. 典型表征

学业质量的表现特征具有鲜明、显著的典型特性，甚至具有唯一性。这里包含两种情况：一是不同的学习内容有不同的表现特征。识字与写字，表现特征为“认读”“字形辨析”“正确书写”。二是不同的学业质量水平有不同的表现特征。以“写字”为例，第一学段“能正确书写”，第二、第三学段“能用硬笔规范、端正、整洁地书写”，要求的提升呈现出学业质量水平的各自特征。

3. 水平等级

除了如“累计认识 1 600 个左右常用汉字，能正确书写 800 个左右常用汉字”等少量的定量描述，“学业质量”还采取分级描述的方法，借助定性化的行为动词描述不同等级的质量水平，具体而言：①识记，即对已有知识、信息的记忆，行为动词包括“认识、积累、记录、整理”等。比如，“尝试认识标牌、图示、简单的说明性文字中的常用汉字”“注意积累和梳理语言材料”等。②领会，即用自己的语言解释信息，把握知识材料意义，行为动词常常是“了解、理解、感受、体会”。比如，“感受汉字和汉语的魅力”等。③应用，即强调把知识运用到新的情境中，解决实际问题，行为动词是“运用、把握、概括、复述”。比如，“乐于与他人分享积累的经验，并尝试在自己的表达交流中运用”等。②

---

①② 刘仁增．学业质量的构成元素、基本特性与教学运用：《义务教育语文课程标准（2022年版）》解读［J］．福建教育，2022（27）：47－51．

二、“语言文字积累与梳理”任务群的评价建议

2022 年版课标指出，“语文课程评价包括过程性评价和终结性评价。过程性评价贯串语文学习全过程，终结性评价包括学业水平考试和过程性评价的综合结果”①。本研究将分别从过程性评价和终结性评价两方面对“语言文字积累与梳理”任务群的评价实施提出建议。

（一）过程性评价：关注学段差异，采用有针对性的评价工具

过程性评价重点考察学生在语文学习过程中表现出来的学习态度、参与程度和核心素养的发展水平。教师应关注学段差异，依据小学各学段的学习内容和学业质量要求，广泛收集课堂关键表现、典型作业和阶段性测试等数据。例如，识字评价要考察学生认清字形、读准字音、掌握汉字基本意义的情况，在具体语言环境中运用汉字的能力、借助字典、词典等工具书查检字词的能力，帮助学生养成写规范字的习惯，减少错别字。第一、第二学段应多关注学生主动识字的兴趣，第三学段要重视考察学生独立识字的能力。写字评价要考察学生对要求“会写”的字的掌握情况，重视书写的正确、端正、整洁。在此基础上，逐步要求书写流利。语文知识的概念不作为考试内容。

教师还应为不同学生和不同学习内容选择恰当的评价方式，采用有针对性的评价工具。随着新课程改革的推进，提倡重视过程与发展的评价工具在我国不断涌现，如评价量表（rubrics）、成长记录袋（portfolios）、轶事记录（anecdotal notes）、检核表（checklists）等。各种评价方法和工具的多样综合，有效地促进了课堂教学改革的发展。评价量表作为其中的一员，以其清晰明了的事前学习指导和丰富具体的事后信息反馈，成为近几年在国外教学实践领域备受推崇的一种评价工具。以下案例 5－5 以江苏省徐州市教育科学研究院刘春老师设计的“做一周‘语林啄木鸟’”学习任务群为例，感受评价工具的设计。

---

① 中华人民共和国教育部. 义务教育语文课程标准（2022 年版）［S］. 北京：北京师范大学出版社，2022：46.

小案例

案例5-5　“做一周‘语林啄木鸟’”学习任务群的过程性评价设计①

【设计理念】

“做一周‘语林啄木鸟’”学习活动在每年九月的第三周“全国推广普通话宣传周”这一真实的情境中进行，在学校、家庭、社会这些丰富的场景中开展语文学习。“啄木鸟”是学生的角色，“语林”指明了学生的学习范围——主要包含着“讲普通话、写规范字、正确使用标点符号”三个方面。“做一周‘语林啄木鸟’”是指学生在“全国推广普通话宣传周”期间，化身语言文字使用情况的“啄木鸟”，开展调查和研究，寻找对策以净化语言文字环境，并在有意义的实践活动中经历语文学习的全过程。

【学习目标】

1. 能借助自主设计的调查方案，在班级、学校、家庭、社区等不同场景中开展“讲普通话、写规范字、正确使用标点符号”调查，树立关注语言文字规范使用的意识，逐步形成习惯。

2. 通过“晒一晒语言文字问题”清单，评选“典型问题排行榜”，初步运用多种方法整理和呈现调查资料，乐于探究问题的成因，并在班级或家庭内与同学或家长分享自己的发现。

3. 通过发布“最佳纠错对策”，探究并运用多种方法纠正错误，提升对“讲普通话、写规范字、正确使用标点符号”的认识，养成良好的语言习惯，加深对祖国语言文字的热爱之情。

【活动过程】

1. 创设单元主题情境

在“全国推广普通话宣传周”期间，我们一起来做“语林啄木鸟”。通过调查，用“火眼金睛”找出生活中出现的不规范运用语言文字的现象；梳理问题，咬文嚼字，寻找对策；举办“语林啄木鸟”发布会，引导学生关注典型错误，分享纠错防错的对策。学生逐渐养成说普通话、写规范字、正确使用标点符号的习惯，增强了他们热爱国家通用语言文字、热爱中华文化的思想感情。

2. 安排典型性实践活动

以大任务“做一周‘语林啄木鸟’”为载体，整合三个子任务和七个活动（见表5-5）。

---

① 杨静，刘春. “语言文字积累与梳理”单元教学的设计与实施：以六年级“做一周‘语林啄木鸟’”为例［J］. 七彩语文，2022（24）：3-8.

表5－5 做一周“语林啄木鸟”任务框架

学习任务		学习活动	课时
做一周『语林啄木鸟』	(一) 火眼金睛，找问题	第一天 活动1：做一份语言文字调查方案 第二天 活动2：一起去调查吧	2
	(二) 咬文嚼字，细琢磨	第三天 活动1：“晒一晒语言文字问题”清单 活动2：评选“典型问题排行榜” 第四天 活动3：给这些问题把把脉	3
	(三) 召开“语林啄木鸟”发布会	第五天 活动1：评选“啄木鸟最佳纠错对策” 活动2：出一本“‘语林’指导手册”	2
单元评测	锦囊妙计，来支招	成立“语林啄木鸟”小分队，帮扶三年级的同学解决用字用词中的实际困难	1

任务一“火眼金睛，找问题”。指导学生制定简单的调查方案，关注自己或身边的人在“讲普通话、写规范字、正确使用标点符号”这三个方面存在的问题，按照一定的计划有序地开展调查研究，发现生活、学习中存在的不规范运用语言文字的现象，并用调查表或其他方式记录。

任务二“咬文嚼字，细琢磨”。在广泛调查的基础上，用“问题清单”的形式汇总搜集来的语言文字使用中存在的问题。梳理出典型问题，如读错、写错的字，不规范使用词语、标点符号等问题。学生通过小组讨论，深入探究问题的成因，寻找纠错、防错的相应对策。

任务三召开“语林啄木鸟”发布会。评选“啄木鸟最佳纠错对策”，发布一周调查结果和解决对策，最终汇编属于本人或者本班的“‘语林’指导手册”。

子任务与子任务之间、活动与活动之间呈进阶式学习。学生在真实任务的引领下，从实地调查中发现语言文字使用中存在的问题，进而系统地归类、演绎、比较、分析问题，提出解决问题的方法，最终深化认识，在语文实践中经历素养形成的全过程。

3. 形成动态的过程性评价

本单元将过程性评价融于学生语文实践的全过程，真实、完整地记录了学生在学习中的整体表现。三个子任务都设计了单元学习过程性评价表（见表5－6）。

表5-6 做一周"语林啄木鸟"单元学习过程性评价表

内容	基本标准
(一)火眼金睛,找问题	1. 语言文字规范化调查方案的内容翔实、基本格式正确。 2. 能从自己和同学的作业,以及社区、网络等方面,调查出读错、写错、用错的样例,不少于10处
(二)咬文嚼字,细琢磨	1. 能对自己调查得来的样例进行归类、分析。 2. 能总结出至少3种方法,来避免自己作业本、习作中出现不规范字词。为其他人不规范用字、用词的问题提出建议
(三)召开"语林啄木鸟"发布会	1. 能在调查的基础上,主动参与合作,梳理出至少10处"典型错误"样例。 2. 能在小组、班级等不同的范围内,分享自己的调查结果和解决方法,态度主动大方,语言准确,内容完整

每一个学习活动都设计了学习水平评价等级表(见表5-7)。教师收集可供评价的"'语林'调查方案""'啄木鸟'记录本""'语林'指导手册""议议问题对策""发布典型错误排行榜"等记录学生核心素养发展表现的证据,发挥多元主体评价的作用,鼓励教师、家长、同伴共同参与评价,引导进行学生自我评价与互相评价,在语文学习中实现自我的成长。

表5-7 单元测评"锦囊妙计,来支招"学习水平评价等级表

项目	评价等级及基本标准			
	A(优秀)	B(良好)	C(合格)	D(不合格)
普通话	1. 积极参与帮助三年级学生纠正普通话发音不标准的活动; 2. 能帮助三年级学生发现普通话不规范的问题,至少5个; 3. 能够帮助他人纠正错误的发音,并且能够用较为准确的语言说清改正的方法,分享说好普通话的经验或策略	1. 积极参与帮助三年级学生纠正普通话发音不标准的活动; 2. 能帮助三年级学生发现普通话不规范的问题,至少3个,能够帮助他人纠正错误的发音; 3. 能够用较为准确的语言说清改正的方法	1. 主动参与帮助三年级学生纠正普通话发音不标准的活动; 2. 能帮助三年级学生发现普通话不规范的问题至少1个,能够帮助他人纠正错误的发音	1. 主动参与帮助三年级学生纠正普通话发音不标准的活动; 2. 还不能帮助三年级学生发现普通话不规范的问题

续上表

项目	评价等级及基本标准			
	A（优秀）	B（良好）	C（合格）	D（不合格）
语言文字	1. 积极参与帮助三年级学生纠正语言文字不规范问题的活动； 2. 能帮助三年级学生发现语言文字运用中不规范的问题，至少10个； 3. 能帮助他人分析原因，并能够准确找出相应的纠正方法； 4. 能用较为准确的语言表达自己的想法，帮助他人纠正问题至少10个，分享自己的有效策略	1. 积极参与帮助三年级学生纠正语言文字不规范问题的活动； 2. 能帮助三年级学生发现语言文字运用中不规范的问题，至少5个； 3. 能帮助他人分析原因，并能够准确找出相应的纠正方法； 4. 能用较为准确的语言表达自己的想法，帮助他人纠正问题至少5个	1. 主动参与帮助三年级学生纠正语言文字不规范问题的活动； 2. 能帮助三年级学生发现语言文字运用中不规范的问题，至少3个； 3. 能帮助他人分析原因，并能够准确找出相应的纠正方法； 4. 能帮助他人纠正问题至少3个	1. 主动参与帮助三年级学生纠正语言文字不规范问题的活动； 2. 能帮助三年级学生发现语言文字运用中不规范的1个问题； 3. 能帮助他人初步分析原因，并找出相应的纠正方法； 4. 能帮助他人纠正1个问题
标点符号	1. 积极参与帮助三年级学生纠正标点符号使用不规范的活动； 2. 能帮助三年级学生发现普通话不规范的问题，至少3个，并且能够帮助他人纠正错误； 3. 能够用较为准确的语言说清改正的方法，分享自己使用标点符号的经验或策略	1. 积极参与帮助三年级学生纠正标点符号使用不规范的活动； 2. 能帮助三年级学生发现普通话不规范的问题，至少3个，并且能够帮助他人纠正错误； 3. 能够用较为准确的语言说清改正的方法	1. 主动参与帮助三年级学生纠正标点符号使用不规范的活动； 2. 能帮助三年级学生发现普通话不规范的问题，至少1个，并且能够帮助他人纠正错误	1. 主动参与帮助三年级学生纠正标点符号使用不规范的活动； 2. 还不能帮助三年级学生发现普通话不规范的问题

案例5－5展现了课堂情境中的过程性评价。教师应依据学习目标，研制评价工具。有学者强调：“今日之教师也许比过去任何一个时期更需要成为评价工具的建构者。”设计评价工具从根本上说就是研制对学生学习的评价标准。学习目标与评价标准是相互对应的关系。学习目标决定学习评价标准的制定，而学习评价标准则是为检测学习目标的达成服务的。动态的过程性评价，与静态的终结性评价绝然不

同。它不是“独立于教学过程之外的‘冷眼旁观’，而是与整个教与学的过程相整合”。对于中小学教师来说，只有切实把握过程性评价的特点及其操作要诀，才能在课堂情境中常态化、持续地发挥过程性评价对于帮助、改善和优化学生学习的功能。①

（二）终结性评价：掌握表现性评价的命题技术

终结性评价通常在学期末、半年或年末进行，而且往往以数字的形式对学生进行分类和比较，经常被用来评定分数和分级。目前，美国、英国、澳大利亚等西方国家以及我国的港澳台地区都非常重视表现性考试的应用。在我国，伴随着基础教育课程改革的启动和中小学教育评价改革的深入进行，表现性评价也引起了教师和研究人员的广泛关注，在很多课程改革实验区的课堂评价乃至中考、高考命题中，都已开始尝试开发和使用表现性评价。目前关于表现性评价的界定很多。在学校背景下，表现性评价原指那些非文字性的心理测试，它通常要求学生动手操作具体的实物，并借此评价学生的心理与行为，例如韦克斯勒儿童智力测验中的拼图分测验。而在工厂里，表现性评价是指对工人工作表现的抽样检查，也就是主管人员观察并评价受雇者在完成一项特殊工作任务时的表现。如今，在终结性评价中实施的表现性评价是指让学生通过实际任务来表现学习目标掌握情况的评价方式。在这种评价中，学生要根据任务要求建构原创的反应，而教师则要观察和评价这一建构的过程。② 一般而言，纸笔测试的试题通常由情境、设问、答案、评分标准四部分构成，而现场表现性评价的试题通常由试题文本、评价规则、现场情境、人员配备、其他事项五部分构成，复杂程度显著超过纸笔测试题，以下是这五部分的具体内容。

1. 试题文本

试题文本通常由题干文本、试题设问和命题说明组成。题干文本通常用文字、数据、图表等方式描述，且常包含提示语。例如，“接下来，我要为你播放一段三分钟左右的视频，题目叫《美好的某某小学》，请你认真观看，回答三个问题。在观看过程中，你可以用笔记录”。表现性评价试题的设问不同于纸笔测试，不是一次性呈现，而是以问答方式有序呈现，因而要考虑层次性，体现由易到难、由简单到综合、由定向到开放的特点。问题表达要简短明朗，通俗易懂，层层推进，不提倡用长句或复杂的书面语（见表5－8）。③

---

① 陈光全，杨争林．“实时”式评价与“嵌入”式评价：动态评价新探之三［J］．基础教育课程，2014（15）：56－61．

② 王萍．语文试题编制原理与技术［M］．广州：广东教育出版社，2015：50－53．

③ 王旭东．小学表现性评价的命题技术［J］．教学月刊：小学版（综合），2020（11）：3－6．

表5-8 观看短片《美好的某某小学》后的试题设问

试题设问	考查内容
短片的主要内容是什么？	根据复述内容的吻合度，考查获取信息的能力
这所小学给你留下哪些深刻印象？	根据学生的判断和解释，考查综合能力和评价能力
你能向大家介绍自己的学校吗？	学习短片的方法进行介绍，考查模仿（迁移）能力和口语综合表达能力

命题说明是命题者对试题的来源、考查要素、操作建议及注意事项的描述。交代试题来源出处，能方便使用者和改编者溯源。如果试题素材是音频或视频，还要交代下载拷贝的路径。明确考查要素，是指讲清考查什么知识、什么能力、什么素养，以便使用者或评委深度理解本题的特点与价值，更好地把握现场测评工作，提高测评的信度和效度。写清操作建议或注意事项，能方便使用者现场操作或修改、生成多个同质试题，满足不同小组的测评需求。例如，识字测评的命题建议是“从1号生字表中抽取10个字，先单独认读，再组成词语和句子认读，注意生字难度结构”。

2. 评价规则

评价规则通常由测评方式、作答时间、参考答案、评价标准和观察要点组成。其中评价标准和观察要点比较特殊。测评方式是对评委（包括教师、家长和学生）和受测学生的行为提出要求，如教师准备8份识字材料，学生抽取其中1份，准备1分钟后，进行一对一口试，由教师做好详细记录。作答时间是对学生作答行为提出时间限制。命题者既要考虑一个学生的测评时间，计算出所有考生测评的总时间，以便决定分组测评的组数，又要与学校顶层设计者沟通测评时间情况，做到各学科各项目作答时间分配合理。表现性评价试题的参考答案比纸笔测试的复杂。计算型和测量型的试题有数值型参考答案。开放性问答题通常只提供答题方向和关键词作为参考答案。实践性、操作性的试题通常把操作步骤、操作要领、操作方法和作品效果作为参考答案。评价标准是对学生作答的言行表现和结果给予等第评价，通常设置三个等第。以“识字”评价等第标准为例，优秀为“能正确、熟练认读，没有错误”，良好为“能正确、熟练认读，读错的字数控制在3个字以内”，合格为“能正确认读，读错的字数控制在5个字以内”。在纸笔测试中，评委将学生答案对照参考答案后，就能给予结果性评分。而表现性评价中，评委一般会尽量启发、引导学生达成最高等第，只有在确实无法达到最高等第时，才会给予结果性评价。观察要点是命题者提醒评委及时敏锐观察学生发生行为的评分点。表现性评价重视学生的行为表现，因行为表现具有即时性和动态性，故需要提醒评委优先关注动态评分点，其次关注静态评分点。例如，写字评价要先关注笔画顺序和握笔姿势，后关注书写是否正确和工整美观；考查字词认读要先关注认读是否正确，特别是要关注平、翘舌音和前、后鼻音。

3. 现场情境

现场情境由考场情境、器材准备和角色扮演三部分构成。考场情境分为场外和场内。期末表现性评价的考场外部布置一般由学校统一设计，即统一主题、统一色调、统一框架，如用蓝色气球做成拱门，粘贴标题“小脚丫商店”。日常表现性评价的场外布置相对简约，由命题者自主设计，如在阅览室张贴“三年级阅读之春”背景图即可。考场内部情境设计要根据测评内容和方式的需要，模拟测试所需的相关生活环境、社会环境或科学环境。

4. 人员配备

表现性评价需要多人配合，需要综合教师、现场评委和引导员的数量需求。一个测评点一般需要配置 2 个指导教师、8 个评委、2 个引导员。指导教师侧重现场管理，帮助评委处理疑难问题；评委主要负责具体测试；引导员负责管理学生，提醒他们安静等候，带领他们有序参加测评。评委和引导员通常由经过培训的高年级学生或家长担任。对评委要侧重测评项目的专项培训，以便评委掌握评价标准和观察要点，会使用规范的评价导语，如“请你看清楚，再次认读”“祝贺你顺利通过‘识字乐园’，下一站‘诗词乐园’加油”等。

5. 其他事项

其他事项主要涉及安全因素和经费预算。由于考场是由教室、操场等临时变成功能室、公园、社区等开放性的陌生空间，其间要安排情境布置和道具物品，因而命题者需要思考可能产生的安全隐患及预防措施，并提早做好经费预算，请学校后勤部门审批和购买。①

本章小结

语言文字是人类最重要的交际工具和信息载体，是文化的基础要素和鲜明标志，是促进历史发展和社会进步的重要力量。“语言文字积累与梳理”作为基础型学习任务群，是一切语文学习的基础，是语文课程核心素养的重要组成部分之一，是社会发展的必然要求。2022 年版课标在“总目标”中明确指出，“认识和书写常用汉字，学会汉语拼音，能说普通话。主动积累、梳理基本的语言材料和语言经验，逐步形成良好的语感，初步领悟语言文字运用规律。学会使用常用的语文工具书，运用多种媒介学习语文，初步掌握基本的语文学习方法，养成良好的学习习惯”。语

① 王旭东. 小学表现性评价的命题技术［J］. 教学月刊：小学版（综合），2020（11）：3－6.

文教学必须紧扣语文课程的核心任务——学习语言文字运用。

“语言文字积累与梳理”任务群的教学实施建议可以概括为三点：一是在“激发学生兴趣，文化传承”方面，建议教师从文字语言入手，帮助学生确立文化自觉、自信；二是在“识字与写字教学”方面，建议教师综合运用随文识字、集中识字、注音识字、字理识字等多种识字方法；三是在“诵读、积累与梳理”方面，建议教师采用分类摘记法、符号标记法和思维导读法等常用的积累和梳理的方法。

教师在明确“语言文字积累与梳理”任务群学业质量要求的基础上，还需进一步了解该任务群的评价建议，具体而言：一是教师实施过程性评价时，应关注学段差异，采用有针对性的评价工具；二是教师实施终结性评价时，应掌握表现性评价的命题技术。

思考与练习

1. 简述 2022 年版课标对“语言文字积累与梳理”任务群的实施建议。
2. 结合实例，谈谈你对如何应用字理识字法的认识。
3. 结合实例，谈谈“语言文字积累与梳理”任务群常用的积累和梳理的方法。

第六章
“实用性阅读与交流” 任务群研究

学习目标

1. 识记：实用类文本的内涵、特点及分类；

2. 理解：实用类文本和文学类文本的文体特征和语言特点的差异，“实用性阅读与交流”任务群的目标、学习内容；

3. 运用：“实用性阅读与交流”任务群的实施建议、评价建议。

学习概要

本章第一节的重点是介绍“实用性阅读与交流”任务群的提出背景、地位，在明确实用类文本的内涵、特点及分类的基础上，分析此任务群的目标、学习内容。第二节是针对“实用性阅读与交流”任务群的目标和学习内容，围绕如何进行教学设计和实施展开深入探讨。这一节分别呈现了侧重“实用性阅读”的案例、“实用性交流”的案例以及“实用性阅读”与“实用性交流”有机融合的案例，并在此基础上提出了此任务群实施的注意事项。第三节则是明确“实用性阅读与交流”任务群的学业质量要求和评价建议。

◆第一节◆
“实用性阅读与交流” 任务群概述

一、“实用性阅读与交流”任务群的提出

当今社会是一个信息社会。随着社会的发展，信息沟通变得越来越频繁。在日常生活中，我们每天都要阅读大量信息，都会与人沟通交流。发展和形成信息阅读和信息交流能力，具备基本的信息素养，已经成为现代社会对人的必然要求。优秀的阅读能力、沟通交流能力是我们参与社会生活的基本能力，是语文素养的重要组

成部分，是立德树人任务的基本体现。提高学生的实用性阅读与交流能力，是社会生活的需要，也是时代对语文课程提出的要求。语文教育要帮助学生获得走出文本、走入社会的能力，让学生能解决未来生活中、工作中的实际问题，并在社会的不断变化中丰富和发展自身。叶圣陶先生曾明确指出：“尽量运用语言文字并不是生活上一种奢侈的要求，实在是现代公民所必须具有的一种生活的能力。如果没有这种能力，就是现代公民生活上的缺陷；吃亏的不只是个人，同时也影响到社会。”

在过去的语文课程中，实用类文本教学一直得不到重视，处于边缘化状态。王荣生在《实用文教学教什么》中指出“我国目前的语文教育领域，无论是课程，还是教材、教法，对实用文阅读都是不够重视的”[①]。一方面，在课程和教材方面，实用文的文体类型相对较少，以新闻类、演讲词等体式为主。生活中需要学生掌握的实用文多得多，如调查报告、项目计划等。文体类型的缺失，会导致学生实用文本阅读能力与表达能力的缺失。另一方面，实用类文本的教学进行大量的分析讲解训练，使教学脱离了实用语文学习的本质，使学生语文实际运用能力较弱，难以满足学生的实际需求。

为了改变教学现状，2022 年版课标提出的“实用性阅读与交流”任务群提倡从知识本位向素养本位转变，具有培养学生的语文实际运用能力、多种思维品质的功能，是语文基础能力的学习载体。实施该任务群教学时，不仅要求学生学习大量的实用类文本知识，运用简明生动的语言进行实用性交流，还更注重在获得知识的过程中实现与应用的统一。此任务群最具实用性，包含了社会生活方方面面的内容。[②]总之，“实用性阅读与交流”任务群的提出，有助于培养学生的实用性阅读与交流能力，帮助学生适应社会、服务社会，成为现代化社会需要的人才。

二、实用类文本的内涵、特点及分类

（一）实用类文本的内涵

实用类文本脱胎于“实用文章”“实用文”“实用性文体”等概念，是为了与思辨性文本、文学性文本对举而创制的新术语。

这一概念最早出现于清末民初时期，由谢无量在《实用文章义法：上》的绪言中提出。他在书中指出：“吾国自古有美文与实用文之别。其源远出五经，易有文言，诗通声乐，是美文也。书、礼、春秋皆实用文也，美文或主传远，故联音韵、比宫商以便记诵；或主通情和志，故既协歌颂，又必饰以华藻，博其譬喻。实用文

① 王荣生．实用文教学教什么［M］．上海：华东师范大学出版社，2014：5.

② 李迎春．“实用性阅读与交流”任务群教学设计探究［D］．昆明：云南师范大学，2021.

则不然，辞达而已。”谢无量先生认为“实用文”是与“美文”相对举的实用文章。我国古代的《书》《礼》等都属于“实用文”，其与“美文”都是学者学习的对象，其特点是“辞达而已”，即叙事用字用词准确简洁，无华丽的辞藻。他认为“实用文”是“实用文章”的简称，那时的“实用文章”是与“美文”对举而用的。①

张志公在《现代汉语》和《汉语辞章学论集》也提出了“实用性文体”的概念。张志公在语言学的基础上根据文体学知识将文体分为“文艺性文体”和“实用性文体”。他在其主编的《现代汉语》中谈道，“实用性文体不是一般常说的那种‘应用文’，它与‘文艺性文体’对举，‘除了文艺性文体之外的，都是实用性文体’。‘各行各业都有自己处理各种问题的实用文。’”张志公在《汉语辞章学论集》中将文学作品和应用文章做了区别。他认为“无论是政治的（宣传什么或反对什么）、科学的（介绍什么、说明什么、反驳什么）、社会交际的（公关）以及日常应用的（信、公文等），都属于应用性的体裁”。张志公认为文章主要根据“情”和“理”来分，文学作品主要“诉之于情”，应用性文章主要“诉之于理”。文学作品需要“品其言才能会其意”，要想了解这篇文章的含意首先必须读懂这篇文章的语言，而实用类文本“得其意可以忘其言”。

随后，众多学者对此概念展开了探讨。例如，朱绍禹在《中国语文教材概观》中以说明文、应用文为例，分析了这两类实用文的教育价值。② 又如，曾祥芹在《曾祥芹文选（上卷）：实用文章学研究》中对“实用文章”做了界定，指除了小说、诗歌、戏剧、散文以外的文章。③ 当今一些学者是在借鉴国际上一些研究的基础上对其定义的，如魏小娜在《实用类文本名篇教学研究》中指出，我们常说的“实用类文本”和国际阅读研究领域中的“信息类文本”和“非虚构类文本”差不多，都是所有基于事实的文本类型。④

在我国语文教育领域中，2003 年“实用类文本”首次出现在高中语文课程标准中，要求“能阅读论述类、实用类、文学类等多种文本，并且根据不同的实用类文本阅读资料，能够采取精读、略读、研读等不同的阅读方法”。目前学界对“实用类文本”仍然没有一个确切的概念。随着官方和语文教育界的不断深入研究和补充调整，《普通高中语文课程标准（2017 年版 2020 年修订）》中对实用类文本的界定是“当代社会常用的实用文本”。

---

① 谢无量. 实用文章义法：上［M］. 上海：中华书局，1921：4.

② 朱绍禹. 中学语文教材概观［M］. 北京：人民教育出版社，1997：5.

③ 曾祥芹. 曾祥芹文选（上卷）：实用文章学研究［M］. 北京：高等教育出版社，2010：1－10.

④ 魏小娜. 实用类文本名篇教学研究［M］. 北京：高等教育出版社，2019：3.

（二）实用类文本的特点

实用类文本的特点主要体现在以下几个方面。

1．文本的实用性

实用类文本一定是基于特定应用目的，针对具体问题，有为而作，所以实用性是其根本特性。譬如新闻是为了传递最新的社会消息，满足大众对于新事物的认知渴望；演讲是为了倡导或呼吁，与听众达成共识，使听众改变态度，激起行动；科普性文章是传达科学新发现、普及科学知识；写信是为了传递信息，与亲友联络感情。若从社会功用来看，实用文章对社会产生直接效应，其目的是现实的，其目标是明确的；若从思维方式来看，实用类文本是为解决实际问题而作，以抽象思维为主，要抛开事物的感性形式，寻求其内在的联系，找到事物内在规律。

2．内容的真实性

在内容方面，实用性文本讲求真实地反映客观事物，如实地重现事件的发生或对客观事物进行科学的归纳和冷静的分析。出现在实用性文本中的信息，必须以客观事实为基础。譬如新闻报道，事件发生的时间、地点、事件参与者及产生的影响都必须真实。因为报道一旦失实，产生的负面影响是难以估计的。内容的真实性是文本具有实用性的重要前提，小到物品的使用说明，大到制度政策都离不开真实性。

3．主旨的鲜明性

从主旨内涵来看，实用文章的主题是鲜明的、单一的、确定的，一般是主题居主导地位，读者在解读过程中不用做很多的创造性发挥。实用类文本的结构是“言—意”式的两层结构；这种简单的结构方式，给作者的写作和读者的解读都带来一种直接性，一般无须追求“言外之意”；其主旨是鲜明的、单一的、确定的，读者在解读过程中无须“创造性发挥”。相比之下，文学文体允许双主题、多主题，甚至“无主题”。所谓“仁者见仁，智者见智”，“一千个读者就有一千个哈姆雷特”。①

4．语言的规范性

从文体语言来看，实用类文本以社会化、规范化的书面语言为主，避免使用个性色彩强烈的语言。与个性色彩浓厚的文学化语言不同，实用类文本的语言讲求规范性，即表达上要求符合具体的文体规范，使用准确、鲜明、简洁、平实、理性的语言，严禁使用繁复、朦胧、夸张的语言。譬如科普文章，要按照科学基本规律进行理性、客观的介绍，数据必须精准，语言必须严谨规范，使读者具有准确的认知，而非模棱两可产生歧义。此外，实用类文本有比较明确的写作主体，接受主体也是

① 谢延秀．实用文体与文学文体之分野及融合［J］．理论导刊，2006（4）：75－77．

特定的，有特定的阅读者。因此，在规范性的基础上，还必须考虑到实用类文本面向具体读者，具有特定的阅读人群。①

（三）实用类文本的分类

从文类角度来区分，诗歌、小说、戏剧、散文等文学作品之外的所有文章，统称为实用文章。现行语文教科书中出现的实用文章，包括科普文章、新闻、社科文、演说辞、书信、人物传记、书评与影评、序言、访谈录、调查报告、讨论与辩论、图片说明、日记等十三类。其中所占比重较大的有科普文章、新闻、社科文、演说辞、书信等。张志公根据功能的不同把实用类文本分为三大类，具体内容如表 6－1 所示。

表 6－1　张志公对实用类文本的分类

大类	具体内容
用于工作的实用性文体	如政治性的实用文、消息和通讯，有关法律的实用文、公文，广告、说明书和启示
用于生活的实用性文体	如书信、请假条、便条等
用于科研的实用性文体	科学性的实用文像科普文、社科论文、科学论文等

《普通高中语文课程标准（2017 年版 2020 年修订）》在“实用性阅读与交流”学习任务群中，按照文本不同的功能把实用类文本分为三大类：社会交往类、新闻传媒类、知识性读物类，并且还将这三大类细分成了许多实用类文本的亚文类，如表 6－2 所示。

表 6－2　《普通高中语文课程标准（2017 年版 2020 年修订）》中对实用类文本的分类

大类	具体学习内容
社会交往类	会谈、谈判、讨论及其纪要
	活动策划书、计划、制度等常见文书
	应聘面试的应对
	面向大众的演讲、陈述和致辞等

① 邸毅. 高中语文“实用性阅读与交流”学习任务群教学设计研究［D］. 曲阜：曲阜师范大学，2021.

续上表

大类	具体学习内容
新闻传播类	新闻、通讯、调查、访谈、述评
	主持、电视演讲与讨论
	网络新文体（包括比较复杂的非连续性文本）
知识性读物类	复杂的说明文、科普读物、社会科学类通俗读物等

与《普通高中语文课程标准（2017年版2020年修订）》既有三个大类，又对每个大类采取列举的方式不同，2022年版课标第一学段的文本基本是按照内容来描述的，第二学段比较明确的文本类型是“说明、叙写大自然的短文”，第三学段的文本类型说明得清晰一些，如“参观访问记、考察报告、科技说明文、科学家小传”等。从文本形式看，“实用性阅读与交流”任务群中除了传统的纸质文本，2022年版课标还提出了“多媒体短文”。其中，“有关老一辈无产阶级革命家和革命英雄、劳动模范、科学家的事迹，以及反映中华传统美德的故事”中的“事迹”“故事”，也可以是“纸质或多媒体”的。从单一的纸质文本到纸质文本与多媒体文本兼备，符合现实生活中阅读的发展实际，是2022年版课标在文本概念和设置上的进步。2022年版课标大致将实用类文本分成以下几大类，如表6－3所示。

表6－3　2022年版课标对实用类文本的分类

大类	具体内容	学习要求
非连续性文本	有关个人生活、家庭生活、学校生活、社会生活以及中华优秀传统文化的短文；有关标牌、图示、说明书等	认识相关汉字，学习相关公共规则和表达方式，学会运用合适的语言礼貌地进行交流沟通
叙事性文本	有关记人叙事的文本；革命英雄、劳动模范和科学家的事迹；反映中华传统美德的故事	关注日常生活中的新鲜事，学习用写日记的方式记录生活；学习运用多种媒介方式，具体、清楚、生动地记录、展示、讲述革命英雄、劳动模范和科学家的故事
说明性文本	有关说明大自然的短文；参观访问记、考察报告、科技说明文、科学家小传等文本；相关科技作品	走进大自然，走进科学世界，走进社会，关注祖国的科技创新和社会主义成就，学习记笔记、列大纲、写脚本、画思维导图等整理和呈现信息的方法，学习通过口头表述和多种形式的书面表达，分享观察自然、探索科学世界的所见所闻、所思所感

续上表

大类	具体内容	学习要求
跨媒介阅读	新闻报道、时事评论等作品	通过多种媒介关注国内外政治、经济、社会、科技、文化等方面的新鲜事，比较不同媒介的表达效果，尝试探究不同媒介的表达特点，就感兴趣的话题选择合适的媒介进行交流沟通

三、“实用性阅读与交流”任务群的目标及学习内容

2022 年版课标将“实用性阅读与交流”任务群的总目标定为：引导学生在语文实践活动中通过倾听、阅读、观察获取整合有价值的信息，根据具体交际情境和交流对象，清楚得体表达，有效传递信息，满足家庭生活、学校生活、社会生活交流沟通需要。为了达成总目标，2022 年版课标设置了有关“实用性阅读与交流”小学各学段学习内容的规定，如表 6 - 4 所示。

表 6 - 4　2022 年版课标有关“实用性阅读与交流”任务群小学各学段学习内容的规定①

学段	学习内容
第一学段	（1）阅读有关个人生活、家庭生活的短文，认识图文中相关的汉字，感受美好亲情；学习运用文明礼貌语言，与家庭成员、亲朋好友交流沟通，学会感恩。 （2）阅读有关学校生活的短文，认识图文中相关的汉字；学习与同学、老师文明沟通；乐于分享学校生活的见闻和感受，热爱学习，热爱学校。 （3）在革命遗址、博物馆、公园、剧场、车站、书店、超市、银行等社会场所中，学习认识有关标牌、图示、说明书等，了解公共生活规则，学会有礼貌地交流。 （4）学习有关中华优秀传统文化的短文，将读到、听到、看到的故事讲给他人听
第二学段	（1）阅读有关家庭生活、学校生活、社会生活的短文，学习用口头和书面的方式，客观地表述生活中的见闻片段。学习写留言条、请假条、短信息、简单书信等日常应用文，注意称谓和基本格式，文明礼貌地进行交流。 （2）学习阅读说明、叙写大自然的短文，感受、欣赏大自然的奇妙与美好。学习用日记、观察手记等，展示自己观察自然、探索科学世界的收获。 （3）学习具体、清楚、生动地讲述有关老一辈无产阶级革命家和革命英雄、劳动模范、科学家的事迹，以及反映中华传统美德的故事

① 中华人民共和国教育部. 义务教育语文课程标准（2022 年版）[S]. 北京：北京师范大学出版社，2022：23 - 25.

续上表

学段	学习内容
第三学段	（1）观察、思考日常生活，阅读记人叙事的优秀文本，学习通过口头表达、书面叙写，与他人交流身边令人感动、难忘的人和事。 （2）走进大自然，走进科学世界，走进社会，阅读参观访问记、考察报告、科技说明文、科学家小传等文本；学习记笔记、列大纲、写脚本、画思维导图等整理和呈现信息的方法；学习通过口头表述和多种形式的书面表达，分享观察自然、探索科学世界的所见所闻、所思所感。 （3）能写日记，关注家庭、学校、社区生活中发生的新鲜事。 （4）学习革命英雄和劳动模范的事迹，尝试用多种媒介方式记录、展示、讲述他们的故事，表达自己的崇敬之情

由表6－4可知，“实用性阅读与交流”学习任务群小学三个学段的学习内容呈现出明显异同点，其相同点主要体现为三点：第一，每一个学段的学习都紧紧扣住实用性，联系学生生活实际（个人、家庭、学校、社会）进行学习任务群的组织和学生学习活动的有效开展。第二，每一个学段都在落实阅读与交流，提升学生语言运用能力这一学习目标的同时，提升学生的文化自信。指向文化自信的主题则贯穿整个阶段，从中华优秀传统文化到革命文化再到社会主义先进文化，主题相对集中，线索十分明晰。第三，每一个阶段都注意进行学生核心素养的提升，进而对学生进行中华优秀传统、革命主义、社会主义先进性文化的教育。

各学段学习内容的差异主要体现在学习要求的进阶提升，具体而言：小学三个学段的主题范围渐次扩展，充分联系学生生活实际，内容渐趋丰富，形式逐步多样。注重阶梯性安排。第一学段均围绕学生生活展开，包括个人生活、家庭生活和学校生活，涉及革命遗址、博物馆、公园等社会场所，内容相对熟悉，形式相对简单，学习有关中华优秀传统文化的短文，并能将故事讲给他人听。学习与交流均属于初步状态。第二学段在继续关注学生生活的同时，范围向自然世界、科学领域拓展。阅读与交流形式也更为多样，即聚焦老一辈无产阶级革命家和革命英雄、劳动模范、科学家的事迹，学习具体、清楚、生动地讲述事迹，在实用性交流上有了明确要求。第三学段的内容范围与第二学段相同，但是阅读与交流的要求进一步提高，强调对社会的参与、对自然的探究，重视阅读与交流信息的整理和呈现。教师引导学生尝试用多种媒介方式记录、展示、讲述革命英雄和劳动模范的事迹，表达自己的崇敬之情。实用性交流的形式进一步丰富、要求进一步提高。总的来看，整个设置，充分体现了学习程度与要求的阶梯性，同样从实用角度体现出了文化理解与传承的阶梯性。

◆第二节◆

"实用性阅读与交流" 任务群的设计及实施

实用类文本，是指与学生的个人生活、家庭生活、学校生活、社会生活息息相关的语言文字。实用性阅读与交流，侧重于语言文字所要传递的信息。阅读，重在提取和整合有价值的信息；交流，贵在传递和沟通有意义的信息。"实用性阅读与交流"任务群应如何设计实施？从2022年版课标对各学段"实用性阅读与交流"学习目标与内容的表述看，并没有对"实用性阅读"与"实用性交流"做出严格区分、清晰归类，而是采用统整的思维方式，将两者的内容紧密结合在一起。为了更好地把握"实用性阅读与交流"任务群的设计与实施，本节进行了区分，分别撷取侧重"实用性阅读"，侧重"实用性交流"以及二者有机融合的案例具体展开探讨。

一、教学案例呈现及分析

（一）侧重"实用性阅读"的案例呈现

由前面分析可知，2022年版课标将实用类文本分为非连续性文本、叙事性文本、说明性文本及跨媒介阅读四类。这里以非连续性为本为例，分析如何展开实用性文本的阅读教学。非连续性文本，是相对于以句子和段落组成的连续性文本而言的阅读材料，多以统计表图、图画等形式呈现。非连续性文本源于国际PISA阅读素养测试项目，指由数据表格、图表和曲线图、凭证单、使用说明书、广告、地图、清单、时刻表、目录、索引、颁奖词、开场白、结束语、串联词、推荐语等组成的文本。[①] 非连续性文本的特点是直观、简明、概括性强，易于比较，在现代社会被广泛运用，与人们的生活和工作须臾不离，其实用性特征和实用功能十分明显。[②] 2022年版课标在第三学段（5～6年级）的"阅读与鉴赏"中明确指出，"阅读简单的非连续性文本，能从图文等组合材料中找出有价值的信息。尝试使用多种媒介进行阅读"。案例6－1以安徽蚌埠第一实验学校王海燕老师执教的《故宫博物院》为例，探讨"实用性阅读"中的非连续文本教学。

---

① 周新霞，林海．小学非连续性文本教学内容选择与课型设计［J］．语文建设，2013（6）：21－23．

② 巢宗祺．义务教育语文课程标准修订概况：下［J］．课程·教材·教法，2012（4）：37－41．

小案例

案例6-1 《故宫博物院》教学设计（节选）①

【教学目标】

1. 根据导读提出的阅读目的，重组并选择相关阅读材料进行学习；

2. 通过智慧课堂数据驱动，从材料中提取有关信息并在平板上完成故宫参观路线图设计；

3. 通过智慧课堂的方式，整合非连续性文本材料中的重要信息。

【教学过程】

一、了解任务，筛选材料

（一）情境渲染，初识故宫

同学们，今天的课我们从一张老照片说起（出示画廊）。王老师去北京师范大学学习的时候，留下了很多美好的回忆。时隔多年，当我再看到这些照片，最值得回忆的地方就是故宫。那些红墙绿瓦，那些雕梁画栋，深深地留在了我的心里。最近我听说故宫对一些建筑再次进行了修复。这节课就让我们一起走进故宫（打开视频：故宫风采）。这是一所明、清两代的皇宫，是我国现存最大最完整的古代宫殿建筑群，至今已有六百多年的历史，这里就是“故宫博物院”。（出示课题“故宫博物院”）

（二）了解任务，浏览材料

1. 了解阅读任务。这篇略读课文的导读提示有两项任务，请同学们一起来了解。一项是为家人计划故宫一日游，画一张故宫参观路线图。另一项是选择一两个景点，游故宫的时候为家人做讲解。了解了这两个任务，同学们将会怎样根据不同的任务阅读以下材料呢？

2. 快速阅读材料。想一想这四篇文章都讲了哪些内容？（预设：同学们发现这是一组非连续性文本。这四篇材料可不一样，有的是文字，有的是图片。材料一和材料二分别选自《故宫博物院》和《故宫史话》，材料三和材料四都出自故宫的官方网站）想一想，这四篇材料可以概括为哪些小标题呢？（根据学生回答板书：布局和主体建筑、太和门史话、参观提示、平面图）

3. 任务驱动材料。联系课题下面的学习任务，你将怎样运用课文所给的材料完成两个学习任务？（任务一需要使用材料一、材料三、材料四来完成；任务二需要使用材料一和材料二完成）（板书：选择材料）

---

① 王海燕. 多元互动语文智慧课堂 沉浸式体验非连续性文本：《故宫博物院》教学设计[J]. 小学语文教学，2022（11）：50-51.

二、重组信息，完成任务一

（一）复习学过的阅读方法

完成任务一，我们需要阅读三个非连续性文本材料。想一想，在本单元的学习中，对于“有目的地阅读”，你学过哪些方法呢？（发起智慧课堂随机抢答，预设：课文浏览法、段意概括法、寻找中心句、提取信息法、查找资料法等）

（二）提示学习方法

在阅读课文时，需要根据不同的学习要求，来选择适合的阅读方法。

1. 要完成任务一，我们要细读哪些段落？（材料一中第 1、2 自然段是介绍故宫的概况，略读即可，但是第 3 自然段及之后的内容是游览顺序，这是路线图的重点信息，我们需要仔细阅读这部分的内容）

2. 请同学们圈画材料一、材料三、材料四中参观路线的游览顺序和方位词语，提取关键信息，并做批注。（打开电子课本进行电子批注，关注游览顺序、方位词语、表示时间的词语等。学生分享梳理信息。根据阅读批注，选择阅读方法，分享学习发现）

3. 让我们关注这部分内容的游览顺序，提取关键信息。（板书：提取信息）关注移步换景的顺序：从课文圈画表示顺序的词语，如“从……往里……，沿着……穿过……到……”等。关注表示方位的词语，如“北面”和“中轴线上”等其他词语。关注材料三的信息：图片上有北门出口，文字交代“实行自南向北单向参观路线”。关注材料四：阴影部分是不能参观的区域。

4. 整合信息，完成图示。这里有一段对故宫平面图的简介，希望看后能帮助你们画出最优的路线图，请你们在自己的平板上，用彩笔勾画出路线图。（平板发起画路线图）

5. 汇报评价，点拨指导。请同学们分享，并进行对比评价。（投票，你喜欢哪一种路线，并说出喜欢这条路线的理由）

三、精选信息，完成任务二

（一）明确任务，精选景点

让我们一起来完成第二个任务，你们会选择哪个景点进行讲解呢？过渡：大多数学生选了太和殿这处景点，让我们聚焦太和殿，一起去看一看太和殿。（聚焦课文）

（二）聚焦太和殿，提取方法

这段内容主要介绍了太和殿的哪些方面？运用了哪些说明方法？（列数字、举例子）

你会选择哪些内容来讲解？（概括太和殿整体样貌，殿上的龙，位置、作用等，介绍时注意顺序，通过"位置—样貌—特点—作用"的顺序，补充搜集的故事，突出特点时用上说明方法）

（三）合作展示，全景讲解

在组内先进行讲解，然后我们先请一位同学拿着课本给大家讲解太和殿，我希望作为介绍的同学可以带着我们一起实景游览（出示智慧课堂全景故宫图，学生边讲解教师边播放全景地图），在这位同学讲完后，其他同学可以进行补充、评价、提问。随后，教师进行点拨。

四、总结任务，主旨延伸

故宫博物院是我国古代宫殿建筑艺术的瑰宝。即使你去过100次，故宫也还是会给你惊喜。今天我们只能从课文中窥其一斑，但我们的阅读任务还会继续。（布置作业）让我们搜集资料继续完善路线图，等待时机，让我们和家人一起走进故宫，感受故宫的魅力吧！

案例6－1呈现了教师利用现代信息技术展开任务驱动教学，促成学生合作探究，引导学生在完成任务的过程中掌握实用类文本知识。选自统编版小学语文教材六年级上册的《故宫博物院》，由四篇阅读材料组成，属于非连续性文本。在案例6－1中，教师设置了"画故宫参观路线图"和"当小导游为家人做讲解"两项任务。教师利用信息技术创设了与学习内容相关的、尽可能真实的情境，以激发学生积极主动地完成任务。例如，教师通过智慧课堂结合书中图片并补充一些资料，让学生领略故宫的魅力，带给学生视觉盛宴，可增强学生对祖国传统建筑艺术的自豪感。教师让学生产生沉浸式的感受并融入当前的情境中，与之建立心理联结，这样才能让任务于悄然无形中融入课堂学习的整个过程，润物细无声地让学生产生学习的动力。

（二）侧重"实用性交流"的案例呈现

随着课改的深入，人们对实用性阅读与交流的教学定位逐步清晰与明确起来。这种清晰与明确表现为"语言文字作为交际工具"这一基本性质的确定。"交际"涉及意图、场合、对象、言语材料与知识经验等要素。放在语文教学的具体情境看，"交际"可分为两个指向：一是在交际语境的还原中，理解和把握作者（言说者）的意图，对言语材料进行选择、组织、表达等，进而做出合适的应对，或者提升自我的交际能力；二是在具体交际语境中的运用，在对具体的有关读者（对象）、意图、场合以及言语材料的选择、组织、表达等方面的知识、经验的调用中，来达到现实的交际目的。简言之，可以说前者是“输入（吸收）”，后者是“输出（释放）”。它们既可以是不同的教学类型，如实用性阅读教学与实用性交流教学，也可以融于一个学习任务之中，构成不同的交际阶段。“实用性交流”指的是出于生活实际需要的言语交际，包括口头语言的交际和书面语言的交际。2022 年版课标明确提出，第一学段的交流内容注重培养学生在生活、学习、社会场所中与人的文明礼貌交流，并与人进行简单的沟通交流；第二学段对学生口头表达的要求提升到客观的层面，文明用语的主体也进行了扩充；第三学段对学生口头表达的要求更加深入，添加了多媒介的讲述方式。[①] 案例 6－2 以《我的植物朋友》为例，探讨如何进行“实用性交流”教学。

小案例

案例 6－2 《我的植物朋友》教学设计[②]

【教学目标】

1. 观察校园里的花和树，用多种方法认识这些植物，与植物交朋友，激发学生的好奇心；

2. 能用并列表达的方式写植物标牌，用简洁的语言准确介绍某种植物的主要特点。

【教学过程】

一、了解校园里的花和树，和植物交朋友

统编版语文三年级下册第一单元的习作是《我的植物朋友》。你有植物朋友吗？如果没有，这篇作文怎么写呢？小朋友，不用愁。“没有”可以变“有”啊！你看，校园里不是有许多花和树吗？每天早上，它们都向我们点头、微笑，迎接我们走进学校；放学了，它们会和我们挥手告别，目送我们离开校园。这些花和树，日复一日，年复一年，默默地陪伴着我们，和我们一同成长，算不算我们忠实的朋友？可是，你认识它们吗？知道它们叫什么名字，属于哪个家族吗？你了解它们的生活习性、生长特点，以及对人类的用处吗？……如果你都不知道，就太不够朋友了吧！老师建议大家开展一项活动：了解校园里的花和树，任选一种喜欢的植物，和它交朋友。注意，尽量不要与同学选的一样哦！怎么了解呢？可以先到校园里走走，实地观察，再请教科学老师、花匠，或者

① 樊晓宇. 实用性阅读与交流任务群的理解与实施［J］. 语文教学与研究，2021（6）：130－131.

② 徐鹄. 为植物朋友做标牌：《我的植物朋友》教学设计［J］. 小学教学，2021（13）：101－102.

上网查询；也可以找几本相关的书读读。记得一定要把你收集到的资料用笔记下来。好不好？

二、制作前阅读：读读下面五块植物标牌

想一想，植物标牌有什么用处，可以怎么写。

玉兰

科属：木兰科、木兰属
别名：白玉兰、望春、玉堂香
特征：落叶乔木，花期2—3月，果期8—9月
习性：喜光，较耐寒

夹竹桃

科属：夹竹桃科、夹竹桃属
介绍：常绿大灌木。我国大陆各省均有栽种。叶片如柳似竹，花朵胜似桃花，有特殊香气，花期几乎可达全年。叶及茎皮有剧毒。

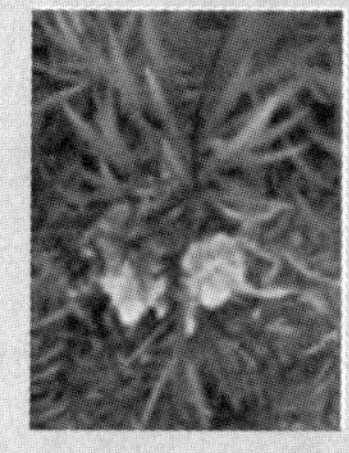

迎春花

迎春花别称黄梅、金腰带、清明花。小枝细长直立或拱形下垂，呈纷披状。花单生在去年生长的枝条上，金黄色，有清香，花期2—4月。因其在百花之中开花最早，之后迎来百花齐放的春天而得名。

腊梅

我，腊梅，又名黄梅花。我的叶子对生，表面绿色，比较粗糙，椭圆形。我先开花后长叶，腊月开花，花黄似蜡，浓香袭人。我很有用处，花可以解暑生津，根可以做止咳药。我不畏严寒，意志顽强。“凌寒独自开”，便是我的品格。

铁树

片片羽叶顶上生，齐齐铠甲披满身。你一看就知道，我是与众不同的树。我最爱晒太阳，可以算是一个“阳光青年”。我的家族历史悠久，2.5亿年前的三叠纪就有了我们的身影。我的生命力极强，寿命也很长，可以活到200岁。但是，如果你想看到我开花，那就不容易啦！因为，我可能一辈子都不开花。难怪人们常说：看到铁树开花，真是“千载难逢”啊！

三、为植物朋友做标牌

（1）导语。这节课，大家为自己喜欢的植物朋友做一个标牌，也就是替它编写一张“身份证”，让更多的同学了解它，也和它交朋友。好不好？

(2) 阅读反馈。为了帮助大家更好地完成任务，老师为大家准备了五个植物标牌。你们都认真读过吗？从中受到了什么启发？

讨论：①什么是植物标牌？它有什么用处？②植物标牌应该写些什么？可以怎么写？

归纳：①植物标牌就是介绍植物的指示牌，上面有文字、图案等内容，一般安插在植物旁边的土壤里，有说明、广告乃至警示的作用。它能让人对这种植物的主要信息有所了解。②植物标牌书写的内容包括名称、别名、科属、习性、主要特征、原产地等。书写时，一般采用并列表达的方式，有重点地介绍它的主要特点，没有统一的规定。

(3) 写法指导。如果你细读了五个标牌的内容，就会发现：在具体表达上，有提纲式、叙述式、个性化表达等不同写法。提纲式，如《玉兰》《夹竹桃》，并列表达，分项说明，条理清楚，一目了然。叙述式，如《迎春花》，用说话的语气，娓娓道来，重点突出，让人倍感亲切。个性化表达，如《蜡梅》《铁树》，或采用第一人称，或采用拟人化手法，生动有趣，能吸引人。

(4) 课堂操练。现在，你会为你喜欢的植物朋友制作标牌了吗？

先想好，再动笔：①选择哪一种植物？（一花、一树均可）②介绍它的哪些信息，突出什么重点？③选择哪种表达方式？（提纲式、叙述式、个性化表达任选一种。老师更鼓励个性化表达）

要求：课上完成草稿，放学回家后查找材料再补充。有兴趣的同学，还可以为标牌设计图案，图文并茂，更能吸引人。最后，别忘了署名。当你发现你制作的植物标牌有很多人在看，你一定会很自豪。

案例 6－2 体现了教师将打开作文思路放在第一位。作文的本意是用自己的语言表达自己的思想。教师围绕习作话题，为学生提供多篇阅读材料，旨在激活其思维，打开其思路。教师将作文变成有趣的活动，旨在为学生创设真实的生活情境，让学生在活动中获得真切的感受和体会，直接感知要说、要写的内容。这既符合学生的认知规律，又切合作文教学的基本原理，不但能激发学生学习作文的兴趣，而且能帮助他们攻克“没有内容可写”的难关。在案例 6－2 中，教师注重将作文教学与学生的生活实际紧密联系。只要学生的写作都有特定的交流对象，都有明确的交际目的，他们的作文就能真正为生活所用。

(三)“实用性阅读”与“实用性交流”有机融合的案例呈现

“实用性阅读与交流”任务群的特色是从实用的角度出发，让学生通过对实用类文本的阅读，掌握此类文本的结构和写作方法，并且能在此基础上培养语言表达能力。“实用性阅读”是“实用性交流”的基础和前提，为“实用性交流”提供信息、方法、形式；“实用性交流”则是“实用性阅读”的拓展和延伸，使“实用性阅读”进入真实的交际情境，并在互动交流中巩固和活化阅读所得，提升学生的生活语言素养。因此，在实施这一任务群教学时，教师应特别注意阅读与交流之间信息互转的关系，在真实的任务情境中阅读与交流。教师既要引导学生在“实用性阅读”中学习“实用性交流”的知识与能力、过程与方法、情感态度与价值观，又要在“实用性交流”中让学生梳理和整合阅读所得，迁移和践行沟通技巧，习得和养成文明得体的交流态度。[①] 在案例6－3中，我们以特级教师张祖庆于2013年自主开发的《给地球新生儿的一封信》为例，体会和把握“实用性阅读”与“实用性交流”的有机融合。

小案例

案例6－3　非连续性文本群读写《给地球新生儿的一封信》课堂实录（节选）[②]

第一课时

板块一：我所知道的地球

师：课前老师布置大家做一张关于地球的文摘卡，用不到80个字来归纳你所了解的信息。先在小组内交流一下，抓住主要信息，用自己的话交流。（学生小组交流）

师：好，请三位同学带着自己的文摘上台来，掌声有请！

……

师：张老师课前也收集了些资料与大家一起分享，一起读——（出示课件）

---

① 王崧舟，梅晨霞．应生活之需　切生活之用：《义务教育语文课程标准（2022年版）》“实用性阅读与交流”解读［J］．语文教学通讯，2022（24）：9－16.

② 张祖庆．非连续性文本群读写《给地球新生儿的一封信》课堂实录［J］．语文教学通讯，2013（27）：29－33.

3 月 21 日：世界森林日；
3 月 23 日：世界气象日；
4 月 22 日：世界地球日；
6 月 5 日：世界环境日；
6 月 17 日：世界防止荒漠化和干旱日；
7 月 11 日：世界人口日；
9 月 16 日：国际保护臭氧层日；
10 月 16 日：世界粮食日；
12 月 29 日：国际生物多样性日；
……

师：从这一组材料中，你获取了什么信息？

生：人类为了保护地球，为他们设定了许多节日进行宣传和保护。

板块二：人类对待地球的方式正确吗？

生：地球被破坏，人类想到地球被破坏的严重后果，所以现在要好好保护。

师：真好！你从这组数据的背后读懂了地球正在遭受着严重的破坏。一位德国科普作家写了一本叫《我们的地球》的书！内容丰富，图文并茂。书的最后一节讲“人类对待地球的方式正确吗?”。请同学们拿出这份资料认真默读，想一想：如果让你在这段文字中摘录一句最重要的话，你会摘哪一句？

……

板块三：“地球头号杀手”

师：有没有同学关注到第二页这幅图？（生点头）请同学们仔仔细细地看看图，看看相应的关键词。看懂一个关键词，请你在这个词旁边打上钩表示你理解了。如果让你在这么多因素中寻找出一个你认为对地球有致命伤害的“头号杀手”，你认为这杀手是谁？可以联系电视、报纸上看到的以及身边观察到的现象综合思考，再发言。(生仔细读图并完成任务)

……

第二课时

师：上节课我们讲到人口在剧增，张老师找了一组人口增长数据，画了幅统计图，请同学认真看，说说你看明白了什么？(生仔细读图)

……

师：地球只有一个，资源在不断减少，而人口却一天天地增长，由此可以想象，总有一天我们这个地球将会不堪重负。因此，很多人坐不住了，给联合国秘书长、国家主席、环保局长写信。但是，也有一个人，觉得更加重要的是，给地球上刚诞生的人写信。40 年前，有一个叫艾萨克·阿西莫夫的科普作家，拿起笔给地球新生儿写了一封信。40 年过去了，地球环境非但没有改变，反而越来越恶化。所以，这节课我们也学着给地球新生儿写一封信。大家想想这信应该写些什么？

生：我觉得首先要介绍我们这个地球遭受到的破坏。

生：还要介绍地球以前的美丽。

师：嗯，曾经的美丽可爱。（板书：美丽可爱）

生：地球以前是多么得美好，但现在却遭到了严重的破坏，所以要保护。

师：对，要保护，并提出行动的建议。如果让你们写行动建议，你觉得可以给他们提些什么建议呢？小组合作出一个金点子。（生讨论）

师：哪些同学想出了金点子？对地球新生儿提些建议，让他们能更好地保护地球、更好地生活在这个地球上。（生交流，提炼关键词板书）

生：我觉得应该从我们身边的小事做起，比如我们可以把牙膏盒裁剪一下变成储物盒……

师：变废为宝。

生：开发太阳能。

生：我觉得应该严守在禁渔期停止捕捞的法则。

生：多植树，绿化环境。

……

师：同学们提出了那么多很好的建议，我们来看看这些建议可以分成哪几类？（师生归类梳理）不同的同学可以有不同的归类，把相似的建议放在一起写，你的观点会表达得更清晰。

【梳理板书】

一、美丽可爱

二、遭受重创 / 榨取资源 / 人口剧增

三、行动建议：
- 垃圾分类 ②
- 节约用水 ①
- 变废为宝 ①
- 开发新能源 ③
- 严守法则 ④
- 绿化环境 ②
- 少用一次性工具 ①
- 出门步行 ①

师：同学们，现在我们就可以开始写信了。写地球遭受重创这部分，我们尤其要学会整合信息，把从课文中学到的信息、课外读物信息，甚至是生活中观察到的都用起来，这样你的表达就更有依据。整合信息时，两个方法：一是直接引用相关的句子，把它写进你的信当中；二是概括地把有些事例、观点进行提炼。（出示课件）

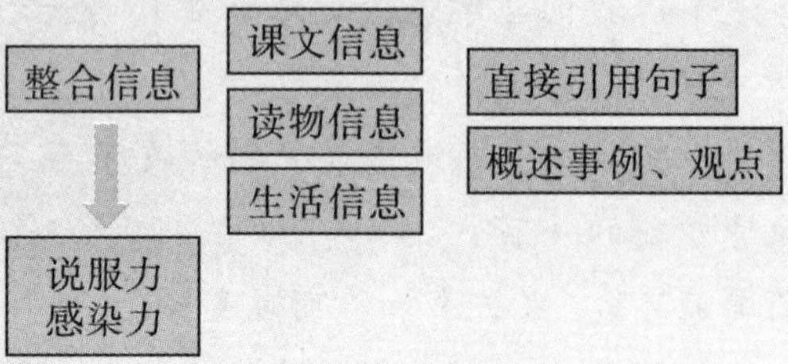

图 6－1 《给地球新生儿的一封信》整合信息的方法

师：因为时间关系，我们分工写，哪些同学愿意写第二部分？（生举手）你们可以把图表、资料都用进去。第三部分？（生举手）我们用十分钟左右的时间写一封信的片段，信的格式，我们很熟悉，暂时不关注，以对话的方式把你想要对他说的话写清楚，写得有感染力。（生书写）

师：哪些同学愿意跟地球新生儿介绍一下地球正在发生的一些事？特别关注他的文章中整合哪些信息提升了表达的效果？

生：亲爱的第 70 亿 01 号地球人，你好！我们的地球正在遭受着严重的破坏。（师评：开门见山，总起句）我们生活的地球已经被人类渐渐地破坏。人类已不满足现在的生活了。开发煤矿，过度捕鱼，水源污染，环境破坏，这些危害侵蚀着地球。拿空气污染来说，外国科学家曾经统计过，全球的前十位致死因子和中国的前三位是相同的，可从第四位开始发生了变化，全球排位第七的空气污染在中国却排位第四，这说明在中国因空气污染致死的人非常多、危害非常大，空气污染将带给我们的生活很大的危害。

师：他重点整合了哪方面的信息？

生：整合了空气污染图表中的信息。

师：整合图表的信息来说明中国空气质量非常差，引用得非常好！而前边只是一带而过举了例子。张老师给你提个意见，你说“空气污染将带给我们的生活很大的危害”，这封信写给谁的？（生：写给新生儿的）最后加一句“如果你诞生在中国，我既欢迎你，又为你未来的生活感到无比忧心”。

案例6－3呈现的是教师在“非连续性文本群”的读写上的探索。第一课时，侧重于非连续性文本的“实用性阅读”。学生在教师的引领下，抓关键词获取信息、归纳信息；联系生活、结合图文理解信息。第二课时，侧重于利用信息进行有效的“实用性交流”。教师引导学生以书信的方式表达自己关注自然环境、保护地球家园的生态意识。书信的写作过程，涉及对海量信息的筛选、甄别、归类、整理，将有价值的信息引用到书信的叙述、说理中，结合生活经验和阅读积累提出具体的环保建议，等等。学生选择信息阅读，并将阅读到的信息进行整合、加工，最后运用信息来支撑自己的观点，落实“能从图文等组合资料中找到有价值的信息”这一学习目标。在案例6－3中，非连续性文本群成了实用性阅读与交流的中介和桥梁。一方面，非连续性文本群是学生需要理解和把握的阅读材料；另一方面，它们又是进行实用性交流的信息资源，有助于学生形成观点、强化理由，提高交流的说服力和感染力。这些信息互相融合、互相促进，实现了由读到写的无痕对接。[①] 总的来看，《给地球新生儿的一封信》的完整教学过程表现出的特点是强调关联性，实现读写对接。教师始终将学生的学习置于真实的问题情境中：地球环境正在日益恶化。在此情境中，学生经历问题求解过程，也展开合作探究过程。学生在教师的引导下，通过阅读照片、统计图表、数据、视频等非连续性文本资讯，了解地球所受的伤害以及急需呵护的现状，心灵受到触动。学生结合自身的生活经验，辅以整合信息让内容有理有据的方法建议，通过小组合作的形式给地球新生儿写信，内容显得情真意切，具有很强的说服力和感染力。

二、“实用性阅读与交流”任务群实施的注意事项

（一）依文本特质施教，设置日常生活的真实情境

“实用性阅读与交流”任务群的教学首先应注意基于文体特征这一基本原则。实用类文本和文学类文本的文体特征和语言特点的差异如表6－5所示。

表6－5 实用类文本和文学类文本的比较

类别	文体特征	语言特点
实用类文本	以逻辑思维为主要动力，以证据、法则及其解释来把握物质世界和精神世界，笔下都是客观真实的存在，是“岸边的杨树”	准确、鲜明、简洁、平实、直接、理性、线性、逻辑、语义性

① 王崧舟，梅晨霞．应生活之需 切生活之用：《义务教育语文课程标准（2022年版）》“实用性阅读与交流”解读［J］．语文教学通讯，2022（24）：9－16．

续上表

类别	文体特征	语言特点
文学类文本	以形象思维为主要动力，以典型化和形象化的方式反映客观世界及精神世界，笔下都是“个人的关照”，是“杨树的倒影”	变形、朦胧、繁复、华彩、含蓄、感性、混沌、感应、语境性

由于实用类文本和文学类文本的文体特征和语言特点不同，阅读方式和阅读指向必然各有侧重。文学类文本阅读着眼于作品的艺术性，阅读方式是鉴赏型的，侧重对文学作品所体现的文学特质加以鉴赏与评价，重点放在言语的品味和感悟，阅读的最终目的是获得文学素养和熏陶。而实用类文本阅读则着眼于获取文本的信息，阅读方式是理解型和操作型。理解型阅读是以理解文本的内容为目标，而理解文本的关键是“点面结合”。“点”，就是把握文本的关键性语句。不同的文本体式，重要语句有不同的呈现方式。抓住关键语句，就能理解文本的概要。“面”，就是把握文章的材料及解释。任何实用类文本都要求理解型阅读，而且理解型阅读是所有阅读的基础。操作型阅读的对象多是说明类文本，是讲述做事方法和行为方式的文本，其重点在于怎么做，或者直接说明操作方法、行为规则，或者通过对做事原理、行为机制的阐述，指导人们合理地进行实践活动。根据文体特征和语言特点，文学类文本一般多用揣摩、品味、咀嚼、想象、联想、体验、感悟、欣赏、涵泳、移情等方法，而实用类文本一般多用理解、筛选、排列、分类、分解、分析、归类、组合、整合、概括等方法。

2022 年版课标在“教学提示”中指出，教学应紧扣“实用性”特点，结合日常生活的真实情境进行教学。与其他任务群的情境不同，“实用性”决定了此任务群的情境类别的创设。情境可分为日常生活情境、文学体验情境和跨学科学习情境三大类。其中，日常生活情境指向真实具体的社会生活，关注学生在生活场景中的语言实践，凸显语言交际活动的对象、目的和表达方式。① 教师应考虑小学各学段特点设计学习主题及相应任务。例如，第一、第二学段可以围绕“我爱我家”“我爱上学”“文明的公共生活”等主题设计学习任务，引导学生学习日常生活语言，学会文明交往，学习表达生活。第三学段则可以围绕“拥抱大千世界”“创造美好生活”“科学家的故事”等主题开展阅读与探究活动，引导学生关注社会，表达和交流自己在生活中的发现和感受。这既需要教师深入理解“实用性阅读与交流”任务群，做好学习任务的设计与实施，也需要教材编写者做好 2022 年版课标的转化工作，修订出更高质量的教材。

---

① 中华人民共和国教育部. 义务教育语文课程标准（2022 年版）［S］. 北京：北京师范大学出版社，2022：50.

课文中蕴藏着最适切的教学情境，教师要以文体样式和文本特征为依托，为学生创设多种形式的日常生活情境。生活既是"实用性阅读与交流"的源头活水，又是该任务群的背景条件。一方面，实用性阅读的内容具有浓郁的生活气息和色彩。即便是中华优秀传统文化、革命文化类的短文，虽然跟学生生活存在一定距离，但也通过实用性交流的途径和方式，在展示和讲述中烙下生活印记。另一方面，实用性交流更是直接指向学生的生活实际，凸显交流的生活价值。无论是与家庭成员、亲朋好友的沟通，还是与同学、老师的交流，抑或是在公共场所与各种陌生人的语言交际，都是基于学生真实的生活需求，丰富他们的生活经历和情感体验，最终增强其适应社会、服务社会的能力。

（二）开展多种形式的学习活动，体现实用性阅读与交流的整合

"活动"成为2022年版课标的高频词，与任务群的提出有密切关系。"实用性阅读与交流"任务群中的任务都不是单独存在的，而是以"活动"作为联系，让学生在活动中收获自己的体验。活动是任务的具体展开，也是在教师指导下学生具体采取的语文实践行为。2022年版课标关于学习活动的形式，建议"采用朗读、复述、游戏、表演、讲故事、情境对话、现场报道等学生喜闻乐见的形式"，融合"识字、写字、阅读、写作、口语交际、搜集处理信息等"进行教学，尤其要"加强对跨媒介阅读与交流的指导"，利用数字资源和信息化平台引导学生逐步"提高语言理解与运用能力"，"增强语言表达的准确性、规范性"。

教师需要精心设计和组织学习活动，让学生在自主的语文实践活动中学会学习。2022年版课标列举的活动方式，基本是学生在日常生活实际中常见的，在家庭生活、学校生活和社会生活中会使用到的方式。比如，对于个人生活来说，复述是信息记忆和储存的重要环节；在学习生活中，复述是一种重要的学习方法，统编版小学语文教材中安排的复述活动分为详细复述、简要复述和创造性复述三种形式，分布在三至五年级。其中，详细复述和创造性复述是以主题单元的形式集中安排的。在社会生活中，我们也会有这样的经历，将和某人聊天时听到的事讲给另外的人听，或将电视中看到的内容讲给别人听。这是口头材料的复述。①

需注意的是，要落实好2022年版课标的教学要求，关键是要抓好实用性阅读与交流的整合，使各种学习要素形成一个紧密交融的整体。实现整合有两种路径：一是以学习项目为载体实现整合。学习项目往往以一个真实而相对复杂的问题为导向，在解决问题中综合运用各种方法和策略、调取各种学习资源，提高学生的综合素养。

① 梁昌辉. 切于实用，有益于生活："实用性阅读与交流"任务群教学解读［J］. 语文建设，2022（10）：26－31.

二是以高阶思维为载体实现整合。所谓高阶思维，是指发生在较高认知水平层次上的认知能力。例如，统编版小学语文教科书五年级上册第五单元的《太阳》一课，作为对一篇说明文的学习，其核心知识当为“说明策略”。说明策略包括：复杂问题条理化（分类）、模糊问题特征化（抓特点）、抽象问题具体化（说明方法）等。以“分类”为例，涉及对事物的分析、比较、遴选、归纳、组合、评价等一系列较高水平的认知活动，属于典型的高阶思维。《太阳》一课的说明策略，即可聚焦于“分类”。围绕“分类”这一说明策略，可以设计“为太阳制作一张金名片”作为驱动性问题。名片制作的基本要求为：内容上，太阳的特点要一目了然，太阳的作用要分条说明；形式上，标识要鲜明，文字要简洁，布局要美观。这一驱动型问题的解决，就需要分类思维的全程参与。

第三节

“实用性阅读与交流” 任务群的教学评价

一、“实用性阅读与交流”任务群的学业质量要求

关于“实用性阅读与交流”，2022 年版课标明确指出小学各学段的学业质量标准如表 6－6 所示。

表 6－6　2022 年版课标有关“实用性阅读与交流”小学各学段学业质量标准的规定①

学段	学业质量标准
第一学段	（1）与人讨论交流，注意倾听，主动用礼貌用语回应；乐于表达自己的想法，遵守规则，主动合作，积极参与讨论，把自己的想法说清楚。 （2）看图说话，能描述一幅图画的主要内容，说出多幅图画之间的内容关联。 （3）留心观察周围事物，对写话有兴趣
第二学段	（1）乐于在班级活动中交流展示，能根据需要用普通话交谈，认真倾听，把握对话的主要内容并简要转述；能按照一定的顺序讲述见闻，说出自己的感受和想法；能尝试根据语文学习经验和生活经验解决日常生活中的问题。 （2）能阅读常见的图文结合的材料，注意图文关联，初步把握材料的主要内容；能用表现事物特征的词语描摹形象，用积累的语言材料，特别是有新鲜感的词句描述想象的事物或画面。

① 中华人民共和国教育部. 义务教育语文课程标准（2022 年版）[S]. 北京：北京师范大学出版社，2022：37－41.

续上表

学段	学业质量标准
第二学段	（3）乐于书面表达，观察周围世界，能把自己觉得有趣或印象深刻、受到感动的内容写清楚；能根据表达需要，正确使用句号、感叹号、问号、冒号、引号等标点符号。 （4）能选择自己感兴趣的角度主动搜集信息，尝试用流程图和文字记录学习活动的主要过程，并向他人展示学习成果；能用日记等方式记录个人的见闻、感受和想法；能用便条、简短的书信等与他人交流
第三学段	（1）乐于参与讨论，敢于发表自己的意见，能认真、耐心倾听，抓住要点，并作简要转述；能根据对象和场合，作简单的发言。 （2）能根据积累的知识和经验初步判断信息真伪，感知情感倾向，形成自己对社会热点问题的初步认识。 （3）能概括说明性文字的主要内容或简单的非连续性文本的关键信息，初步判断内容或信息的合理性。 （4）能用准确的语言清楚地介绍、说明事物或程序，运用文本主要信息解决现实生活中的简单问题。 （5）养成留心观察周围事物的习惯，有意识地丰富自己的见闻，乐于表达自己独特的感受；能用多种媒介方式表达交流。能根据表达需要，准确使用常用的标点符号。 （6）能积极参与活动的策划与组织工作，围绕学习活动搜集材料，提供简单的活动设计方案

由表6－6可知，“实用性阅读与交流”任务群三个学段的学业质量标准相互衔接，环环相扣，循序渐进，螺旋上升，体现了学生核心素养发展的进阶。这样的进阶设计符合能力发展的基本规律，体现了语文课程中核心素养的建构、形成与发展的过程。

二、“实用性阅读与交流”任务群的评价建议

（一）过程性评价：注意创设真实生活情境，制定评价量表

2022年版课标多处提及“情境”且明确指出“语文学科核心素养需要在真实的语文学习任务情境中综合考查”。2022年版课标指出，“实用性阅读与交流”任务群的评价应注重考查学生在真实生活情境中语言运用的实际表现。在评价中，应引导学生注意实用性阅读与表达的目的、对象、情境，以及交流效果，注意内容明确、条理清晰、语言简洁明了，注意应用文的基本格式和行文规范。[①] 任务群学习必须设置真实生活情境。所谓真实，一是现实的真实，即真实的生活情境；二是可能的

① 中华人民共和国教育部．义务教育语文课程标准（2022年版）［S］．北京：北京师范大学出版社，2022：26.

真实，指在生活中可能发生的事，或是可能遇到的问题；三是虚拟的真实，如小说、剧本等文学性文本，通过艺术手段所创造的“虚构”世界，它既是虚拟的，又能带给人真实的体验。“实用性阅读与交流”任务群设置的情境属于第一、第二类情境，即实用情境，指的是在学生生活中、在社会生活中真实存在的，学生当下或未来会遇到的情境。① 王宁教授认为，真实指的是这种语境对学生而言是真实的，是他们在继续学习和今后生活中能够遇到的，也就是能引起他们联想，启发他们往下思考，从而在这个思考过程中获得需要的方法，积累必要的资源，丰富语言文字运用的经验。

在评价中，“情境”是任务设计的“标配”，但不可“为了情境而情境”。真实情境不能片面地理解成，每上一节课，就大费周折地带学生到相应的场所去。教师设计的真实情境要能发挥学生的主体性，使学生积极主动地参与到该情境下创设的学习任务中。真实有效的“情境”应当与评价任务中的真实“问题”形成深度有效的融合。例如，情境的设置可隐含问题产生的背景条件，或为学生解决问题提供路径和资源的支持，或激发学生对已有认知再思考，等等。总之，阅读评价任务的设置应该呈现复杂的不良结构情境，有助于观察学生在解决任务过程中的真实状态。

设计表现性评价任务，制定相应的评价量表是“实用性阅读与交流”任务群学习中的关键一环。一个完整的评价要从学习目标开始，分析目标的取向，根据目标设计评价任务，同时考虑谁来实施，什么时间实施，实施的手段和方式有哪些，最后怎样评价、评价的标准或量表是什么，记录在哪里，有什么用途，等等。表现性评价需对学生在真实生活情境中，对所学所知是否“用得出”“用得对”“用得好”，能不能解决实际问题的实际表现进行评价。例如，教师执教六年级下册《竹节人》一课时，可以设计一个表现性评价任务：教低年级同学做竹节人、玩竹节人，并设定一个“五星级”评价量表，如表 6－7 所示。

表 6－7　“五星级”评价量表②

项目	水　平			
星级	看得懂★	做得出★	玩得起★	图文并茂★★
标准	玩具制作指南表达清楚、简洁，让低年级学生一读就明白，写明白需要的工具、材料	能按照玩具制作指南中的“制作方法”顺利地把竹节人这种玩具做出来	按照玩具制作指南中的玩法能成功地把竹节人玩起来	充分考虑到低年级学生的特点，有很强的对象意识

① 吴东，高杨．实用性阅读与交流［M］．北京：语文出版社，2021：7．

② 梁昌辉．切于实用，有益于生活：“实用性阅读与交流”任务群教学解读［J］．语文建设，2022（10）：26－31．

评价量表是一个二维表格，包括评价标准和掌握水平两个部分。评价量表是一种用文字说明的评分指引，与其他评价工具最大的不同点在于，它明确列出了学习表现的每一项评价标准（或称“要素”，如写作中的要素“主旨、组织、细节、语句、用词、常规”），并清晰地表述了每项标准的不同层次水平，从高水平一端延续到低水平一端。因此，它不但可以帮助教师考查学生的学习过程、学习进展以及最终的学习结果，同时还清楚地告知了学生定义学业表现优异的具体评价标准，是一种非常有效的课堂学习评价工具。① 例如，教师为让学生掌握说明文写作顺序，专门开发了说明顺序评价量表，并给出具体作文案例（见表6-8）。

表6-8　说明文写作顺序评价量表案例②

项目及描述水平等级	四	三	二	一
说明顺序	以一种顺序为主，兼用其他顺序，条理清楚地写一篇说明文	能条理清楚、顺序合理地写一篇说明文	能运用说明顺序较完整地写一篇说明文	较完整地写一篇说明文
修改前的等级				
习作修改 1. 选取哪几个时间点？ 2. 重点描写哪些事件？ ……				
修改后的等级				

（二）终结性评价：考查学生在生活中学习语文的能力，设置表现性任务

教师利用纸笔测验展开终结性评价时，要注意考查学生在生活中学习语文的能力。语文源于生活，又广泛用于生活。培养学生在生活中学习语文和运用语文的意识和能力，是语文教学的一项重要任务。因此，语文考试的命题应尽量贴近学生的生活实际，通过考查学生在生活中学习语文和运用语文解决实际问题的能力，培养学生在生活中学语文、用语文的良好习惯。例如，图6-2是一幅图书广告宣传画。

① MONTGOMERY K. Classroom rubrics：systematizing what teachers do naturally［J］. The clearing house，2000，73（6）：324-328.

② 李瑶. 小学语文说明性习作评价量规设计研究［D］. 包头：内蒙古科技大学包头师范学院，2022.

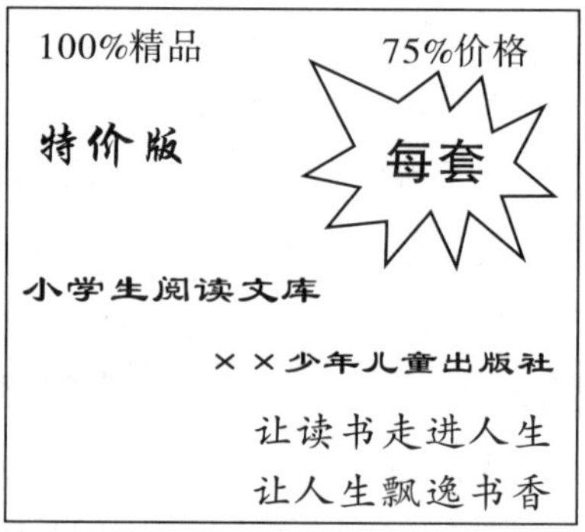

图 6-2 某图书广告宣传画

观察画面回答：

（1）这则广告介绍的书名是：《__________》。

（2）出版社编写这套书的用意是：__________。

（3）“100%精品”说明这套书__________；“75%价格”说明这套书__________。两个意思用一个成语概括就是__________。

小学高年级阶段引入了非连续文本教学，同时考核学生能否有效把握其中的主要信息，但很多小学生在阅读非连续文本时会出现无从下手的情况，究其根本是非连续文本往往缺少充分的语境，学生不知道该如何获取最有效的信息。需要注意的是，这类试题容易偏离语文，命题时一定要以语文学习目标为依据，让生活化试题充满语文味。教师在试题中应创设真实的生活情境，考查学生在生活中运用语文的能力，促进学生“学以致用”观念的形成。①

在纸笔测试命题中设置表现性任务时需要注意表现性考试的特质。区别于一般的纸笔测验，表现性考试主要呈现三大特质。一是目标技能的检核性。它的考查目标，在指向学科核心知识技能运用水平的同时，更聚焦“应用、分析、综合、评价”高阶认知能力的动态发展。二是任务情境的真实性，它将实际问题情境作为考查背景，根据学生现有认知水平设计真实性任务，从考查“知道什么知识”转为“运用知识能做什么”。三是作品表现的建构性或创造性。它将学生在实际问题解决过程中的表现作为考查对象，针对学生最终呈现的产品或表现进行观测和评价。任务的完成需要相应的能力支撑。对能力的要求，不能随意放低或拔高，要遵循 2022 年版课标设定的各学段目标。相同的任务类型，因为不同学段有不同的学习目标，设计的任务也有所不同。下面以“设计游览路线”和“提出建议”两道题为例进行说明。

① 茅萍荷．依托文本　放眼生活　加强整合：小学语文考试命题例谈［J］．小学教学设计：语文、品德版，2006（2）：52-53．

例1　设计游览路线

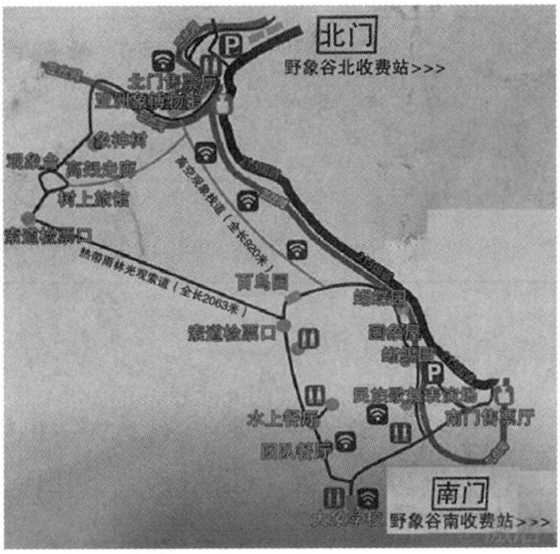

图6-3

同学们一起来到野象谷游览，从北门入，由南门出，一起乘车返程。李敏所在的小队要完成一份关于亚洲象、飞鸟、蝴蝶生活习性以及介绍热带雨林的主题小报，请为小队设计一个合理的游览路线图：

北门进→________→________→________→________→________→南门出。

例2　提出建议

阅读以下三份材料，你想给同学们提出哪些关于健康饮食的建议？请写下来（至少三条）。

[材料一] 关于“垃圾食品”的概念介绍（略）

[材料二] 关于“垃圾食品”的解读误区（略）

[材料三] 关于“垃圾食品”的问卷调查（略）

记者就饮食习惯问题对某班50名小学生进行调查，调查结果统计见表6-9：

表6-9

调查项目	购买食品时的首选考虑			常喝饮料类型			
	营养价值	包装好看	味道好	纯净水	果汁	汽水可乐	白开水
人数比例	72%	8%	20%	25%	30%	40%	5%

以上两道题的任务设置，分别对应不同年级的学习目标、核心知识，符合学生认知特点，与实际学习关联性强，检测效度则强。二者的比较如表6-10所示。

表 6-10 纸笔测验中表现性任务的设置比较

题例	任务类型	任务表现	知识基础	考查能力目标	适用年级
1	非连续性文本阅读	设计游览路线	已学习写景文、游记的一般写法	根据情境合理规划路线；有顺序观察景物	四
2		提出建议	已学习整理信息、提要归纳、提出建议的方法	提取信息，运用信息、解决问题、提出建议	六

教师在设计任务时应紧密联系学生个人生活、学校生活、社会生活中阅读与交流的实际任务，评价学生实用性阅读与交流的能力。教师要充分评估学生的生活经验与知识储备，使情境任务建立在真实的基础上。在清晰体现学力分层进阶的基础上，教师可以在最近发展区内适当增加“邀约挑战性”，让任务富有童趣与情趣。①

本章小结

实用类文本是语文教学中一个不可缺少的组成部分。随着现代社会的发展，人们在日常生活、工作与学习中接触到的实用类文本越来越多。不管是在教学中，还是社会发展的需要中，实用类文本的作用越来越大。鉴于此，我国在 2022 年版课标中把“实用性阅读与交流”作为发展型学习任务群之一，要求学生在表达和交流中达成对社会生活的沟通目标，真正将语文运用在生活中，讲求情境性与实践性。

“实用性阅读与交流”任务群实施的注意事项可以概括为两点：一是依文本特质施教，设置日常生活的真实情境；二是开展多种形式的学习活动，体现实用性阅读与交流的整合。

教师在明确“实用性阅读与交流”任务群学业质量要求的基础上，需要进一步了解该任务群的评价建议，具体而言：一是教师实施过程性评价时，应注意创设真实生活情境，制定评价量表；二是教师实施终结性评价时，应考查学生在生活中学习语文的能力，设置表现型任务。

思考与练习

1. 简述实用类文本的内涵、特点及分类。
2. 简述实用类文本和文学类文本的文体特征和语言特点的差异。
3. 结合实例，谈谈你对如何达成“实用性阅读与交流”任务群的目标的认识。

① 夏江萍. 小学语文测试命题中表现性任务的设置［J］. 教学与管理，2021（8）：70-72.

第七章
“文学阅读与创意表达” 任务群研究

学习目标

1. 识记：“文学阅读与创意表达”任务群的价值定位，开放性试题的内涵；

2. 理解：“文学阅读与创意表达”任务群的目标、学习内容及学业质量要求；

3. 运用：“文学阅读与创意表达”任务群实施的注意事项、评价建议。

学习概要

本章第一节的重点是明确“文学阅读与创意表达”任务群的价值定位、目标及学习内容。第二节是针对“文学阅读与创意表达”任务群的目标和学习内容，围绕如何进行教学设计和实施展开深入探讨。这一节分别呈现了侧重“文学阅读”的案例、侧重“创意表达”的案例以及“文学阅读”与“创意表达”有机融合的案例，并在此基础上提出了此任务群实施的注意事项。第三节则是明确“文学阅读与创意表达”任务群的学业质量要求和评价建议。

第一节
“文学阅读与创意表达” 任务群概述

一、“文学阅读与创意表达”任务群的价值定位

“文学阅读与创意表达”任务群与同一层次的“实用性阅读与交流”“思辨性阅读与表达”任务群存在的差异主要体现为各自有着自身的学习内容、特质和规律，涵盖了文学语言、文体特点、文学创作等各方面，凸显的是文学价值，体现的是文

学内涵，让学生获得的是文学的独特审美。这意味着文学教育在语文课程中的地位得到了进一步独立确立。

“文学阅读与创意表达”作为一种文学活动，在语文教育教学中长期承担着育人功能、审美功能、知识传递功能、文化熏陶功能，为学生的学习、成长提供不可替代的养分。“文学阅读与创意表达”任务群首次以单列形式明确了文学活动在语文课程中的地位与要求。2022 年版课标中对“文学阅读与创意表达”任务群的教学目标、教学价值、教学内容、教学途径、教学建议及教学评价等进行了分析说明，为该任务群的开展落实指明了方向。开展“文学阅读与创意表达”任务群有利于促进阅读与表达的紧密结合，培养学生的审美能力，提升学生的思维品质，活跃学生的身心。

二、“文学阅读与创意表达”任务群的目标及学习内容

2022 年版课标在“文学阅读与创意表达”任务群中指出：“本学习任务群旨在引导学生在语文实践活动中，通过整体感知、联想想象，感受文学语言和形象的独特魅力，获得个性化的审美体验；了解文学作品的基本特点，欣赏和评价语言文字作品，提高审美品位；观察、感受自然与社会，表达自己独特的体验与思考，尝试创作文学作品。”从中我们可以得知，该任务群主要包含两个方面的学习内容，分别是“文学阅读”和“创意表达”。2022 年版课标对学生提出的目标要求是螺旋上升的。教师应当有全局观，同时也应明确在具体的某一阶段学生应该达到怎样的要求。2022 年版课标关于“文学阅读与创意表达”任务群学习内容的具体阐述如表 7－1 所示。

表 7－1　2022 年版课标有关“文学阅读与创意表达”任务群小学各学段学习内容的规定①

学段	学习主题与内容		
	主题	文学阅读	创意表达
第一学段	革命文化	阅读并学习讲述革命领袖、革命英雄、爱国志士的童年故事	表达敬仰之情和向他们学习的愿望
	人与自然	诵读表现自然之美的短小诗文，感受大自然的美景与变化	无
	儿童生活	学习儿歌、童话，阅读图画书，体会童真童趣，感受多姿多彩的生活，初步体验文学阅读的乐趣	无

① 中华人民共和国教育部．义务教育语文课程标准（2022 年版）［S］．北京：北京师范大学出版社，2022：26－28．

续上表

学段	学习主题与内容		
	主题	文学阅读	创意表达
第二学段	革命文化	阅读并讲述革命故事、爱国故事、历史人物故事，感受幸福生活来之不易	表达自己对美好生活的向往，以及对革命英雄、仁人志士的崇敬之情
	人与自然	阅读描绘大自然、表现人类美好情感的诗歌、散文等文学作品	结合自己的生活体验，尝试用文学语言表达自己热爱自然、珍爱生命的情感
	儿童生活	阅读富有想象力和表现力的儿童文学作品，欣赏富有童趣的语言与形象，感受纯真美好的童心	学习用口头或者图文结合的方式创编儿童诗和有趣的故事，发展想象力
第三学段	革命文化	阅读、欣赏革命领袖、革命先烈创作的文学作品，以及表现他们事迹的诗歌、小说、影视作品等，感受革命领袖、革命先烈伟大的精神世界和人格力量，认识生命的价值	运用讲述、评析等方式，交流自己的情感体验
	人与自然	阅读表现人与自然的诗歌、散文等优秀文学作品，感受大自然的奇妙，体会人与自然和谐相处的意义	用口头或者书面的方式表达对自然的观察与体验，抒发自己的情感
	人与社会	阅读表现人与社会的优秀文学作品，走进广阔的文学艺术世界，学习品味作品语言、欣赏艺术形象	复述印象深刻的故事情节，积累多样的情感体验，学习联想与想象，尝试富有创意地表达
	儿童生活	阅读反映少年成长的故事、小说、传记等	交流自己获得的启示；学习运用细节描写等文学表现手法，描述自己成长中的故事

由表7－1可知，“文学阅读与创意表达”学习任务群的学习内容呈现以下两个突出特点。

（一）强调学生阅读的广度，注意内容安排的递进性

2022年版课标列举了小学阶段可供开展学习的主题。这些主题涉及范围广，对学生能起到多方面的影响作用。文学作品涉及各式各样的题材，有反映革命文化的、反映人与自然关系的、反映人与社会关系的、反映儿童少年成长的。简言之，“文学阅读与创意表达”任务群在小学三个学段中的教学内容主题主要包括“革命文化”“人与自然”“儿童生活”“人与社会”。其中“革命文化”“人与自然”“儿童生活”主题贯穿三个学段，而“人与社会”主题则是第三学段教学中所特有的。

2022 年版课标中提到的这些有关于教学内容的主题实际上涉及了学生生活的方方面面。在课标的相关描述中，强调学生阅读的广度，即学生要去“阅读”与这些主题相关的故事、诗歌、散文、小说的。这与 2022 年版课标倡导的“多读书、好读书、读好书、读整本书”理念是一脉相承的。2022 年版课标有关“阅读”的表述中，小学阶段更加强调的是学生在阅读过程中获得的感受、体验，对于分析、掌握所阅读作品的写作手法等并没有过多强调。

从纵向角度来看，文学阅读的内容逐渐丰富。例如，第一学段主要是阅读关于革命领袖的童年故事，表现自然之美的短小诗文，以及儿歌、童话、图画书等读物。第二学段扩展到阅读革命故事、爱国故事和历史人物故事，描绘自然、流露人类美好情感的文学作品，加之富有想象力和表现力的儿童文学作品。第三学段除阅读关于“革命文化”“人与自然”“儿童生活”的文学作品外，还要关注表现“人与社会”的文学作品，学习要求也由低段的感受生活，体验阅读乐趣进一步拓展为积累阅读经验。从不同学段的主题安排中，我们可以明显地感受到该任务群在学习内容安排上具有递进性的特点。

（二）强调学生的主体性，注意表达要求的不断提升

从 2022 年版课标对小学三个学段关于创意表达的学习内容描述中，可以发现课标关注学生自己的情感、体验、感悟等的抒发与交流，强调学生在学习过程中的主体地位。例如，2022 年版课标中提到的有关学生“自己”的表述如下：“结合‘自己’的生活体验，尝试用文学语言表达‘自己’热爱自然、珍爱生命的情感”；“运用讲述、评析等方式交流‘自己’的情感体验”；“用口头或者书面的方式表达对自然的观察体验，抒发‘自己’的情感”；“交流自己获得的启示”；“学习运用细节描写等文学表现手法，描述‘自己’成长中的故事”。[①] 学生的主体性，是需要在长时间的培养中发展的。教师安排教学内容、开展教学时应考虑如何在该学段的学习中发挥学生的主体性。

2022 年版课标对表达的要求，随着学段的增高不断提升。“文学阅读与创意表达”任务群对表达的要求则从感受情感、尝试表达到创意表达、文学创作，体现了进阶性，具体而言：阅读有关“革命文化”的作品，第一、第二学段重在充分感受后表达对革命英雄、仁人志士的敬仰之情，第三学段则明确提出运用“讲述、评析”等方式交流情感体验；阅读有关“人与自然”的作品，第一学段只要求感受自然景观的变化，第二学段则要求结合生活体验用文学语言表达情感，第三学段又提

---

① 中华人民共和国教育部. 义务教育语文课程标准（2022 年版）[S]. 北京：北京师范大学出版社，2022：26－28.

及了口头和书面表达两种方式。此外，第二学段还要求通过阅读儿童文学作品发展想象力，用口头或图文结合的方式创编儿童诗和有趣的故事。第三学段也要求阅读“人与社会”的优秀文学作品，学会联想与想象，“尝试富有创意地表达”，阅读反映少年成长的文学作品，学习运用“文学表现手法”描述自己的成长故事。此阶段的“创意表达”是将学生的想象能力和想象品质作为教学重点指向。

需注意的是，将文学表达纳入教学内容，这是2022年版课标的一个变化。其实，在统编版教材中，已经出现了多个小说阅读与写作单元，并且提出了“虚构性写作”。这在一定程度上打破了传统的小学写作教学“要作文，先做人”的写真人、写真事的格局。例如，在六年级上册习作四《笔尖流出的故事》中提出这样的写作要求：“故事要围绕主要人物展开”“情节尽可能吸引人”“试着写出故事发生的环境”“还可以写一写人物的心理活动”。小说的三要素齐备，更有细节描写支持，这一切无不表明作为文学的“小说写作”已经正式步入小学写作课堂。①

第二节

“文学阅读与创意表达” 任务群的设计及实施

一、侧重“文学阅读”的教学设计及实施

（一）“文学阅读”的教学价值

2022年版课标“文学阅读与创意表达”任务群提及的文学阅读的教学内容，包括儿歌、童话、故事、诗歌、散文、小说、传记、影视作品等多种文体的教学。文学作品以不同的文体形式展现，对学生可以起到多方面的促进作用。在阅读过程中，学生可以受到各类文体所特有的功能的积极影响。例如，童话作品通过丰富的想象、通俗的语言、超自然的人物形象等可以吸引儿童的阅读兴趣、发展学生的想象力、创造力。诗歌是用凝练而富有韵律的语言创造意境，反映社会生活的一种文学样式。诗歌因其语言精美、篇幅短小、内涵丰富，有助于培养学生遣词造句、精心构思与艺术概括能力，陶冶学生性情，美化学生心灵，发展学生的想象力。散文篇幅短小、取材丰富、形式灵活自由，有利于开阔学生视野，丰富学生精神世界，培养学生的多种阅读风格和写作风格。小说具有人物形象丰富、故事情节生动、取材广泛、风

① 吴勇．基于核心素养的小学写作教学重构：2022年版《义务教育语文课程标准》表达层面的热词解读及实施建议［J］．语文教学通讯，2022（23）：11－18.

格多样、语言生动等特点，能发展学生的认识能力、思维能力和语言能力。

作为语文课程的重要组成部分，文学阅读有助于学生感知文学现象，形成个性化的审美体验，也有利于提高学生创作动机，引领创作实践。文学作品的阅读教学在小学语文教学中的首要任务是培养学生阅读的兴趣和习惯，引导学生阅读各种文体的文学类作品。随着学段的增高，对学生的文学阅读将提出更高的要求，如品味作品语言、欣赏艺术形象、感受作品丰富的情感内涵等。教师要引导学生学会观察世界，认识社会，了解人生，辨别真假、是非、美丑，获得良好的人格塑造、情感陶冶和审美愉悦，同时发展学生的形象思维能力。

（二）教学案例呈现及分析

开展“文学阅读与创意表达”任务群的学习，要合理选择教学文本，把握各类文体的特点。在教学过程中，教师要善于处理教学文本，依托教材但又不局限于教材。2022 年版课标在教材编写建议中就指出：“教材应具有开放性和选择性。在合理安排基本课程内容的基础上，关注不同区域教育实际，给地方、学校和教师留有调整、开发的空间，也给学生留出选择和拓展的空间，满足不同学生学习和发展的需要。”[①] 文学阅读涉及各类文体作品的阅读，通常包括童话、寓言、诗歌、散文、小说、戏剧等文体。每一种文体有其独特的文体特点，在不同文体的教学中，教师要有明确的文体意识，在教学中恰当选择该类文体的教学内容、适当地引入文体知识，帮助学生更好地理解课文内容、欣赏课文的艺术特色。案例 7－1 以统编版语文教材四年级上册第 12 课《盘古开天地》为例，探讨如何展开文学阅读教学。

小案例

案例 7－1　《盘古开天地》教学设计（节选）[②]

一、游戏导入，踏歌而行，激发阅读神话的兴趣

游戏设计：以深受大众喜爱的节目《中国诗词大会》为切入点，模仿比赛现场邀请学生开展看画图猜诗歌的游戏。以李白的《古朗月行》为图片线索，创设诗意的情境，引起学生猜谜的兴趣。

学情分析：四年级的学生只是选学了李白诗歌的前四句，没有完整地学习整首诗歌。

---

① 中华人民共和国教育部. 义务教育语文课程标准（2022 年版）［S］. 北京：北京师范大学出版社，2022：53.

② 高洁. 借诗歌之火，燎神话之原：以《盘古开天辟地》为例［J］. 安徽教育科研，2022（16）：4－6.

教师讲解：短短的一首诗歌里竟然包含了六个奇幻的神话，分别是：美丽的瑶台——仙人居住的地方，仙人——月驾车之神望舒，桂树——吴刚伐桂，玉兔捣药，蟾蜍，后羿射日。有谁能分享这首诗里你所了解的神话故事呢？（出示整首诗歌）

二、仿写诗句，诗化概括，引领学生寻因问果

教师引导：以《古朗月行》精练概括的诗句展开教学，让学生尝试以小诗人的身份去仿写诗句，再用诗句去概括神话故事的起因、经过、结果，赞美神话故事里的英雄人物。

学生仿句示例：“天地如鸡子，盘古睡其中”“天地一混沌，盘古睡万年”“混沌如鸡子，盘古生其中”。

学生活动：反复阅读文本，读懂课文后尝试用整齐的句式、有规律的押韵来概括该神话故事的起因；利用诗句概括故事的经过（“开天又辟地，顶天立地撑”“巨人分天地，巍峨撑其间”……）；利用诗句概括故事的结果（“英雄勇献身，幻化成万物”“巨人做贡献，身体变万物”“盘古最无私，骨节为山林，毛发为草木”……）。

三、以诗仿写，咏叹形象之美

设计意图：学生对神话故事的前因后果有了大概了解后，引导学生挖掘更深一层的人物内涵。现代文学家郭沫若的《天上的街市》运用了想象的表现手法，把夜空想象成点着无数街灯的天上街市，把流星想成牛郎织女闲逛街市，语言优美清新，带给读者丰富的想象。诗歌中还涉及牛郎织女的神话故事。在引导学生感受人物形象及其伟大品质后，让学生套用《天上的街市》的文字，开展阅读后练笔。

（一）找一找词语

让学生找出一系列描写盘古动作的词语，指导学生读好这些动词并结合想象的画面，感受盘古的人物形象，在阅读感受、讨论交流、总结感悟的基础上进行仿写。

你____________，你____________，

啊，盘古，你是____________的神！

（二）读一读句子

阅读重点句子：“头顶天，脚踏地，站在天地当中，随着它们的变化而变化。天每天升高一丈，地每天加厚一丈，盘古的身体也跟着长高”。

阅读描写盘古幻化成世间万物的句子：“盘古倒下以后……雨露”。

（三）想一想品质

引导学生总结人物品质和形象。

他的气息，变成了____________。

他的声音，变成了____________；他的左眼，变成了____________；他的右眼，变成____________；他的____________，又会变成____________。

啊，盘古，你是____________的神！

（四）写一写赞美词

学生练笔示例：你前无古人，你后无来者，啊，盘古，你是创新的神！你日长一丈，你支撑万年，啊，盘古，你是高大勇猛的神！你化日月，你变花草，啊，盘古，你是为民造福的神！……

四、用诗作结，拓宽神话的阅读视野

请准备《古朗月行》和《天上的街市》的配乐朗诵，出示普希金作品的语句，寻找神话的影子。

《诗人》："当阿波罗还没向诗人要求神圣的献祭的时候……"

《叶甫盖尼·奥涅金》："沐浴着狄安娜的银光，可怜的塔吉亚娜没有睡……"

在案例7－1中，教师紧扣神话类文本的特点，合理地选择教学文本。教师以诗歌为桥，为学生铺设了联结诗歌与神话的道路，不露痕迹地指引学生走进传统文化的殿堂。神话是小学语文教材中深受学生喜爱的文体。然而，由于解读的偏颇，神话类文本阅读常常处于高耗低效的状态，学生无法真正把握神话文本的特质。很多教师在解读神话类文本时，常常只关注故事情节本身，而忽视了神话中丰富的文化内涵，导致神话类文本教学走入歧途。例如，有些教师在教学此课时，习惯将教学的着力点设置在"课文神奇在哪里"这一层面上，要求学生潜入文本，感受神话故事的神奇之处。看似落实了单元的语文要素，但实际上却没有抓住神话这一文体的特质。神话教学的根本落脚点不是作品中的"神奇特质"，而应该是"内在精神"。教学《盘古开天地》的教学重点应是"聚焦盘古的形象特点，依循故事的情节，感受盘古的命运走向及喜怒哀乐，从而将感悟神话文本的精神内涵落到实处"。在认识神的形象中，也要注意将神话文体中的神与其他文体中的人物形象相区别，不能仅仅局限于神的特性等同于人类的特性。将神与人的特性等同起来，诚然能在一定程度上体现神的"人之特性"。但若仅限于此，则是对神话的一种窄化解读。由此，教师在引领学生阅读《盘古开天地》时，要注意盘古是凭借一己之力，撑开了天地的混沌体，成为整个宇宙的开创者。学生只有站在人性的视角来感知神的言行，洞察其不同寻常的一面，才能既关注神身上的"人之本性"，又洞察神与现实的人的差异，从而真正把握神话类文本中神的内在灵魂。[①]

教师对课文文体的正确认识，直接影响着教学的效果。掌握各类常见文体的特点也是教师教好创意表达的必备教学知识。小学阶段所要掌握的创意表达文体，包括童话、故事、记叙文、说明文、应用文等。每一类文体又能再细分为更小的类别，涉及的相关知识非常多，需要教师系统掌握、正确理解。每一种文体的产生、发展和成熟，都是社会生活需要的产物。所谓“文章合为时而作，歌诗合为事而作”。书面表达的体式既是人们在长期的写作实践中所建立的，并被普遍遵从的一种规范，又是变化的，具有历史性的。金代王若虚在《文辨》中说：“（文章）定体则无，大体则有。”所谓“大体”即指文章的体制；所谓“定体”，即指文章的结构和格式。前者一般具有稳定性，后者则相对灵活，具有可变性。教师面对一篇篇独立的课文，除了依据该类文体的教学特点进行教学，还应当依据这一篇课文的特殊之处选取教学点。案例 7－1 中的教师在结课之际还精心挑选了普希金作品中涉及神话的语句，作为学生进一步阅读、巩固学习成果的资料。教师基于教材，考虑自己所教学生的情况，适当地补充一些课外文本，有助于学生更好地进行学习任务群的学习。

二、侧重“创意表达”的教学设计及实施

（一）“创意表达”的教学价值

1936 年，美国爱荷华大学在威尔伯·施拉姆（Wilbur Schramm）的领导下启动“创意写作项目”（Creative Writing Program），设立创意写作艺术硕士学位，开启了创意写作的学科化历程，逐渐赢得了声誉，在海内外产生了较大反响。1970 年，我国著名教育学者雷国鼎的《美国教育制度》在论述美国中等学校课程体系的特点时提到：“英文教学则普遍注重文法、作文、语言学、语义学及创造性的写作。”1988 年，陈建平等翻译英国德·朗特里（Derek Rowntree）的著作，其中对“创意写作”给出了一种定义：“指布置给小学生［特别在初等学校（primary schools）］写作的指定作业，目的在于让他们有机会比做其他的写作作业能更自由地表达自己的看法。”[②]

我国港台地区因学术开放的便利性，已经较早地正式开展了创意写作的教学和研究。中国香港地区的创意写作和教学在中小学和高等教育层面都有涉及。1988 年，香港教育署颁行小学语文科课程纲要。在此基础上，中国香港地区编写了“小学创意写作”丛书，分 12 册，供一至六年级使用。这套教材一、二年级着重句子

① 张宏兵. 文体特质下神话类文本教学的走向［J］. 江西教育，2022（15）：49－50.

② 宋时磊. 创意写作在中国接受与传播的历史考析（1959—2009）［J］. 写作，2018（6）：57－68.

训练，三、四年级以灵活而具体的形式阐释作文的基本要领，五、六年级深入分析各类文体的写作方法，体现了循序渐进的原则。①

2022年版课标将“口语交际”“写话”“习作”并列为“表达与交流”，体现出此次课标以核心素养为导向，强调内容整合的特点。从口语交际方面看，2022年版课标中“表达与交流”的学段目标大致从态度、能力两个方面描述了进阶要求和变化，在口语交际的态度和能力上体现了“自信言说—主动言说—乐于言说—得体言说”的要求进阶。从写作能力上看，从“想写”到“写清楚”再到“写具体”，以及“写得合乎规范”和“有创意”，不断提升要求，基本构成了一个比较清晰的写作能力进阶序列。② 在此背景下，2022年版课标将“创意”“表达”进行整合，提倡“引导学生成长为主动的阅读者、积极的分享者和有创意的表达者”。

创意表达对学生语文核心素养的形成有着积极的作用。2022年版课标指出语文核心素养是“学生通过课程学习逐步形成的正确价值观、必备品格和关键能力，是课程育人价值的集中体现”。四个语文核心素养分别是文化自信、语言运用、思维能力、审美创造。③ 学生在进行创意表达时，需要运用逻辑思维、辩证思维等选择适当的内容作为创意表达的材料；需要运用创意思维将大众化的材料有个性、有创意地编排、表达。在创意表达的过程中，学生的思维能力得到锻炼，思维品质逐步提升。此外，创意表达形式多样、内容丰富，学生可以选择自己感兴趣的形式，或口头或书面，或诗歌或散文或小说表达自己的情感体验、审美品味，创作“美”的作品等。这对于审美创造素养的形成都有着积极的影响。

（二）教学案例呈现及分析

创意表达，对学生来说存在一定的难度，教师想让学生克服困难进行创意表达，首要的是激活学生创意表达的欲望。正如陶行知先生所言：“学生有了兴味，就肯用全副精神去做事。写作也是这样，学生一旦对写作产生了浓厚兴趣，就会主动钻研，乐此不疲，甚至能步入灵感顿生、下笔千言的佳境。”教师需要结合特定年龄段学生的特点，设计吸引学生兴趣的创意表达学习活动。为了促进学生的想象力发展，小学语文统编版教材在不同的教材单元设置了各种类型的写作活动。三年级上册第三单元的写作任务是“我来编童话”，第四单元的写作任务是“续写故事”。三

① 肖桂林，石景章．香港《小学创意写作》例析［J］．湖南教育：上旬（A），1993（2）：26－28．

② 荣维东，周胜华．“表达与交流”教学应走向能力进阶和统整实践：《义务教育语文课程标准（2022年版）》“表达与交流”解读［J］．福建教育，2022（27）：37－42．

③ 中华人民共和国教育部．义务教育语文课程标准（2022年版）［S］．北京：北京师范大学出版社，2022：4．

年级下册第五单元的写作任务是“奇妙的想象”，第八单元的写作任务是“这样想象真有趣”。案例7-2以“想象小岛”大单元习作教学活动设计为例，探讨如何进行“创意表达”教学。

小案例

案例7-2　“想象小岛”大单元习作教学活动设计①

【设计理念】

统编版教材三年级下册第五单元是习作单元，本单元的语文要素一是“走进想象的世界，感受想象的神奇”；二是“发挥想象写故事，创造自己的想象世界”。基于本单元的语文要素、单元目标和文本特点，确定本单元主题为“想象小岛”，以“建一座想象小岛”为学习情境，在真实情境下进行大单元的习作教学活动（见图7-1）。

- 建一座想象小岛
  - 任务一：换换换，反着想的乐趣
    - 宇宙的另一边有什么秘密
    - 畅游颠倒村
    - 尾巴居然有一只猫
  - 任务二：变变变，大胆想的奇妙
    - 我为什么会变成一棵树
    - 我想变成……
    - 瞌睡虫的奇遇
  - 任务三：做做梦，合理想的有趣
    - 小铅笔有梦想
    - 手指印的梦想
  - 任务四：采采风，灯故事真奇妙
    - 寻访灯的故事
    - 习作：奇妙的想象

图7-1　大单元的习作教学活动整体设计

【教学活动】

任务一：换换换，反着想的乐趣

在教学中通过《宇宙的另一边》感受“反着想”的神奇与有趣，初步掌握“反着想”的想象特点，利用课后习题“‘宇宙的另一边’还会有哪些秘密?”引导学生利用“反着想”进行仿写练习。结合“初试身手”里第二个故事开头，续编《畅游颠倒村》的“反着想”故事。最后通过《尾巴它有一只猫》指导学生利用“反着想”的策略构思自己的想象故事。

① 姚琪，蒋薇. 让创意表达在真实的乡土生活中发生：以三年级下册第五单元教学为例[J]. 语文教学通讯，2022（3）：34-36.

任务二：教学变变变，大胆想的奇妙

《我变成了一棵树》大胆想象了“我”变成一棵树之后的奇妙经历。教学中通过梳理本课故事内容，引导学生体会“变着想”的奇妙，学会“变着想”的策略——把自己想象成别的事物，联系这个事物的特点展开想象，帮助学生构建“变着想”的习作框架。结合课后第二题“如果你也想变，你想变成什么？变化以后会发生什么奇妙的事?”指导学生利用框架，创编“我想变成……”的奇妙故事。“初试身手”里第一个续编故事瞌睡虫找朋友，也可以利用这种“变着想”的故事框架，结合瞌睡虫的特点想象瞌睡虫飞出洞以后发生的事情。

任务三：做做梦，合理想的有趣

《一支铅笔的梦想》这篇习作例文中铅笔的梦想始终围绕铅笔的特点展开想象。教学中通过梳理铅笔的五个梦想，引导学生发现“做梦”要始终联系事物的特点。结合“初试身手”的第一个任务，设计成“手指印的梦想”，“在纸上按出自己的手指印，再把它画成想象中的事物，看谁想得新奇。”按下手指印，添几笔，使之变成活灵活现的人物、动物、植物。

任务四：采采风，灯故事真奇妙

结合本地学生非常熟悉的灯具资源，设计“采采风，灯故事真奇妙”的任务，让学生走进自己熟悉的环境，去寻访关于灯的想象故事，继续感受想象的大胆与奇妙，创编关于灯的想象故事，让创意表达在真实的乡土生活中发生。

小学阶段的写作，更偏向于培养学生的写作兴趣，使学生乐于表达。在案例7－2中，教师整合三年级下册第五单元的教材内容，确定该单元的单元主题为“想象小岛”，以“建一座想象小岛”为学习情境，在真实情境下进行大单元的习作教学活动。教师紧扣一个主题情境，设置了富有趣味的四个任务。在教学中，教师让学生阅读单元内的课文，从不同的课文中学习想象的策略，运用这些策略进行写作。通过阅读单元内的课文《宇宙的另一边》和《尾巴它有一只猫》，教师总结出这篇课文的共性，指导学生换个角度、换个方向去想象；通过阅读单元的课文《我变成了一棵树》，教师引导学生体会到“变着想”的奇妙，学会运用“变着想”的策略进行想象，创编想象故事；通过梳理课文《一支铅笔的梦想》中铅笔的五个梦想，引导学生发现“做梦”想象要始终联系事物的特点。在这一单元的教学中，教师通过文学阅读带领学生掌握了三条创造想象故事的策略。这三条从文学阅读获得的想象策略，在后续的创意表达中发挥着重要作用，学生能借此策略进行创意表达。这样的设计，整合了目标、内容、资源、方法等多个教学要素，鼓励学生以不同的写作形式来进行有创意地表达，充分调动了学生的创作欲望，在每个学生心目中建立起如何进行想象的总印象。

教师布置任务让学生进行创意表达时，若能为学生提供一些教学支架，将消除学生的畏难心理，激活创意表达的思维。例如，在案例7－2中，教师让学生进行仿写，这就为学生提供了有效的教学支架。“以读促写”是一种重要的作文指导方式，主要表现形式是仿写。仿写是模仿现成文章范本进行写作的作文形式，仿写的基础是通过阅读、理解、消化，建立起正在阅读的文章模式的心理映象。这种心理映象可以说是一种暂时的不稳定的心理结构，而仿写则是以这种暂时的心理映象为基础，进行模仿与再加工的过程。在仿写过程中，学生将不断地在内心以回忆的方式呈现这种暂时的心理映象，并模仿这一心理映象的模式进行写作。这一仿写的过程中加强了这一心理映象的强度，直到这种心理映象纳入到学生的心理结构之中，最终以模仿为中介，通过“阅读—模仿—写作”，建立起稳定的心理结构。仿写是学写作文的起始，是建立稳定认知结构的重要手段，也是创造性写作的基础。①

教师借助多种形式的教学支架，有助于帮助学生习得创意表达的方法。在教学中，还有教师将微电影与创意表达教学有创意地融合在一起。微电影中运用的许多表现手法，都可以巧妙地与创意表达相联系。精选微电影为习作教学所用——技术性支架，找准表达形式的联结点和转换点，通过“观影发现—加深感悟—练笔实践—迁移积累”的路径，进行融合性学习运用。教学中，教师可以通过捕捉“特写镜头”，构建人物特点的刻画路径；可以通过借鉴“蒙太奇”，铺设叙事结构的创意台阶；还可以通过迁移“空镜头”，激活情景交融的创意密码。②

三、“文学阅读”与“创意表达”有机融合的教学设计及实施

（一）“文学阅读”与“创意表达”的关系

学界对阅读与表达的关系，长期以来主要有两类观点：一类观点认为阅读与表达应该分开，把语文教学的时间合理地分配在阅读与表达两部分，不因某一方的教学而挤占另一方的教学；另一类的观点是学生的表达得益于阅读，读得多了，表达自然没问题。在2022年版课标的相关表述中，我们不难发现，“文学阅读”与“创意表达”是紧密相连的关系。2022年版课标中提到对某一主题的作品的阅读，往往伴随着提到阅读完这一主题后的“讲述、表达、创作”，阅读与表达的主题是一致的。阅读使学生获得表达的内容、学习表达的技巧，反过来表达促进对阅读的理解、

① 王萍．基于心理学原理的语文教学设计［M］．广州：广东高等教育出版社，2018：122－123．

② 朱华英．微电影与习作教学的创意融合：指向表达形式的形象化策略运用［J］．小学教学设计，2022（16）：70－72．

记忆。“文学阅读”与“创意表达”不是孤立的、割裂的，二者是互相促进的。

（二）教学案例呈现及分析

教师可在实际教学中将二者有机地结合起来，构建“文学阅读”与“创意表达”一体化课堂。例如，小学语文教材中选择的文学类作品中，大都蕴藏着作者丰富独特的思想情感、巧妙的文学写作技巧。教师既要关注对作品文意的讲解，也要重视对作品文法的探究、分析。教师要带领学生探究作者是如何借助文法上的技巧，达成自己的写作意图的。教师要让学生知道好的文学作品是“怎么写”的，采取多种形式帮助学生掌握作品的文法特点，从而运用到自己的创意表达中。“文学阅读与创意表达”学习任务群课程内容、第三学段的教学提示，都呈现出对思维能力、审美创造两个核心素养的支撑样态。教师应突出对这两个核心素养的支撑样态，引导学生在文本解读中感受文学的魅力、提高审美的能力，在读写结合中发展创造性思维，并形成一定的学习成果。案例 7－3 以“读写结构化”教学设计为例，探讨如何真正实现读和写的整合。

小案例

案例 7－3　“读写结构化”教学设计①

统编版三年级上册第三单元的主题单元教学任务是落实阅读能力方法训练，训练点是猜测与推想，主要任务有三个：一是一边读一边预测，顺着故事情节去猜想；二是学习预测的一些基本方法；三是尝试续编故事（参见表 7－2）。

表 7－2　统编版小学语文三年级上册第三单元读写结合结构化体现

单元教材项目	读写结合训练点	单元读写合力体现	结构化体现
12《总也倒不了的老屋》	猜测故事发展	从文中找出可供猜想、预测的线索	读写认识、理解与体验
13 *《胡萝卜先生的长胡子》	边读边想：接下来可能会发生什么事情	以线索为引子续编故事	读写迁移一
14 *《不会叫的狗》	想一想：故事的结局可能是什么	续编故事结局	读写迁移二

① 叶福泉．读写语文：统编版小学语文阅读与表达并重的实践探索［J］．中小学教师培训，2022（8）：40－44.

续上表

单元教材项目	读写结合训练点	单元读写合力体现	结构化体现
习作：续写故事	给李晓明同学过生日	综合体现猜测、推想的读写转换	读写迁移的综合运用

教师基于阅读教学中体现读写结合的思路，是这样设计单元篇目的读写结合项目任务的：主题单元中课与课之间的读写任务结构化，教学时既要分工，更要合作。每课的读写学习，既要建立在文本的学习的基础上，也要建立在前后读写练习的基础上，通过强调、强化，让学生不仅有实践能力，更有理性认知，让理性认知指导学生的语文实践。

案例 7 -2 体现了如何进行“读写结构化”设计。教师在进行设计时考虑了如何让学生明确阅读动机，要求学生阅读时应带着“别人是怎样写，我该怎样去读”的心理开展，力求让文学阅读与创意表达实现真正意义上的同步。读写结合教学不同于一般的阅读教学，不仅在于读懂，有方法地读懂，还在于学习借鉴，模仿中加以创造，写出自己的表达。

四、“文学阅读与创意表达”任务群实施的注意事项

（一）根据学段特点和学生实际创设阅读情境，强化语文实践

作为工具的语言具有社会性，语言的使用则具有情境性，以语言为基本元素的阅读也必然要依托具体情境。“文学阅读与创意表达”任务群的第一条教学提示就明确指出：“可以根据学段学习要求，围绕多样的学习主题创设阅读情境”，并列举了每一学段可供选择开展教学的主题情境，如第一学段“春夏秋冬”“多彩世界”“童心天真”“英雄的童年”，第二学段“饮水思源”“珍爱自然”“童年趣事”，第三学段“英雄赞歌”“壮丽山河”“爱与责任”“成长的脚印”，等等。教师应围绕特定的主题情境，开展文学阅读和创意表达活动，引导学生感受文学之美、表达自己的独特感受。① 适切的学习主题是从学生的学习需要出发的，能最大限度地激发学生的学习潜能，因而主题的选择应该遵循三个逻辑：一是遵循生活逻辑，是学生愿意学习的；二是遵循学科逻辑，是学生必须学习的；三是遵循学习逻辑，是学生

---

① 中华人民共和国教育部. 义务教育语文课程标准（2022 年版）[S]. 北京：北京师范大学出版社，2022：28.

能够学会的。[①] 教师在展开“文学阅读与创意表达”学习任务群的实施时，还要强化语文实践。文学文本阅读应居于“语文实践”的核心。也正是在此意义上，学生文本阅读必将获得更突出的地位，将成为启动阅读教学的驱动，深化学生文学阅读与创意表达的有力手段。[②]

（二）注重学习的整合，设计主题式或问题链式的整合模式

在开展“文学阅读与创意表达”任务群的学习时，既要强调学习内容的整合，也要注重学习方式的整合。设置学习任务群，一方面旨在对学科知识内容进行精选和提炼，实现少而精的目标；另一方面旨在对学科知识内容进行重构和组织，实现有机整合的目标。学习任务群作为教学内容的组织与呈现方式，实际上也是一种教学模式，指明我们应该如何开展教学。“整合”可以以“主题”或“问题”等要素为组织脉络。学习任务群打破传统单篇教学的方式，强调将学习内容整合在一起，创设主题情境，围绕主题情境设置一个核心任务和多个学习任务。学生在完成任务的过程中充分发挥主体性，运用多种途径完成学习任务，获得知识的内在结构，掌握知识间的内在联系，能有效地迁移习得的知识。在文学阅读方面，2022 年版课标指出，注意整合听说读写，引导学生综合运用朗读、默读、诵读、复述、评述等方法学习作品。在创意表达方面，2022 年版课标指出，“鼓励学生主动阅读、积极分享、创意表达，在口头交流和书面创作中运用多种形式呈现具有创造性的作品”。教师在教学中可以综合运用笔记、日记、作文、随感、诗歌、朋友圈、公众号推文和交流、辩论、演讲等方式让学生呈现表达的成果。

教师还可以采用问题链式的整合模式。语文学习任务群的学习活动组织是以问题为起点的，旨在让学生带着问题到情境中去做事，把这些任务转化成解决真实问题的载体，以驱动学习的进程。学习任务群中的“任务”实际上就是学生通过系列的语文实践活动所要解决的问题。好的问题，“不仅能够促进对某一特定主题单元的内容理解，也能激发知识间的联系和迁移”。“它们像一条过道，通过它们，学习者可以探索内容中或许仍未被理解的关键概念、主题、理论、问题，在借助启发性问题主动探索内容的过程中加深自己的理解。”[③] 在“文学阅读与创意表达”任务群中，教师可围绕某一特定的学习单元，设计一个核心的主问题及为解决这一主问题

---

① 薛法根，沈玉芬．语文学习任务单元整体设计的基本问题：以二年级上册第一单元为例［J］．福建教育，2022（18）：36－39．

② 鲍道宏．义务教育语文新课程的阅读教学变革：从《义务教育语文课程标准（2022 年版）》的变化看语文核心素养的落实［J］．福建教育，2022（19）：14－16．

③ 威金斯，麦克泰格．追求理解的教学设计［M］．2 版．闫寒冰，等译．上海：华东师范大学出版社，2017：121．

的其他问题。例如，教学统编版语文五年级上册《慈母情深》时，教师可让学生品析文章中打动自己的一处细节，并思考两个问题：“我是怎样从细节中感受到慈母情深的?”“作者是怎么描写这一细节的?为什么这样的描写能深深地打动我?”前一个问题指向阅读与鉴赏的过程，后一个问题指向表达与交流的过程，在这两个问题的启发下，学生的理解不断深入。有的学生由母亲“龟裂的手指”联想到年迈的奶奶的龟裂的手指，感受到中年的母亲因生活艰辛而格外苍老；有的学生读到“背直起来了，我的母亲……”这一段时，发现作者运用倒装的句式、反复的修辞手法描写母亲的动作和神态，就像电影里的慢镜头，让读者“目睹”了母亲瘦弱的脊背、疲惫的眼神；还有的学生抓住母亲“掏衣兜”“把钱塞在我手里”等细节，通过换词进行比较，体会到母亲对“我”读书的坚定支持。①

第三节

“文学阅读与创意表达” 任务群的教学评价

一、“文学阅读与创意表达”任务群的学业质量要求

关于“文学阅读与创意表达”，2022 年版课标明确指出小学各学段的学业质量标准如表 7－3 所示。

表 7－3　2022 年版课标有关“文学阅读与创意表达”小学各学段学业质量标准的规定②

学段	学业质量标准	
	文学阅读	创意表达
第一学段	喜欢阅读图画书、儿歌、童话、寓言等，在阅读过程中能根据提示提取文本的显性信息，通过关键词句说出事物的特点，做简单推测	愿意向他人讲述读过的故事，乐于向他人展示自己的作品；喜欢积累优美的词句，并尝试在口头和书面表达中运用

① 吕映．概念性理解：语文大单元教学的根本追寻［J］．语文建设，2022（12）：17－21，54．

② 中华人民共和国教育部．义务教育语文课程标准（2022 年版）［S］．北京：北京师范大学出版社，2022：37－41．

续上表

学段	学业质量标准	
	文学阅读	创意表达
第二学段	喜爱阅读童话、寓言、神话等，在阅读过程中能提取主要信息，借助阅读经验和生活经验预测情节发展；能结合关键词句解释作品中人物的行为，从某个角度分析和评价人物；能发现作品中的优美词语精彩句段，并根据需要进行摘录	能借助上下文语境，说出关键语句、标点符号、图表在表达中的作用；乐于和他人分享阅读所得，关注有新鲜感的词句，并有意识地在口头和书面表达中运用
第三学段	独立阅读散文、小说、诗歌等文学作品，在阅读过程中能获取主要内容，用朗读、复述等自己擅长的方式呈现对作品内容的理解；能用文字、结构图等方式梳理作品的行文思路；能品味作品中重要的语句和富有表现力的语言，注意词语的感情色彩	通过圈点、批注等多种方法记录自己的阅读感受和体验，并主动与他人分享；能通过诵读、改写、表演等方式，表达自己对感人情境和形象的理解与审美体验；在文学体验活动中涵养健康向上的审美情趣

由表 7 -3 可知，“文学阅读与创意表达”任务群三个学段的语文课程学业质量标准相互衔接，体现了学生核心素养发展的进阶。这种进阶性主要表现在不同学段有不同的学业质量标准。三个学段环环相扣，循序渐进，螺旋上升。这样的进阶设计符合能力发展的基本规律，体现了语文课程中核心素养的建构、形成与发展的过程。

二、“文学阅读与创意表达”任务群的评价建议

“文学阅读与创意表达”任务群在评价方面需要注意以下两点。

（一）过程性评价：注意围绕学生阅读文学作品的过程性表现进行评价

评价具有检测考核功能和促进发展功能。过程性评价在本质上与指向考核性或选拔性的常模参照考试不同，关注的是学生日常表现的评价。教师在实施“文学阅读与创意表达”任务群时，应关注学生文学阅读与创意表达的过程性表现。教师在评价中要充分考虑评价的学段性、连贯性和整体性，突出学段的特点，这样才能突出评价重点，全面落实语文课程目标。例如，正如 2022 年版课标指出的，“第一学段强调阅读兴趣，通过朗读和想象等，侧重考察学生对作品情境、节奏和韵味的大体感受；第二学段强调深入理解，在阅读全文的基础上，侧重考察学生对重要段落和语句的理解以及对作品的语言和形象的具体感受；第三学段强调领悟与表达，侧重考察学生对语言、形象、情感、主题的领悟程度和体验，评价学生文学欣赏水平

的同时关注其研讨、交流以及创意表达能力”①。其中，创意表达的评价应包括两个方面的评价，即“口语交际”和“写作”。“口语交际”的目标是“第一学段，自信言说；第二学段，主动言说；第三学段，乐于言说”。“写作”的目标是：“第一学段，聚焦写话，保护兴趣；第二学段，聚焦构段，内容清楚；第三学段，聚焦谋篇，真实具体。”② 这一概括总结为教师开展创意表达明确了方向，同时也为教师检验学生的学习情况提供了依据。

过程性评价重点考查学生在语文学习过程中表现出来的学习态度、参与程度和核心素养的发展水平。教师在开展教学活动前，应明确活动开展过程当中，学生在各阶段应达到的水平；在学习活动开展过程中，应及时地发现学生学习中的问题并解决，并将学生的关键性表现及时地记录下来。教师应选取任务中的关键环节，将评价的重点聚焦于学生在这些环节中的具体认知表现。所谓关键环节，是指完成任务、解决问题所必须经历的、不可或缺的步骤。这些步骤既是体现学生思维发展与思维深度的重要环节，也是促进学生迈向更深入学习、实现更深入理解的“落脚点”。③

（二）终结性评价：掌握开放性试题的编制技术

开放性试题在我国的应用最早出现在教育部的指导性文件。1999 年《中国基础教育课程改革指导纲要》指出，教科书是教学内容的载体，应体现开放性，应改变学生的学习方式，增加课程的开放性。另外，开放性试题成为热点问题还与对应试教育的抨击有关。由于应试教育在一定程度暂时无法取代，而开放性试题的特征和功能又符合新课程标准对评价的要求，因此，开放性试题越来越多地出现在近几年的试题中，也引起了广大师生和教育专家的关注和研究。开放性试题研究主要集中在数学领域，随着新课程改革的发展，开放性试题从数学学科推广开来，逐渐延及其他学科，演变成今天的一个热点问题。2022 年版课标明确提出“试题形式力求创新，鼓励增加开放性试题比例，以避免导向新的应试模式”④。随着新一轮课程改革的实施的深入，近年来，全国不少省、市的语文测试卷在阅读方面提高了开放性试题的比重。

---

① 中华人民共和国教育部. 义务教育语文课程标准（2022 年版）［S］. 北京：北京师范大学出版社，2022：28.

② 荣维东，周胜华. “表达与交流”教学应走向能力进阶和统整实践：《义务教育语文课程标准（2022 年版）》“表达与交流”解读［J］. 福建教育，2022（27）：37－42.

③ 谭霞. 走向“促进学习的评价”：《义务教育语文课程标准（2022 年版）》倡导的教师评价观［J］. 语文建设，2022（10）：8－12.

④ 中华人民共和国教育部. 义务教育语文课程标准（2022 年版）［S］. 北京：北京师范大学出版社，2022：51.

开放性试题就是指利用条件或结论等不确定而编拟的试题。这类试题充分利用题目的不确定因素，诱导学生发散思维和创造性思维，从而体现创新教育的要求。教师应具备有关开放性试题命题的知识。从试题“条件”和“结论”的组成结构角度来划分，开放性试题有条件开放题、结论开放题、条件和结论同时开放题这三种基本形式。①

1. 条件开放题

这类试题的特点是题目给定结论，而确定满足结论的条件是多样的。这就要求考生对与之相关知识有全面的认识，并具有较强的推理和分析能力。在文学阅读中，该类试题的要求往往是“结合你的生活实际”或“根据你的生活体验”来举例，并要求佐证测试材料中的观点。以学生的实际生活作为回答问题的条件是相对开放的，材料中要求理解和证明的观点则是相对确定的。该类试题主要考查学生对现实生活的积累、理解和关注。

2. 结论开放题

这类试题的特点是题目给定条件，而从条件推出的结论不是唯一的，着重考查学生发散思维能力和综合分析问题的能力。“结论开放”这一基本形式，在试题类型上比较丰富。比如，情境“假设”题。这种题的设计往往是替学生虚拟一个身份、一种立场或一个思考角度，充分利用考生在考场上的阅读背景，考查内容主要集中在对阅读材料中的心理活动的体会和情感的体验。又如，“启发”感悟题。“感悟”“感受”“启发”“收获”等是这种试题的特征词语。②

3. 条件和结论同时开放题

“条件和结论同时开放”型试题没有确定的条件和结论，所给的条件是一些原则性的要求。比如，“任选”角度试题，以“任选”为特征词语。这类题把握住了语文学科阅读试题的本质特点，具体体现在从阐释“观点”、欣赏“语句”、文学“鉴赏”等角度提出回答试题的原则性要求。学生选择不同的“条件”或者试题要求，就要建构相匹配的“结论”。这类试题有利于学生根据能力自主选择，体现思维的灵活性。③

本章小结

“文学阅读与创意表达”是处于“发展型学习任务群”中的第二个学习任务群。

---

① 卢伟民. 中考语文跨学科整合命题趋势及其思考［J］. 福建基础教育研究，2022（2）：40－43.

② 郑国民，吕晓珍，尹逊才. 近年来现代文阅读开放性试题的类型和特征［J］. 语文建设，2005（5）：62－64.

③ 王萍. 语文试题编制原理与技术［M］. 广州：广东教育出版社，2015：106－107.

“文学阅读与创意表达”任务群侧重引导学生通过阅读多样的文学作品感受其独特魅力，自主积累文学阅读经验，把握文学作品的基本特点，珍视个性感受和审美体验，学习创造性地表达文学读写成果。该任务群旨在让学生获得审美体验、审美品位以及提高审美鉴赏与审美创作能力。

“文学阅读与创意表达”任务群的教学实施建议可以概括为两点：一是根据学段特点和学生实际创设阅读情境，强化语文实践；二是学习形式注意整合，设计主题式或问题链式的整合模式。

教师在明确“文学阅读与创意表达”任务群学业质量要求的基础上，需要进一步了解该任务群的评价建议，具体而言：一是教师实施过程性评价时，应注意围绕学生阅读文学作品的过程性表现进行评价；二是教师实施终结性评价时，应掌握开放性试题的编制技术。

思考与练习

1. 简述“文学阅读”与“创意表达”的关系。

2. 简述“文学阅读与创意表达”任务群实施的注意事项。

3. 结合实例，谈谈你对如何围绕学生阅读文学作品的过程性表现进行评价的认识。

第八章
“思辨性阅读与表达”任务群研究

学习目标

1. 识记：“思辨性阅读与表达”任务群的课程意义、内涵；

2. 理解：“思辨性阅读与表达”任务群的目标、学习内容及学业质量要求，SOLO 分类评价法的基本理念；

3. 运用：“思辨性阅读与表达”任务群实施的注意事项、评价建议。

学习概要

本章第一节的重点是介绍“思辨性阅读与表达”任务群的提出背景，在明确其课程意义的基础上，分析此任务群的目标、学习内容。第二节是在厘清“思辨性阅读与表达”任务群的内涵的基础上，结合案例提出此任务群实施的注意事项。第三节则是明确“思辨性阅读与表达”任务群的学业质量要求和评价建议。

第一节
“思辨性阅读与表达”任务群概述

一、“思辨性阅读与表达”任务群的提出

思维是人类活动的基础，强调思维素养的培育是世界潮流。随着当前信息化、全球化、知识型社会的快速发展，思辨能力的培养是世界各国基础教育共同关注的焦点。“思辨性阅读与表达”任务群，对接“思维能力”这一语文核心素养内涵，突出了“思辨”特性，指向“理性思维主导下的阅读与表达”，培养有见识的阅读者与负责任的表达者。该任务群中的“思辨”，是指国际通行的概念“critical thinking”。2016 年 6 月 3 日，世界教育创新峰会（World Innovation Summit for Education，

简称 WISE）与北京师范大学中国教育创新研究院共同发布了研究报告《面向未来：21 世纪核心素养教育的全球经验》。该报告以世界 24 个经济体和 5 个国际组织公布的 21 世纪核心素养框架作为分析对象，发现思辨能力作为七大素养之一，被全球各国普遍提倡。[①] 例如，在美国各州实行的《共同核心州立标准》（*Common Core States Standards*）中，强调培养学生的思辨能力、解决问题和分析能力。又如，日本、新加坡也将思辨能力作为 21 世纪人才培养的关键能力和核心素养。纵观国内外，基础教育所提倡的核心素养的框架，虽有所差别，但在思维层面大都提到了思辨能力。目前，我国思辨能力的培养集中在高等教育阶段，基础教育阶段对思辨能力的培养仍存在较大的发展空间。

2016 年 9 月 13 日，我国教育部发布了《中国学生发展核心素养》。这是我国教育领域一个新的重要指导性文本，必将对基础教育的进一步改革和发展产生深刻的影响。它对学生发展核心素养的分析和建议具有时代特征，也反映了迄今为止人们在教育问题上思考的成果。中国学生发展核心素养分为“文化基础”“自主发展”“社会参与”三个方面，具体又包括“理性思维”“批判质疑”“勇于探究”等 18 项要点，还包含了“理性精神、批判质疑”两种素养。[②] 对于理性思维，人们的认识较为一致，基本上能聚焦到证据和逻辑两个方面。换言之，理性思维被普遍认为是基于证据和逻辑推理的一种思维方式。一个人若能在得出结论前有寻找证据的自觉，或在接受结论前有审视证据的自觉，那他就是一个具有理性思维倾向的人；如果他还能在有明确目标的前提下，对遇到的现象和问题进行有意识的观察、比较、分析、综合、抽象、概括，直至目标达成，那他就是一个具有理性思维能力的人。概括起来，站在教育的立场上，学生理性思维的培育，应以证据意识和逻辑能力为着力点。[③]

2022 年版课标提出“发展思维能力，提升思维品质”，将“思维能力”列为语文学科核心素养的一个方面，并要求通过“思辨性阅读与表达”学习任务群的教学，培养学生的理性思维和理性精神。长期以来，我们传统文化中的理性精神先天不足。对此，哲学家黎鸣先生曾说：“逻辑理性是中国传统文化琴声中最弱的一根琴弦。”虽然在我国古代文献中早就有和“思辨”相关的记载，如《礼记·中庸》中“博学之，审问之，慎思之，明辨之，笃行之”，其中“审问”“慎思”“明辨”的意思是指详细地询问、慎重地思考、明晰地辨别。然而，中华民族的思维方式历来缺乏以分析、求证为特征的逻辑意识。再加上意识形态全面渗透，表现在教育上，

① 褚树荣. 思辨何为：“思辨性阅读与表达”解读［J］. 语文学习，2018（8）：59－63.

② 核心素养研究课题组. 中国学生发展核心素养［J］. 中国教育学刊，2016（10）：1－3.

③ 刘庆昌. 人文底蕴与科学精神：基于《中国学生发展核心素养》的思考［J］. 教育发展研究，2017（4）：35－41.

就是重接受、认同，不重质疑、多元。[①] 我国的传统教育多以传授知识为主，师承关系基本上是封闭型的。知识、学说的承传表现为稳定地延续，缺乏突破、变化。传统的教育对象也往往因循守旧，故步自封，缺乏创造性，在教育过程中习惯于消极被动，唯唯诺诺。尽管孔子讲“学而不思则罔”，但是很少有人敢对圣贤之言妄加猜测。即使学有所成，“思”“问”“辨”的功夫也用到了“六经注我，我注六经”的考据验证之中。

“深度语文”发起人干国祥指出，思辨力和理解力的培养是语文学科中最有价值的部分，而在现有的语文教育中，思辨性一直是缺位的。我国教育领域对语文思辨教学的关注并非始于“思辨性阅读与表达”学习任务群的提出。需注意的是，在2022年版课标，甚至高中语文新课标颁布之前已有如余党绪、陈兴才、王召强、徐飞、欧阳林等一线语文教师结合着国际上所倡导的思辨能力，围绕阅读与写作进行了“思辨读写”的教学尝试和相关课题研究。

二、“思辨性阅读与表达”任务群的课程意义

作为课程学习内容，“思辨性阅读与表达”任务群既是基础课程阶段必需的，其拥有的课程学习能力要素又是未来课程学习所依赖的。理解这个学习任务群在课程设置上的价值与意义，对学校一线的教学实践无疑有重大的指导作用。“思辨性阅读与表达”任务群的课程意义集中体现在以下两个方面。

（一）“思辨性阅读与表达”任务群的根本意义在于激活学生的思维能力

宋代教育家程颐认为，“为学之道，必本于思。思则得之，不思则不得也”。当代著名语文教育家朱绍禹先生曾明确指出语文教学的重要目标是培养学生的思维能力，“语文科是语文学科，同时也是思维学科”，要在语文教学中发展思维，能增强观察事物的敏感性，增进科学思维的能力，可以增强学生的想象力，培养形象思维的能力。[②] 作为语文教学重要组成部分的阅读教学未尝不是如此。小学时期正是语文阅读思维形成的一个关键时期。语文教学的目的不仅在于传授学生知识技能，更重要的是培养学生的思辨能力，养成良好的思维习惯。

当今语文阅读教学主要侧重于语言教学，教师将过多的精力花在了对文章字、词、句的综合运用和朗读体验上，而忽略了对学生认识感知、理性思维、独立评价能力的培养。教师若过多地进行讲解分析，则会代替了学生的观察和思考。由于缺乏独立思考，学生往往处于被动地接受状态。这种以讲授为主导的课堂和碎片化的

---

① 褚树荣. 思辨何为：“思辨性阅读与表达”解读［J］. 语文学习，2018（8）：59－63.

② 欧阳芬，倪三好. 中国语文教育发展史专题研究［M］. 北京：中国社会科学出版社，2017：269.

阅读形式很难给学生较大的思维发展空间，难以激发学生的深层阅读。这样的阅读教学是零散僵化的，不利于学生思维能力的培养和发展。没有思辨能力的阅读教学是枯燥无味的。学生只有在好奇心的驱动下所产生的阅读和思考，才是最有效的。总之，“思辨性阅读与表达”任务群的设置，可以有效地帮助学生增强问题意识，激活思维能力，以个性化的思考介入语文学习。

（二）“思辨性阅读与表达”任务群有助于全面提升学生的语言表达能力

语言是思维的工具。杜威指出：“对任何高度发展的思维来说，人为的符号是必不可少的，语言正好可以满足这一方面的需要。”① 思辨是一种重要的思维方式，强调在学习和实践中运用辨析、判断、推理等理性思维，深刻准确地把握事物的本质。在当今知识爆炸、信息繁杂的现代社会，要学会辨伪存真、去粗取精，思辨显得尤为重要。

从2022年版课标的描述中不难发现，“思辨性阅读与表达”任务群的学习内容共有两类：一是思辨性阅读，二是思辨性表达。其中，思辨性阅读主要由两类学习内容组成：一是有趣的短文、有关科学的短文以及关于中华传统美德、社会公德等方面的短论、简评；二是解决生活问题的故事，有关科学发现、技术发明的故事以及哲人故事、寓言故事、成语故事等。思辨性表达也主要由两类学习内容组成：一是学习口头或书面表达来阐发自己的观点，二是学习辨析、质疑、提问等方法，体会猜想、验证、推理等思维方法。2022年版课标把“思辨性阅读与表达”任务群放入整个课程框架内，释放了一个强烈的信号：说出自己的想法、分享自己解决问题的办法以及辨析、质疑、提问等，不仅仅是一项学习内容，更是在训练学生理性、有条理地表达观点的能力。“说话”不仅仅是有针对性、有风度、有礼貌的口头表达，其背后更是一个人的理性精神、思维水平、教养的综合体现。一个口语实践表现优异的学习者，其思维品质一定是高的。②

思辨性阅读为学生搭建了一个思想交流的平台，让学生与作者、文本进行思想对话，在对话中产生思想的火花，在对话中感受语言的精妙运用。为了使语言成为思维的工具，一要扩充学生的词汇量。教师应让学生广泛地与事物和人进行理智的接触，搜集听过的或读过的文字意义，并主动地运用词汇表达和交流。二要更精确地表述词汇的意义，使词汇的意义更精确。表述确切和完整意义的词汇越多，思维就越准确。三是要养成连贯陈述的习惯。连贯陈述的习惯会有助于学生的思维训练；

---

① 杜威．思维与教学［M］．孟宪承，俞庆棠译．北京：商务印书馆，1936：166．

② 陆志平，张克中．“思辨性阅读与表达”任务群的理解与实施［J］．语文建设，2019（3）：4－8．

反之，零碎而不连贯叙述的习惯必然会阻碍学生思维的发展。[①] 总之，“思辨性阅读与表达”任务群的设置，有助于学生在言语实践中增强语言表达能力。

三、“思辨性阅读与表达”任务群的目标及学习内容

2022 年版课标将“思辨性阅读与表达”任务群的总目标定为：引导学生在语文实践活动中，通过阅读、比较、推断、质疑、讨论等方式，梳理观点、事实与材料及其关系；辨析态度与立场，辨别是非、善恶、美丑，保持好奇心和求知欲，养成勤学好问的习惯；负责任、有中心、有条理、重证据地表达，培养理性思维和理性精神。2022 年版课标关于“思辨性阅读与表达”任务群学习内容的具体阐述如表 8－1所示。

表 8－1　2022 年版课标有关“思辨性阅读与表达”任务群小学各学段学习内容的规定[②]

学段	学习内容
第一学段	（1）阅读有趣的短文，发现、思考身边的鸟兽虫鱼、花草树木、家用电器等日常事物的奇妙之处，说出自己的想法。 （2）大胆提出生活和学习中遇到的问题，通过阅读、观察、请教、讨论等方式，积极思考、探究，乐于分享自己解决问题的办法，说出一两个理由
第二学段	（1）阅读有关科学的短文，尝试发现日月星辰、风雨雷电、山川草木等大自然的奥秘，依据事实和细节，运用口头和图文结合的方式，表达自己的观点和思考。 （2）阅读解决生活问题的故事，尤其是中华智慧故事，结合自己在生活中遇到的问题学习思考的方法，尝试运用列提纲、画思维导图等方式，表达故事中的道理。 （3）在日常学习和生活中，主动记录、整理、交流自己发现的问题和思考，学习辨析、质疑、提问等方法
第三学段	（1）阅读关于中华传统美德、社会公德等方面的短论、简评，结合校园或社会生活中的实际事例，学习有理有据地口头或书面表达自己的观点。 （2）在日常生活和学习中，发现并思考成语、对联、谚语、绕口令等多种语言现象的特点，体会不同的表达效果。 （3）阅读有关科学发现、技术发明的故事，用画思维导图等方式辅助，简洁清楚地表述科学家发现、发明的过程，学习科学家的创造精神，体会猜想、验证、推理等思维方法。 （4）阅读哲人故事、寓言故事、成语故事等，感受其中的智慧，学习其中的思维方法

① 王琴．杜威的反省思维思想及其启示［J］．内蒙古师范大学学报：教育科学版，2006（4）：35－38.

② 中华人民共和国教育部．义务教育语文课程标准（2022 年版）［S］．北京：北京师范大学出版社，2022：29－30.

由表8－1可知，“思辨性阅读与表达”学习任务群的学习内容呈现以下两个突出特点。

（一）不同学段的学习主题具有关联性，整体呈现螺旋式上升的设计

纵向看，“思辨性阅读与表达”任务群小学各学段的学习内容既有侧重点，又有连贯性，内容和难度在逐段增加，形式和主题也在逐段丰富，思维往高阶发展。第一学段有两项学习内容，第二学段有三项学习内容，第三学段有四项学习内容，因此从数量上看，学习内容是逐段增加的，思考的对象范围也逐步从日常事物到自然现象，扩大到语言现象、人类社会。由于学生年纪尚小，在第一学段只要求学生联系学习内容和生活实际，通过阅读、发现和思考，表达对身边日常事物的看法，敢于提出问题并解决问题；随着学生年龄增长、能力发展，在第二学段应学会依据现实和细节，运用“口头和图文结合的方式”表达对自然的看法，运用“列提纲、画思维导图等方式”表达生活故事的道理，在问题解决中学习“辨析、质疑、提问等方法”；在第三学段则明确要求结合生活实际，有理有据地表达自己的观点，并能简洁清楚地复述科学家发现、发明的过程。

（二）不同学段注重思辨性阅读和思辨性表达的有机融合

横向来看，“思辨性阅读与表达”任务群每个学段皆有阅读和表达两个活动。“思辨性阅读与表达”任务群包含若干个学习主题，它的创设并不是随意的，而是注重思辨性阅读和思辨性表达的有机融合。具体落实到实践活动上，思辨性阅读的学习内容，围绕“事物、事实与观点”的辨别，重点在于思考其中的道理，学习其中的思维方法。思辨性阅读主要包括三类文本：一是科普类文章，重在区分现象与真相；二是说理类故事，重在学习道理与思维方法；三是评论类短文，重在梳理观点与事实，学习明辨是非与实事求是的评论方法。思辨性表达（书面和口头）的学习内容，则围绕“看法、观点”的表达，以生活和学习中的问题为主，重点在于学习分析现象、讨论问题，有理有据地口头或书面表达自己的观点。① 每个学习主题整合学习情境、学习内容、学习方法、学习资源等要素，形成一张结构化的“做事”清单，将文本阅读和自主探究结合起来，为学生提供广阔的思考、表达和交流空间。

---

① 薛法根. 理性思维：做负责任的表达者——“思辨性阅读与表达”任务群的内涵解读［J］. 语文建设，2022（8）：4－9.

◆第二节◆

“思辨性阅读与表达” 任务群的设计及实施

一、“思辨性阅读与表达”任务群的内涵

思辨精神早在20世纪美国著名学者杜威的教育思想中得到了系统发展。杜威认为反省思维是求知的最好方式。为了区别反省思维与其他思维方式，杜威将反省思维与那种毫无系统、缺乏证据及盲目顺从于传统和权威的常规思维做了比照。在他看来，常规思维基本上是由屈服于传统、权威和冲动所决定的，这种思维方式是不规则、不连续的。而反省思维是“对某个问题进行反复的、严肃的、持续不断的深思”。[①] 20世纪30年代，德国法兰克福学派秉承思辨精神开展了“critical thinking skills”研究。这一术语在西方被广泛使用，20世纪80年代传入我国并被译之为“批判性思维”“审辩式思维”“思辨性思维”等。有学者认为若翻译为“批判性思维能力”，则歪曲了原义，建议译为“高层次思维能力”。“critical”源于希腊语的两个词根：一个是“kriticos”，意为“有眼力的判断”，另一个是“kriterion”，意为“标准”，其含义是“运用恰当的评价标准，进行有意识的思考，最终做出有理据的判断”。[②] 本研究采用“思辨能力”的译法，因为“思辨能力”这一译法更能反映义务教育阶段的培养目标。

2022年版课标在课程目标中明确指出：一是要发展学生的直觉思维、形象思维、逻辑思维、辩证思维、创造思维等思维能力；二是要提升学生思维的敏捷性、灵活性、深刻性、独创性、批判性等品质。这里实际上明确区分了“感性思维”和“思辨能力”这两种不同思维的认知表现和思维类型。2022年版课标的“课程总目标”的第6、7条，分别具体规定了“感性思维”和“思辨能力”的课程目标。第6条课程目标为：“积极观察、感知生活，发展联想和想象，激发创造潜能，丰富语言经验，培养语言直觉，提高语言表现力和创造力，提高形象思维能力。”第7条课程目标为：“乐于探索，勤于思考，初步掌握比较、分析、归纳、推理等思维方法，辩证地思考问题，有理有据、负责任地表达自己的观点，养成实事求是、崇尚真知的态度。”思维能力是一个整体，思辨能力只是思维能力的重要部分，无法涵

---

① 杜威. 我们怎样思维：经验与教育 [M]. 姜文闵，译. 北京：人民教育出版社，1991：1-11.

② 文秋芳，王建卿，赵彩然，等. 构建我国外语类大学生思辨能力量具的理论框架 [J]. 外语界，2009 (1)：37-43.

盖思维能力的全部，比如不包括直觉思维、形象思维能力。

“思辨性阅读与表达”的目标设定侧重于“理性思维与理性精神”；“文学鉴赏与创意表达”的目标设定侧重于“直觉体验与形象思维”，二者在“阅读、表达与探究”等语文实践活动中相互关联、彼此渗透，构成完整的“思维能力”。在“思辨性阅读与表达”中，对人、事、景、物、理的感悟与解读，离不开直觉体验与形象思维，更需要逻辑思维与批判思维的介入，如此才能促进阅读与表达活动由浅入深、由表及里，实现“思维能力”的整体发展与有效提升。①

对思维本身来说，并没有所谓的高低之分。例如，过去人们认为，形象思维是低级的，抽象思维是高级的；学生从低年级到高年级，要逐步由形象思维向抽象思维的培养过渡。这种区分是不正确的。因为高级的创造思维也离不开形象思维，它主要是两种思维（形象思维、抽象思维）新颖的、灵活的、有机的结合。正如法国物理学家彭加勒说：“逻辑是证明的工具，直觉是发现的工具。”②

清晰界定思辨能力的分项能力是基础性工作。1987 年，美国哲学联合会委托著名的哲学家、作家彼得·法乔恩（Peter Facione）召集了美国和加拿大 45 位有名望的哲学家、科学家与教育专家，经过两年、多轮、严格的共同探讨，完成了“特尔斐”项目（The Delphi Project），构建了思辨能力的双维结构模型，如表 8－2 所示。“特尔斐”项目组把思辨能力界定为认知技能和情感特质两个维度。认知技能包括阐释（interpretation）、分析、评价、推理、解释（explanation）以及自我调节（self-regulation）六项；情感特质包括好奇、自信、公正、诚实、谨慎、好学等。

表 8－2　思辨能力的双维结构模型

认知能力						情感特质
阐释	分析	评价	推理	解释	自我调节	
归类 理解意义 澄清意思	分析看法 找出论据 分析论证过程	评价观点 评价论据	质疑证据 提出替代假设 得出结论	陈述结果 说明方法 得出结论	自我评估 自我纠正	好奇、自信、 公正、诚实、 谨慎、好学等

同期，美国思辨中心（Foundation for Critical Thinking）主任理查德·保罗（Richard Paul）以教学需求出发构建了思辨能力的三元结构模型，即思维元素、标准和智力特征。该模型的中心是思维 8 元素。他们认为应该由“目的、问题、信息、基本概念、假设、特定视角、推理、启示”这 8 个元素形成思维的循环链。每个思维元素都应该运用 10 条标准去衡量或者检验，如图 8－1 所示。

① 薛法根. 理性思维：做负责任的表达者——“思辨性阅读与表达”任务群的内涵解读［J］. 语文建设，2022（8）：4－9.

② 连瑞庆. 形象思维与中学语文教学［M］. 北京：北京科学技术出版社，2006：32－33.

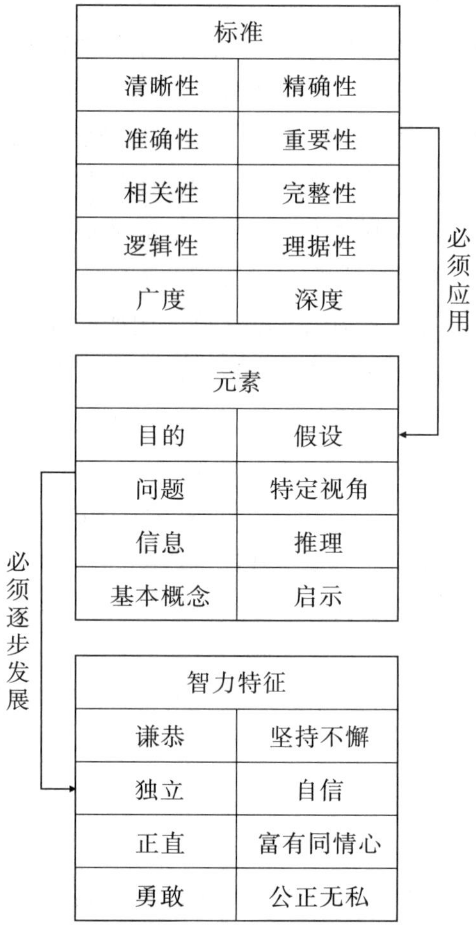

图 8－1　思辨能力的三元结构模型

比较双维模型与三元模型，两者相同的地方是：都有类似的情感特征。这表明这两个理论模型都赞成认知与情感不可分割。① 结合上述观点，“思辨性阅读与表达”任务群的内涵可以分为两个方面，分别是“获取思辨认知技能”和“发展理性精神态度”。一方面，在语文实践活动中掌握比较、分析、归纳、推理等思维方法，提升“梳理观点、事实与材料及其关系”“辩证地思考问题”“辨析态度与立场”“辨别是非、善恶、美丑”等思辨认知技能；另一方面，发展“乐于探索，勤于思考，勤学好问、保持好奇心和求知欲、崇尚真知”的理性精神和态度。②

---

① 文秋芳，王建卿，赵彩然，等. 构建我国外语类大学生思辨能力量具的理论框架［J］. 外语界，2009（1）：37－43.

② 魏小娜，陈永杰. 小学语文“思辨性阅读”教学探析［J］. 语文建设，2022（8）：16－19，75.

二、教学案例呈现及分析

思维训练是语文学习的核心，这需要教师依托教材，发展学生的思维能力。目前统编小学语文教材的单元由人文主题和语文要素二者构成。这种编排方式不仅促使教师转变自己的教学理念和方法，而且也改变了学生的学习方式。"单元"一般指同一主题下相对独立并且自成体系的学习内容，这里的"主题"可以指一个观念、一个专题、一个关键能力或一个真实问题，还可以是一个综合性的项目任务等。[①] 教师在教学实践中，往往有两种划分单元的做法：一是按照教材原有的设计，将一个章节作为一个单元；二是以专题或学科关键能力为核心，打乱教材编排顺序，重组单元，比如"大单元""学习任务群"等跨单元、跨学科整合的学习组织形式，正是该单元类型的体现。后者需要教师自行整合教学资源，难度更大，对系统化设计的能力要求更高。但不论是哪种分类方法，都要求单元具有一定的系统性、关联性、综合性和相对独立性。下面案例 8－1 以"思维的火花"单元整体教学设计为例进行具体说明。

小案例

案例 8－1　"思维的火花"单元整体教学设计[②]

一、全景式教材解读，实现教学关联

（一）纵向对照知体系

统编版小学语文教材三至六年级多个单元都安排了思维训练，形成了一个逐层递进的整体（见图 8－2）。

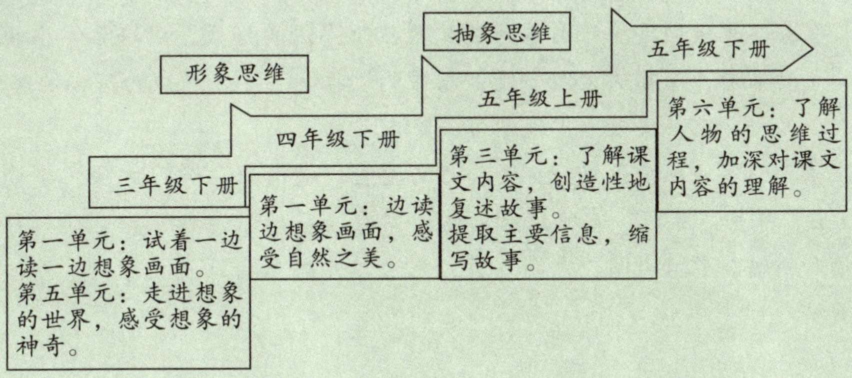

图 8－2　统编版语文教材三至六年级各单元的思维训练

① 王月芬．重构作业：课程视域下的单元作业［M］．北京：教育科学出版社，2021：108．

② 沈晓敏．基于单元视角的关联性阅读教学策略浅探：以统编语文教材五年级下册第六单元教学为例［J］．小学教学参考，2022（7）：78－80．

从图 8－2 可看出，三年级下册到四年级上册主要是培养学生的形象思维能力，五年级上册则向抽象思维发展，到五年级下册显然提高了要求，从内容层面进入思维层面，以培养学生的逻辑思维能力为主。

（二）横向统整明要素

统编版五年级下册第六单元统编版的人文主题是“思维的火花”，语文要素是“了解人物的思维过程，加深对课文内容的理解”。从单元整组的角度来看，单元导语、课文编排、交流平台、单元习作都遵循了由易到难的规律，以唤醒学生的阅读思维（见图 8－3）。

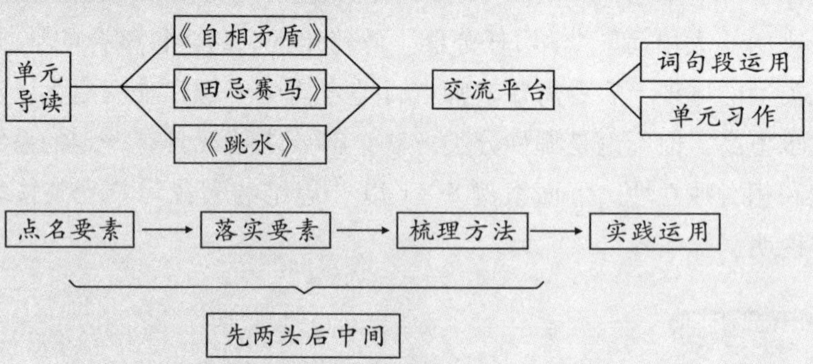

图 8－3　统编版语文教材三至六年级各单元的思维训练

由图 8－3 可知，选入此单元的三篇课文都是古今中外奇思妙想的名篇。《自相矛盾》是此单元的开篇课文，引导学生分析“其人弗能应也”的原因，体会旁观者的推理思维；《田忌赛马》居中，要求学生借助图示分析孙膑帮助田忌取胜的思维过程，以培养学生的创新思维；《跳水》是此单元的最后一篇课文，引导学生借助思维导图体会船长救孩子办法的好处，以培养学生的多元思维。总的来看，三篇选文组合使“思维的过程”在单元中成为有机的整体。

二、结构化路径设置，实现学习进阶

此单元的实施路径设置为：紧扣语文要素，精读课文学习方法，略读课文运用方法，“语文园地”回顾总结方法；同时，每一课的教学为自读与习作做好铺垫和衔接，最后由阅读走向写作，形成单元整体的结构化学习。具体如表 8－3 所示。

表 8－3 单元的结构化路径设置

板块	内容
自主预习，激发学习期待（1课时）	1. 自主阅读篇章页，明确单元的人文主题、语文要素。 2. 通读文章，了解单元的整体内容，形成合理的目标和期待，联系已有的阅读经验和生活积累，与同学交流本单元的阅读、习作任务，激发学习欲望。 3. 自主学习字词、读通课文，阅读课后习题、语文园地的相关内容
细读课文，落实阅读训练要素（6课时）	1. 学习《自相矛盾》，了解人物的思维过程，能讲出故事以及人物的思维过程。 设置靶向性问题：根据楚人卖东西时的一系列语言、动作，你认为他是一个怎样的商人？解决此问题的步骤设计： （1）依据上下文的信息，借助语境，推导出“誉”“又誉”“弗能应也”的表面意思； （2）结合插图，联系生活，对故事场景展开想象，丰富画面； （3）聚焦关键词句，通过联系生活实际、想象分析等方式推导出字词背后隐含的人物的思维信息 2. 学习《田忌赛马》，从文中找出孙膑观察到的客观条件，利用课后练习中的赛马对阵图示，推测孙膑制定计策的思维过程，用自己的话讲出来。自主学习《围魏救赵》一文，理解其包含的智慧。 设置推进性问题链：（1）田忌为什么能在第二次赛马中获胜？（2）在第一次赛马时，孙膑为什么不改变马的出场顺序呢？（3）孙膑为什么能想到这个反败为胜的方法呢？ 3. 学习《跳水》，找出文中描写人物和客观条件的句子，根据当时的情境，用思维导图推测船长行为的思维过程，说出这样做的好处。 设置情境化问题：（1）此刻的孩子摇摇晃晃地站在横木上命悬一线，是什么原因让他走向危险的境地？（2）如果你就是这个孩子，你的脚下是窄窄的横木，下面是坚硬的甲板和深不见底的大海。此刻，你摇摇晃晃地站在这里，你会想什么？（3）在这危急时刻，船长是怎么想的？他的办法好在哪里？
读写并进写作神奇的探险之旅（3课时）	1. 组队取名。挑选两名自己喜欢的队员，一名是专业人员，一名是自己熟悉的人，为自己的探险小队取个有意思的名字。 2. 厘清思路。想好自己去探险的地方、会遇到的险情、具体的解决办法以及要带的装备，展开合理的想象，列出习作提纲。 3. 动笔写作。写作前，想想《跳水》是如何展现紧张刺激的故事情节，如何写出孩子心情变化的；在写作时，要突出情节的转折和人物心情的变化。心理描写时可以参考“语文园地”中“词句段运用”的第二题。 4. 学习“语文园地”中“词句段运用”第三题，学习如何修改整篇文章。与同学分享习作，互相欣赏，互相修改。 5. 续写故事，编写自己的《探险日记》
强化阅读（课后）	基于课文篇目，拓展阅读材料，构建“三位一体”的阅读体系，扩大阅读量，丰富言语积累

案例 8－1 展示了一个教材解读和内容皆指向思维培养的单元整体教学设计。统编版教材首次围绕“思维的火花”这一主题组织、编排五年级下册第六单元的学习内容，落实“了解人物的思维过程，加深对课文内容的理解”和“根据情境编故事，把事情发展变化的过程写具体”两项具体任务，其目的在于让学生学会分析课文中人物的思维方式，提升思维能力和思维品质并将学到的思维方式运用到生活中，提高解决问题的能力。教师可依据语文要素的编排，聚焦文本逻辑，运用表格、图示、思维导图搭建知识结构框架，使人物思维过程可视化，加深学生对人物思维过程的理解。教师按照教材顺序进行单元整体教学规划，以落实知识为核心，避免课与课之间是“碎片化的知识”，相互之间缺少整体设计。

学习任务群是学习的载体与工具，决定着整个单元的学习任务、学习方法以及学生需要达成的素养目标。单元整体性教学设计是以整体的观点来思考教学，特点是以真实情境下的问题驱动，为学生实现深度参与学习提供支持，主要体现为“回到生活、创设情境、活动体验”。单元视角下的关联性阅读教学需要教师对教学资源、教学内容进行梳理、整合、拓展，使之形成一个独具特色又凸显语文能力的单元学习结构：即以单元为基本单位，以要素为核心，以整合为基本思想，以联结为纽带，以任务为驱动，将教材内容进行组合，形成学习任务群，让教材内容具有弹性化和框架式的特征。

三、“思辨性阅读与表达”任务群实施的注意事项

（一）考虑学生思维发展的阶段性特征进行教学设计

思维的发展是一个循序渐进的过程，教师在进行教学设计时应当重视学生的思维过程，保证学生思维发展的梯度性。儿童思维的发展要经历四个时期：1～3 岁为婴儿期，处于感知动作思维阶段；3～7 岁为学龄前期，处于具体形象思维阶段；7～15 岁为学龄初期和中期，处于以具体形象思维为主要形式向以抽象思维为主要形式的过渡阶段；15～18 岁为学龄晚期，处于以抽象思维占主要地位阶段。①

教师应根据学生思维发展的特点，在不同学段创设适宜的学习主题和学习情境。比如，第一学段“生活真奇妙”“我的小问号”，第二学段“大自然的奥秘”“生活中的智慧”“我的奇思妙想”，第三学段“社会公德大家谈”“奇妙的祖国语言”“科学之光”“东方智慧”，等等。教师应将文本阅读和自主探究结合起来，为学生提供广阔的思考、表达和交流空间。“思辨性阅读与表达”任务群应基于学生的思维特点，在创设情境上下功夫，并以任务为驱动，以形象开启抽象，以任务撬动思维。

---

① 彭华生．语文教学思维论［M］．南宁：广西教育出版社，1996：12.

此外，教师还应针对不同学段的特点选择具体的学习策略，循序渐进，合理进阶。2022 年版课标指出，教师"应注意不同学段的特点，避免操之过急、求之过深。第一学段，重在保护学生的好奇心、自信心，引导学生多观察相似事物的异同点，多问为什么；鼓励学生自由表达、充分表达，以表扬为主。第二学段，可通过具体例子引导学生知道事实与观点的不同。引导学生发表对文本的看法，尝试表达自己的观点，从文本中寻找证据支持自己的观点。第三学段，应引导学生分析证据和观点之间的联系，辨别总分、并列、因果等关系，有条理地表达自己的观点。鼓励学生对文本进行评价"①。

（二）借助现代信息技术进行思辨性阅读与表达

利用现代信息技术促进学生思维发展是推动学生进行思辨性阅读与表达的重要方式。"思辨性阅读"的理性精神和态度，需要借助特定的支持来落实，强调"基于支架的阅读"。准确、完整、有根据的阅读，要求学生具备系统的信息提取、整合、分类、比较、推理等阅读认知技能。为了让学生掌握这些认知技能，教师需要为学生提供思维导图、框架图等工具，促进思维可视化。对于小学生来讲，由于学习经验和生活阅历较少，他们的知识经验还仅仅停留在表层，对事物的思考方式还是以形象思维为主，因此学生在学习较为抽象和概念性的文章时，很难像成人一样从整体上去把握和理解。为了提高学生的阅读理解能力，教师可以帮助学生构建知识框架，利用思维导图可以将抽象知识变为可视化这种教学特性来引导学生进行思辨性阅读。思维导图是由图形、线条和符号等方式构建出来的知识框架，通过这个框架教师就可以将抽象复杂的知识简单清晰地展现出来，从而方便学生进行学习。②

在"思辨性阅读与表达"任务群的实施过程中，教师应鼓励学生借助现代信息技术，自主搜集和利用学习资源，拓展思路，支持自己的思考和论说。以移动、互联为核心的数字技术的发展与普及，更为方便地创造了一种让学生在阅读中表达，并得到及时反馈和不断提炼个人理解水平的阅读环境。技术支持下的语文自主交互学习方式，课堂基本模型如图 8－4 所示。

---

① 中华人民共和国教育部．义务教育语文课程标准（2022 年版）［S］．北京：北京师范大学出版社，2022：30－31．

② 姜敏．小学语文思辨性阅读策略浅探［J］．语文教学与研究，2017（8）：25．

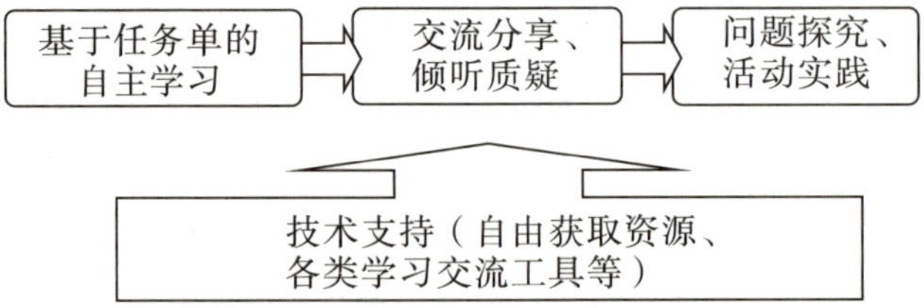

图 8－4　技术支持的语文自主交互式课堂基本模型

课堂学习，一般分三个板块，具体而言：第一板块是基于任务单的自主学习。教师把学习目标通过任务单的形式下发给学生，并开放学习的资源和工具。学生通过什么方法和路径达成目标，由学生自己选择。在学习过程中，教师应留意学生学习过程中生成的资源和问题，提供即时的学习帮助。第二板块是交流分享、倾听质疑。教师运用技术手段记录并捕捉一些学生学习的过程和结果，使用数字终端能很好地记录学生的一些学习轨迹，让交流与分享更直观有效。第三板块是问题探究、活动实践。在交流分享中产生的新的问题，学生可以继续探究，由课内交流学习中产生的一些语文实践活动，可以继续展开或者深化。这一板块从学生新产生的学习需求出发，关注学习年段的语文大目标，在技术支持下把语文学习引向无限广阔的空间。①

◆第三节◆

“思辨性阅读与表达” 任务群的教学评价

一、“思辨性阅读与表达”任务群的学业质量要求

2022 年版课标有关“思辨性阅读与表达”小学各学段的学业质量标准如表 8－4 所示。

表 8－4　2022 年版课标有关“思辨性阅读与表达”小学各学段学业质量标准的规定②

学段	学业质量标准
第一学段	喜欢阅读寓言，在阅读过程中能根据提示提取文本的显性信息，通过关键词句说出事物的特点，做简单推测；能借助关键词句复述自己读过的故事或其他内容，尝试对阅读内容提出问题

① 戴晓娥．整合视野下信息技术与语文教学深度融合的实践探索［J］．中国电化教育，2015（3）：110－114.

② 中华人民共和国教育部．义务教育语文课程标准（2022 年版）［S］．北京：北京师范大学出版社，2022：37－41.

续上表

学段	学业质量标准
第二学段	喜爱阅读寓言，在阅读过程中能提取主要信息，借助阅读经验和生活经验预测情节发展；能结合关键词句解释作品中人物的行为，从某个角度分析和评价人物；能复述读过的故事，概括文本并根据自己的阅读理解提出问题与他人交流
第三学段	能根据积累的知识和经验初步判断信息真伪，感知情感倾向，形成自己对社会热点问题的初步认识；能概括说明性文字的主要内容或简单的非连续性文本的关键信息，初步判断内容或信息的合理性；运用文本主要信息解决现实生活中的简单问题；能借助与文本相关的材料，结合作品关键语句评价文本中的主要事件和人物，提出自己的观点或看法；能发现不同类型文本的结构方式和语言特点，感受作品内容、表现形式上的不同，积极向他人推荐，并有条理地说明推荐理由

由表 8－4 可知，“思辨性阅读与表达”任务群在学业质量标准的设定上既体现递进性，又注重衔接性。例如，关于思辨性阅读，第一学段重在“通过关键词句说出事物的特点，做简单推测”；第二学段重在“借助阅读经验和生活经验预测情节发展”；第三学段重在“借助与文本相关的材料，结合作品关键语句评价文本中的主要事件和人物，提出自己的观点或看法”。这种安排体现了考查思维在学业质量要求上的层次感。

二、“思辨性阅读与表达”任务群的评价建议

2022 年版课标提倡，“思辨性阅读与表达”任务群在评价中，应注意“评价要关注学生在学习情境中交流、研讨、分享、演讲等现场表现，以及活动过程中产生的文字、表格、统计图、思维导图等学习成果，要特别关注学生思考的过程和思维的方法”，“要健全主观性、开放性试题的评分标准，根据学生的认知发展水平，对简单结构作答和复杂结构作答实行分级赋分”。① 其中，2022 年版课标对开放性试题评分标准的建议体现了 SOLO 分类理论的理念。SOLO 分类理论是由国际知名教育心理学家彼格斯（Biggs）教授提出的一种以等级描述为基本特征的典型的质性评价方法，它描述了儿童认知发展过程，也提供了一套学习结果的质量标准。彼格斯认为，学业质量评价应以学生的学习结果为对象，而不是传统评价中所关注的学习行为，这样可以从学生回答问题时呈现的可观察的认知反应水平判断学生的作业质量和思维层次。基于此，他们提出了 SOLO 分类评价法，依据“可观察的学习成果结构（Structure of the Observed Learning Outcome，简称 SOLO）”将学生的思维能力发展

① 中华人民共和国教育部．义务教育语文课程标准（2022 年版）[S]．北京：北京师范大学出版社，2022：31，51．

分为不同的层级。这一理论无论对作业或试题的设计，还是评价都起到重要的指导作用，具有更强的操作性和实用价值。国际上有很多针对学生思维能力判断的评价工具，比如基于建构整合模型（constructed-integration model）发展而来的思维判断方法。在这些评价工具中，基于SOLO分类评价法设计的评价工具是目前最受认可的评价学生思维质量的评价工具。SOLO分类评价法在继承前人研究的基础上，可为“思辨性阅读与表达”任务群的教学评价提供新的思路和方法。

（一）SOLO分类评价法的基本理念

彼格斯认为，人的认知不仅在总体上具有阶段性特点，在对具体知识的认识过程中，也具有阶段性的特征。人在学习新知识过程中表现出来的思维阶段是可以观察到的，因此称为“可观察的学习成果结构”。这种对学生的每种反映进行分类的方法，简称为SOLO分类评价法。

SOLO分类评价法的理论源头是皮亚杰（Piaget）的认知发展阶段学说，同时也对皮亚杰的理论进行了修正和发展。皮亚杰的发展阶段理论是从总体认知结构发展的阶段出发划分，而SOLO分类评价法不是根据学生总体思维水平进行分类，而是对学生回答某一具体问题时的思维结构判断其处于哪一层次。在彼格斯看来，人的总体发展阶段这个概念在教学评价实践中的作用不大。一个人回答某个问题时所表现出来的思维结构，与这个人总体的认知结构是没有直接关联的，前者可检测，而后者不可测。所以，学习评价重要的不是学生的学习行为而是学习结果，是学生回答问题呈现出的可观察的认知反应水平。彼格斯认为，决定个体的认知反应水平的因素是思维操作模式和在某种思维操作模式下的反应结构的复杂性。其中，思维操作模式由所用元素（如语句、符号等）的性质和水平，以及操作的类型来决定。

彼格斯等人在分析了近两千多名学生的开放性试题后发现，在每种思维操作模式下，学生个体认知反应表现出按结构复杂性的层次变化的特点，这种层次变化是循环出现的。因此，他们在每一种思维操作模式下把这种层次变化划分为五种水平，构成螺旋式上升的水平层次。这样，教育工作者可以从能力、思维操作、一致性与收敛以及应答结构四个方面将学生的回答分成五个不同的水平，从学习结果在结构上的复杂程度出发来评价学生的学习质量，具体如表8-5所示。

表 8－5　认知发展的基本阶段和回答层次描述①

发展的基本阶段及其最小年龄	SOLO 层次	1 能力	2 思维操作	3 一致性与收敛	4 回答结构
前思运（4～6 岁）	前结构	最低：问题线索和解答混乱	拒绝，同义反复，转换，跳跃到个别细节上	没有一致性的感觉，甚至连问题是什么都没弄清就收敛了	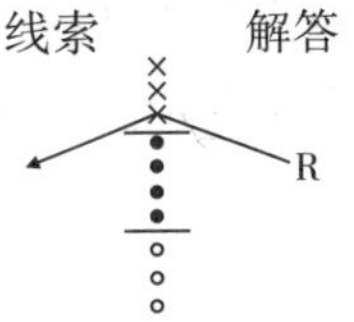
初级具体思运（7～9 岁）	单点结构	低：问题线索＋单个相关素材	只能联系单一事件进行“概括”	没有一致的感觉，迅速收敛，只接触到某一点就立刻跳到结论上去，因此结论非常不一致	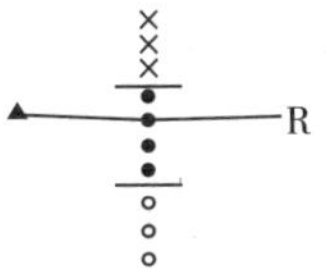
中级具体思运（10～12 岁）	多点结构	中：问题线索＋多个孤立的相关素材	只根据几个有限的、孤立的事件进行“概括”	虽然想达到一致，但由于基本上只注意孤立的素材而使回答收敛太快，从而导致用同样的素材得出不同结论	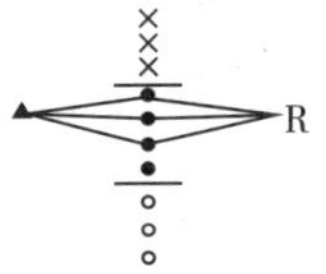
概括型具体思运（13～15 岁）	关联结构	高：问题线索＋相关素材＋相互关系	归纳：能在设定的情境或已经历的经验范围内利用相关知识进行概括	在设定的系统中没有不一致的问题，但因只有一种收敛方式，在系统之外可能会出现不一致	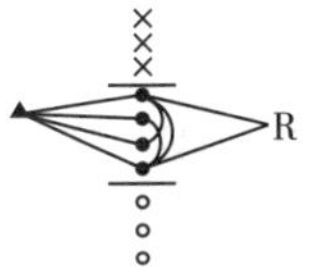
形式思运（16 岁以上）	抽象扩展结构	最高：问题线索＋相关素材＋相关关系＋假设	演绎与归纳；能对未经历的情境进行概括	不一致性消失，不觉得一定要给出收敛的回答，即结论开放，可以容许逻辑上兼容的几个不同解答 R_1、R_2 或 R_3	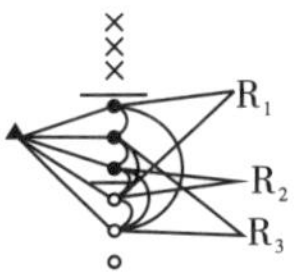

注：×表示不相关或不恰当的素材，●表示相关素材，○表示未给出的相关假设。

---

① 彼格斯，科利斯．学习质量评价：SOLO 分类理论（可观察的学习成果结构）［M］．高凌飚，张洪岩，译．北京：人民教育出版社，2010：27－28.

由表8－5可见，从前结构反应到抽象扩展结构反应是一个由简单到复杂的层次类型，结构越复杂，思维能力的层次也就越高。SOLO分类评价法的焦点集中在学生回答问题的“质”，而不是回答问题的“量”。虽然没有“量”的支撑，“质”是无从体现的，但针对“质”的评价与针对“量”的评价的确有很大区别。[①] SOLO分类评价法是用一种递增的层次结构把学生的学习质量指向不同思维水平，而不是以二元论把教学质量简单地划分为对与错。

（二）SOLO分类评价法在“思辨性阅读与表达”任务群中的运用

教师在“思辨性阅读与表达”任务群的教学中，可以使用SOLO分类评价法诊断学生思维所处的层级水平，并基于不同的学生，开展有针对性的教学设计，协助每一层级的学生向更高级的思维层级提升，实现“教—学—评”一体化。具体而言，可以通过以下四个步骤展开。

第一步是建立关联，大胆表达，达成单一至多元结构层次。教师在阅读教学活动前，可以通过课前预习引导学生运用已有知识和经验，尝试从前结构层次达到单一结构层次，如根据文章标题、副标题，文中的图片等相关信息，引导学生对文章内容进行预测。针对前结构的学生，教师可以开展关键信息提取的训练。与单点结构学生相比，处于前结构水平的学生的主要问题是无法提取文本中任何一个关键信息。

第二步是梳理层次，培养逻辑思维，达到关联结构层次。学生已经概括出了文本中相关的信息要点，但在表达这些要点时，学生没有进一步深入加工，以至于这些要点以散乱、独立的状态呈现出来。教师引导学生分析文本的结构框架，梳理作者的写作思路，找出作者的论点和论据。接着，结合作者的介绍，帮助学生分析文章相关背景，加深理解。在此阶段，教师应注重学生逻辑性的培养，有针对性地开展多维度信息逻辑关系的训练，帮助学生从多点结构层次建构上升到关联结构层次。

第三步是写作与分享，达到拓展抽象结构层次。处于关联结构水平的学生的突破点在于能够找到文本与文本、文本与生活的关联，在作答中引入更多与文本内容相关的信息，使其作答更丰富、更立体。教师应针对关联结构的学生开展知识积累与迁移的训练。为此，教师对文本进行解读后，应引导学生及时进行语言输出，用小组合作的方式，先自己写，再组内讨论并分享自己的感想。通过读写结合，强化学生对文章中所学的基本语言知识和思辨性阅读策略的掌握，同时提高写作和思维能力，到达拓展抽象结构层次。

---

① 黄牧航. SOLO分类评价理论与高中历史试题的命制［J］. 历史教学，2004（12）：58－63.

第四步是发散思维，深化拓展抽象结构层次。教师应帮助学生扩大知识面，增加阅读量和素材积累，引导学生实现各种知识的融会贯通，同时还要多引导学生关注思考问题的特定领域。教师可以结合自身经验进行反思，将文中的观点与社会、作者和自身三者结合起来从多角度进行思考，不断深化抽象结构层次，以此来提高学生的阅读能力，培养学生的发散思维。①

本章小结

“思辨性阅读与表达”任务群是发展型学习任务群中的第三个学习任务群。学生要学会用思辨的眼光对作者的立场、观点、方法进行观察和分析，学习用理性的态度、逻辑分析的方法去求证言说者观点的对错，从而辨别是非、善恶、美丑，提升理性思维水平，这是一个富有挑战性的学习领域。现阶段该任务群的教学还在探索之中，许多教师依旧按照传统的教学思路进行教学。一线教师对“学习任务群”这一概念尚不了解，对“思辨性阅读与表达”的理解仅仅停留在“写议论文”的层面，或认为在教学中加入有深度的问题就可以算作“思辨”教学，未能从本质上理解该任务群的要义。“思辨性阅读与表达”任务群的课程意义在于激活学生的思维能力，全面提升学生的语言表达能力。

“思辨性阅读与表达”任务群的内涵可以分为两个方面，分别是“获取思辨认知技能”和“发展理性精神态度”。“思辨性阅读与表达”任务群的教学实施建议可以概括为两点：一是考虑学生思维发展的阶段性特征进行教学设计，二是借助现代信息技术进行思辨性阅读与表达。

教师在明确“思辨性阅读与表达”任务群学业质量要求的基础上，需要进一步了解 SOLO 分类评价法在此任务群的运用，具体而言：教师可以使用 SOLO 分类评价法诊断学生思维所处的层级水平，并基于不同的学生，开展有针对性的教学设计，协助每一层级的学生向更高级的思维层级提升，实现“教—学—评”一体化。

思考与练习

1. 简述“思辨性阅读与表达”任务群的课程意义。

2. 简述在“思辨性阅读与表达”任务群中，将思辨性阅读和思辨性表达有机融合的注意事项。

3. 结合实例，谈谈你对在“思辨性阅读与表达”任务群如何应用 SOLO 分类评价法的认识。

---

① 高娟娟. SOLO 分类评价法在思辨性阅读与表达教学中应用的策略建议［J］. 教书育人，2019（28）：48.

第九章
“整本书阅读” 任务群研究

学习目标

1. 识记：“整本书阅读”的内涵；

2. 理解：“整本书阅读”任务群的目标、学习内容，整本书阅读教学模式的分类；

3. 运用：“整本书阅读”任务群的实施建议、评价建议。

学习概要

本章第一节的重点是介绍“整本书阅读”任务群的提出背景，在对“整本书阅读”的内涵及相关概念辨析的基础上，分析此任务群的目标、学习内容。第二节是首先对当前整本书阅读教学实施面临的困境进行分析，接着梳理了整本书阅读教学模式的分类并结合案例进行呈现，最后对我国“整本书阅读”的实践探索进行反思并提出了此任务群实施的注意事项。第三节则是明确“整本书阅读”任务群的评价建议，旨在厘清其未来发展方向。

第一节
“整本书阅读” 任务群概述

一、“整本书阅读”任务群的提出

当前，各国都非常重视儿童的阅读问题，在一些国家和地区，已经将儿童阅读作为一项重要的教育政策来实施。美国前总统克林顿依据相关研究指出：小学三年级之前必须具备良好的阅读能力，这是未来学习成功与否的关键。因此，美国教育部曾陆续提出“挑战美国阅读”“卓越阅读方案”。布什总统上任后，提出“不让一个孩子掉队”的教育改革方案，并且将“阅读优先”作为政策主轴，希望在五年内让美国所有学童在小学三年级以前具备基本阅读能力。1944 年，赫钦斯（Robert M. Hutchins）和艾德勒（Mortimer J. Adler）等人开始倡导“名著阅读”。在此二人的倡导下，美国出现了以阅读、讨论古典名著为主要学习方式的名著运动（Great Books Movement），在当时产生了极大的影响。在此基础上，又推出“青少年名著计划”。该计划的目的主要是引导和促使学生阅读西方历史上的经典著作并共同探讨名著中的思想，以增强学生阅读、讨论、交流和进行批判性思考的能力。① 日本文部科学省把 2000 年定为“儿童阅读年”，拨款资助民间团体举办为儿童说故事活动。2001 年底，日本政府颁布《儿童阅读推进法》，指定 4 月 23 日为日本儿童阅读日。2003 年初，英国教育部号召要将儿童阅读进行到底，当时从电视到网络，处处可见政府宣传阅读的信息。《英国国家课程·英语》对学生阅读英国作家作品提出了明确的要求，规定学生应阅读以下作品：①莎士比亚的两部戏剧。②主要剧作家的戏剧，如克里斯托弗·马娄、J. B. 普里斯特利、萧伯纳、R. B. 要利敦的作品。③1900 年以前出版的两部由主要作家写的小说，如简·奥斯汀、夏洛蒂·勃朗特、艾米莉·勃朗特……由该课程要求可知，英国只规定了需要进行阅读的作家，而对作家的作品则不做限定。这在一定程度上显示出开放性和可选择性，但仍会在实施中存在指向不明的缺陷。

早在 20 世纪 40 年代，我国现当代教育家叶圣陶先生曾撰文建议中小学生要读“整本的书”。叶老可能是最早明确提出“读整本书”观点的人。2000 年，《全日制义务教育语文课程标准（实验稿）》在教学建议中明确提出：“培养学生广泛的阅读兴趣，扩大阅读面，增加阅读量。提倡少做题，多读书，好读书，读好书，读整本的书。”但“整本的书”仍然属于课外阅读的范畴。2011 年版课标再次强调“读整本书”。2014 年，“全民阅读”被首次写入《政府工作报告》。“全民阅读”这一概念，出自联合国教科文组织有关阅读的一系列理念——“全民读书”（Books for All）、“走向阅读社会”（Towards a Reading Society）、“世界读书日”（The World Book and Copyright Day）和“全民阅读”（Reading for All）等。我国各地关于推广“全民阅读”的活动蓬勃发展，内容不断充实，规模不断扩大，尤其以学校教育为主体，各类学校纷纷在校园文化中不断增添“书香校园”的活动形式。每月主题阅读活动，线上阅读记录平台的使用，大课间进行课外名著阅读兴趣小组学习等，都反映出国家在教育上对年青一代的阅读素养的关注和引导。书籍和阅读是人类文明传承的主要载体和手段之一。一个国家的全民阅读量愈大，标志着其社会文明的程度愈高。② 2017 年《普通高中语文课程标准》正式以“学习任务群”的形式对“整

---

① 赫钦斯. 美国高等教育［M］. 汪利兵，译. 杭州：浙江教育出版社，2001.

② 杨桦. “整本书阅读”的课程特质和教学定位刍议［J］. 教育文汇，2022（8）：4－7，15.

本书阅读”提出明确要求。2022 年版课标提出，小学要将“整本书阅读”纳入到“教学内容”之中，并以学习任务群的形式加以组织和呈现。可见，从“整本书”到“整本书阅读”，再到“整本书阅读的课程化”层层深入，将“整本书阅读”纳入小学语文课程体系，体现了未来社会文明发展的需求。“整本书阅读”教学已经越来越受到教育界的重视。

二、“整本书阅读”的内涵及相关概念辨析

（一）“整本书阅读”的内涵

追溯我国语文教育史，“整本书阅读”从本质上而言并非新概念。古人“读经”“讲经”便是“读整本书”的表现。21 世纪第八次课程改革，教育部提出“名著阅读”“课外阅读”是“整本书阅读”之中的一个小范畴。

从现有文献资料看，有关“整本书阅读”的概念尚未形成统一、明确的定论。从课程标准推介的整本书作品可以尝试这样归纳：“整本书”是相对于单篇短章和中长篇节选文本而言的，其特征主要表现为内容具有完整性、连续性，如中长篇小说《骆驼祥子》；或者是汇编形式的某个作家的作品集，如《繁星・春水》；或是某类体裁作品的汇编，如《朝花夕拾》。虽然这些汇编是众多作者的合集，但它是某类体裁经典名篇作品的汇总。需特别说明的是，语文教材在属性上是文本汇编类作品，但它既不是同一作者的，也不是同一体裁的，可以说它是“大杂烩”，诗歌、散文、小说、戏剧无所不包，艺术作品和实用类文本也包括其中，还有写作知识、文化知识等穿插。而且为了适应课堂教学的需要，文章相对都是短小的，或者是节选的。①

“整本书阅读”可以分四部分理解：①“整”具有完整、整体的意思，既包括对全书脉络的通盘把握，也包括对全书内容的周延思考。②“本”是阅读的数量单位，既可以是独立的一本，也可以是相互关联的多本。③“阅读”的方法可以综合运用精读、略读和浏览等方法，课内外阅读相结合。④“阅读”的对象可以是文学作品、文化典籍，也可以是科学论著、学术著作等。②“整本书阅读”教学大多以整本、整部的书作为阅读对象，是一种教师指导阅读与学生自主阅读相结合开展的一系列阅读教学活动。因此，“整本书阅读”又被称为“书册阅读”。③

---

① 张燕玲，倪佳敏．什么是“整本书”［J］．课程教材教学研究：中教研究，2020（9）：34．

② 徐鹏．整本书阅读：内涵、价值与挑战［J］．中学语文教学，2017（1）：4－7．

③ 吴欣歆，许艳．书册阅读教学现场［M］．北京：教育科学出版社，2016．

（二）相关概念辨析

在课程标准正式提出"整本书阅读"这一概念之前，有学者将其命名为"书册阅读"。"整本书阅读"是与"篇章阅读"相对的概念。"篇章阅读"的传统一直延续多年。自我国引入苏联的"红领巾教学法"后，教师逐渐形成了套路化的阅读教学形式，最后落入了浅阅读，无法培养学生核心素养的窠臼。"整本书阅读"的概念范畴包含"名著阅读""经典阅读"。其中，"整本书阅读"与"名著阅读"虽然有着许多相似之处，但二者在阅读的书目类型与教学方式上仍存在较大差异，需要我们加以辨别。"整本书阅读"及相关概念辨析如表 9－1 所示。

表 9－1　整本书阅读及相关概念辨析①

概念	内涵	举例
篇章阅读	指向某一篇具有独立完整结构的文章文本的阅读	语文教材上的单篇课文，如《女娲补天》
名著阅读	更多指向文学名著，尤其长篇小说，强调文学名著对于提升语文素养的作用	《西游记》《水浒传》《童年》《简·爱》
经典阅读	相对于一般书籍的阅读而言，强调经典著作对于人的发展的重要意义	《论语》《社会契约论》
整本书阅读	与"篇章阅读"相对，又称"书册阅读"，既包括经典著作的阅读，也包括非经典的阅读；既包括文学名著的阅读，也包括非文学的学术著作阅读	《雷锋的故事》《稻草人》《爱的教育》《十万个为什么》《海底两万里》《寄小读者》

三、"整本书阅读"任务群的目标及学习内容

2022 年版课标将"整本书阅读"任务群的总目标定为：引导学生在语文实践活动中，根据阅读目的和兴趣选择合适的图书，制订阅读计划，综合运用多种方法阅读整本书；借助多种方式分享阅读心得，交流研讨阅读中的问题，积累整本书阅读经验，养成良好阅读习惯，提高整体认知能力，丰富精神世界。为了达成总目标，2022 年版课标"整本书阅读"小学各学段的学习内容规定，如表 9－2 所示。

① 张燕玲，倪佳敏．"整本书阅读"：语文核心素养培养的必由之路［J］．中学语文教学参考，2019（17）：30－33，64．

表9－2　2022年版课标有关“整本书阅读”任务群小学各学段目标及学习内容的规定①

学段	学段目标	学习内容
第一学段	尝试阅读整本书，用自己喜欢的方式向他人介绍读过的书，养成爱护图书的习惯	（1）阅读富有童趣的图画书等浅易的读物，体会读书的快乐。 （2）阅读、朗诵优秀的儿歌集，感受儿歌的韵味和童趣。 （3）阅读自己喜欢的童话书，想象故事中的画面，学习讲述书中的故事
第二学段	阅读整本书，初步理解主要内容，主动和同学分享自己的阅读感受	（1）阅读表现英雄模范事迹的图书，如《小英雄雨来》《雷锋的故事》等，讲述英雄模范的动人故事。 （2）阅读儿童文学名著，如《稻草人》《爱的教育》等，感受作品传达的真善美，用自己喜欢的方式讲述故事大意。 （3）阅读中国古今寓言、中国神话传说等，学习其中蕴含的中华智慧，口头或书面分享自己获得的启示
第三学段	阅读整本书，把握文本的主要内容，积极向同学推荐并说明理由	（1）阅读反映革命传统的作品，如《可爱的中国》《小兵张嘎》《闪闪的红星》等，讲述自己感受到的家国情怀和爱国精神。 （2）阅读文学、科普、科幻等方面的优秀作品，如《寄小读者》《十万个为什么》《海底两万里》等，学习梳理作品的基本内容，针对作品中感兴趣的话题展开交流。 （3）梳理、反思小学阶段的阅读生活，运用口头或书面表达方式，与同学分享自己整本书阅读的经历、体会和阅读方法

由表9－2可知，“整本书阅读”任务群的学习内容呈现出明显的进阶性。三个学段安排学生阅读的文本日益丰富，对阅读后交流和分享的要求也不断提升。从身体、认知、言语、情绪与社会情感等方面的发展水平看，阅读是有“年龄”的，人们称之为“阅读年龄”。小学生的“阅读年龄”可以划分为三个关键的发展阶段，大致与三个学段相当。②

第一学段的学生处于识字认字阶段，识字数量有限，思维以具象思维为主，更多地关注事物的表象。基于这一认知特点，第一学段要求学生阅读“图画书”，旨在引导学生从阅读“图画书”逐步过渡到阅读“文字书”。此学段的学生虽然阅读能力相对偏弱，但富于幻想，因此还可以读一些相对易懂、故事有趣、主题正面的童话故事。这一学段提倡在阅读中想象，感受读书的快乐，学习讲述书中故事。

第二学段的学生随着识字量的增多，对文字的理解力也有所提高。此学段的学生已不满足于直观的图像和文字的表层含意，喜欢模仿大人的表达方式，阅读品位

① 中华人民共和国教育部．义务教育语文课程标准（2022年版）［S］．北京：北京师范大学出版社，2022：31－32.

② 薛法根，梁昌辉．整本书的导读要义与教学策略［J］．语文建设，2020（12）：10－14.

也已经有所提高，喜欢阅读能开阔视野的书籍。学生对英雄、友情、冒险等主题比较感兴趣。英雄故事带来的正义感能使学生获得正能量；儿童文学容易让他们与书中人物产生共鸣；神话传说可满足其探索外界的渴望。与第一学段相比，此学段要求学生体会作品蕴含的中华智慧、传达的优秀品质，讲述故事之余，还应通过口头或书面形式分享自己获得的启示。

第三学段的学生日渐成熟，逐渐具有独立意识，开始关注自我和社会的关系，渴望了解外面的世界。学生对知识类、科幻类、侦探推理、抒情文学、人类命运的书籍比较感兴趣。例如，课程标准推荐的革命传统作品，有助于提升学生的高层次阅读能力。[①] 与第二学段相比，此学段要求学生学习梳理作品的基本内容，反思自己的阅读生活，在讲述阅读感受的基础上针对作品的特定话题进行交流，分享整本书阅读的体会、方法等。

第二节

"整本书阅读"任务群的设计及实施

一、整本书阅读教学实施面临的困境及出路

（一）整本书阅读教学实施面临的困境分析

"整本书阅读"思想在我国语文教育史中存在已久。在小学语文教学中开展"整本书阅读"活动，可以改变学生网络环境下碎片化、表层化阅读的不良习惯。"整本书阅读"的重要性日益凸显，逐步成为语文教育的研究热点。随着新课程改革的推进，"整本书阅读"开始纳入正常的语文教学范畴，"整本书阅读"个性化的教学已经广泛展开。然而，由于"整本书"自身特点和教学实施中的限制以及应试教育根深蒂固的影响，导致当前的教学中依旧存在很多问题，全面实施整本书阅读教学面临着多重困境，主要表现在以下两方面。

一是学生阅读方面，缺乏针对性的阅读策略。由于受到教学课时、考试方式与教学内容等诸多因素的影响，学生的"整本书阅读"存在着零散化、喜快餐、轻经典等问题。整本书阅读存在学生阅读的自发性与课程的规定性的冲突。整本书阅读在课堂教学中不好操作。从性质上看，整本书的阅读在阅读基础、阅读内容、阅读时间、阅读方式、阅读感受、阅读评价等多个方面，都是很个性化的，而课堂时空

---

① 陈斐．整本书阅读内容序列的构建［J］．中学语文教学参考，2019（6）：16－21.

恰恰相反，它是一种高度聚焦的、几乎所有方面都是统一的，很难复制真实生活中的阅读。[①]

二是教师指导方面，缺乏普适性的教学示范。教师的阅读教学存在“重单篇、轻整本”等现象。教师对整本书阅读教学缺少整体规划与目标价值的定位，对阅读过程缺少引导与跟踪，对学生阅读后缺少进阶提升和成果输出的措施等。教师的阅读教学素养还难以满足当下语文课程改革包括整本书阅读教学的要求。语文教师在接受师范教育时，较少或几乎没有涉及儿童文学教育，缺乏儿童文学的学养和知识结构，对儿童文学阅读教学往往不得要领。[②] 教师的教学安排缺乏结构化的整体设计，缺少操作系统和实践指导。

总的来看，这些问题阻碍了整本书阅读教学的发展，有必要在分析当前整本书阅读教学中存在的问题的基础上，探索一条突破困境的出路。

（二）整本书阅读教学走出困境的出路分析——教学建模

整本书阅读教学似乎已经轰轰烈烈地展开了，但实际上还只是部分教师个性化的探索，难以普及。这些教师的教学与指导，因其个性化的设计、高难度的操作以及特殊的基础条件而难以复制，让其他教师望而生畏，事实上已经阻碍了整本书阅读教学的推广。因此，整本书阅读教学建模已势在必行，成为一项紧迫性的任务，即通过模式建构，使整本书阅读教学具有结构化、稳定性、普适性、易推广等特征。建构教学的多元模式在一定程度上是整本书阅读教学走出困境的出路。教学建模可以让原本只存在于每一位教师心中的教学活动设计具体而且形象化，从而使其可以在教师之间流传及重复使用，具有可操作性。总之，建模有利于教师教学。

那么，什么是教学模式？对教学模式的外延和内涵都做明确的界定，特别是对相似的一些概念做区分，有利于我们把握教学模式的实质。教学模式不是方法，它与讲授、谈话等教学方法显然不属于同一层次。教学模式不是计划，计划只是它的外在表现，仅此不足以揭示其内含的教学思想或意向。教学模式也不是理论，至少不仅仅是理论，它还内含着程序、结构、方法、策略等远比纯理论丰富得多的东西。我们可以将教学模式理解为开展教学活动的一整套方法论体系，它实质是在一定教学思想或教学理念指导下建立起来的较为稳定的教学活动结构框架和活动程序。结构框架从宏观上揭示教学活动整体及各要素之间的关系和功能，活动程序则突出教

---

① 郑桂华. 整本书阅读：应为和可为［J］. 语文学习，2016（7）：4－8.

② 陈晓锋. 小学整本书阅读课程的建构和实施策略初探［J］. 教育界：教师培训，2018（2）：62－64.

学模式的有序性和可操作性。①

伴随着基础教育新课程改革，“学科教学建模”热潮兴起，针对整本书阅读教学这一新的内容领域的教学建模研究初露端倪。学者查有梁在《教育建模》一书中指出：“教学建模的精髓在于给教师以建模方法，使每一位教师能自行建构教学模式，而并不是给出一些教学模式，仅仅让教师去模仿，重在教师学会自己建构。”②一般而言，教学建模的过程包括五个步骤：第一步，明确建模目的，为教学模式的建构提供明确的方向；第二步，对原型案例进行寻找、筛选与分析，概括出原型的一般规律；第三步，基于原型案例的规律，进行教学“粗模”的建构；第四步，通过教学实践检验“粗模”是否可行，对教学实践中所发现的问题进行反思；第五步，基于实践反思对“粗模”进行调试，继而确立整本书阅读教学模式并进行阐释。③

二、整本书阅读教学模式的分类及案例分析

根据不同的标准，有着不同的教学模式。下面选择几种常见的分类模式进行介绍。

（一）按照课型划分的教学模式

“整本书阅读”要在教学实践中落到实处，就必须走出狭隘的“课时观”，体现阅读的整体性。如果以“课时观”来落实就可能还是过去支离破碎的情节介绍、简单赏析的老路。整本书阅读教学需要课程意识，需要将教学“课程化”，需要着眼于长期的序列的学习活动设计，需要有较丰富的课程资源的支撑，需要有效的课程协商和监控。整本书阅读课程的多样面貌体现为不同课型。整本书阅读课程内容的多样性、丰富性，需要不同的课型来支撑，而且每个课型的设计意图和目标应明确、具体，各课型间知识的学习和能力的训练相互衔接、有序，螺旋上升。学生要从习惯于单篇教材阅读、杂志阅读、零散阅读等过渡到“整本书阅读”，适应教师推荐的阅读书目。因此，建构整本书阅读课程就要考虑如何通过教学辅助，帮助儿童度过转型期，克服阅读中的种种障碍，提升阅读兴趣。对“课型”的关注就成为理论与实践的桥梁，是课程的具体化。

目前一线教师正在尝试多种课型，以切实落实整本书阅读的效果，提高学生的阅读素养。例如，“导读课—推进课—交流课—延展课”的整本书阅读教学模式通

---

① 王秋月. 课堂教学“三级建模”的理论价值与实践意义［J］. 天津市教科院学报，2014（5）：70－72.

② 查有梁. 教育建模［M］. 南宁：广西教育出版社，1998：17－28.

③ 迟超群. 高中语文长篇小说整本书阅读教学模式建构研究［D］. 哈尔滨：哈尔滨师范大学，2021.

过四种课型，引领学生经历整本书阅读的全过程，即首先借助导读课，唤醒学生的阅读期待，接着依托推进课，关注学生的阅读进展，凭借交流课，提升学生的阅读品质，最后紧扣延展课，积淀学生的阅读成果。① 又如，“驿站式”整本书阅读模式主要包括：驿站一，荐读阶段，开启“阅读”列车；驿站二，推进阅读，消减“阅读”阻力；驿站三，依据核心素养，落实读书交流会，品味“阅读”乐趣；驿站四，专题活动，展示阅读收获。② 总的来看，这些课型名称各异，但都遵循了学生的认知规律。案例 9－1 为我们呈现了“整本书阅读”不同课型组成的教学模式的具体实施。

小案例

案例 9－1　“整本书阅读”基于不同课型的模式建构③

从“教学结构”的分类和相对稳定的“基本程序”角度，“整本书阅读”的教学模式可以包括四大课型。四类课型既相对独立，又有内在关联，目的在于让学生的阅读渐入佳境，逐渐深入地提升语文能力和素养，如表 9－3 所示。

表 9－3　“整本书阅读”各类课型组合成的教学模式

课型	教学内容	举例
常规课型：导航课	阅读如船，航行开始前需要导航。导航课目的在于激活学生阅读的欲望，激发学生的阅读兴趣，唤醒学生的阅读期待。此类课可以教授阅读方法，针对不同类型的书提供匹配的阅读重点方式；引导学生认识书本的方方面面，如关注书名、目录、章节、扉页、序言、名家评论等；还可以通过专题探究、举办活动、话题分享等方式，开启儿童的阅读之门	例如，教学《巨人的花园》单篇幅童话之后的导读课，就可以推荐阅读奥斯卡·王尔德的《巨人的花园》整本童话集。有单篇的阅读引导，儿童很容易对书本产生兴趣。还可以借此契机推荐阅读王尔德《快乐王子》《公主的生日》等其他作品
辅助课型：续航课	阅读航船启动后，最重要的是提供源源不断的动力。在阅读过程中，学生容易出现松懈、放弃的现象，甚至会走向“夭折”，需要教学提供辅助与动力。此时就可推出“续航课”	例如，可以检查阅读进度，同一本书阅读，分享各自的阶段阅读体会，提示学生关注进度的平衡以便分享

① 石群．建构整本书阅读课程体系的思考［J］．小学教学参考，2019（3）：10－12.
② 刘庆玲．“驿站式”整本书阅读模式［J］．新教育：海南，2019（35）：79－80.
③ 胡元华．“整本书阅读”课程建构的设想［J］．语文教学通讯，2016（10）：23－25.

续上表

课型	教学内容	举例
增容课型：补给课	任何航船都需要不断补给，阅读之旅也一样。和续航不同的是，补给课型不再针对"这一本书如何延续阅读"，而是给予更多拓展性、相关联信息，以丰富儿童视野，延展其知识面	例如，介绍作者的生平经历、创作背景、历史事件、文笔风格等；也可以通过读书论坛，读书达人交流等形式，借助班会课的完整时间集中分享，利用晨会课，课间课后等碎片化时间无缝交流
长效课型：巡航课	"巡航"是最为经济省力，对发动机保养最有利的航行模式。"整本书阅读"的"巡航课"就是借助"巡航"这一专业术语的意思，在阅读课上要不断整理汇集儿童的阅读阶段成果，给予表彰鼓励；不断分享阅读感受，给予动力；不断进行调整反思，给予纠偏；不断在原有认知基础上引领迈进，给予进步的体验	例如，指导高年级学生阅读《鲁冰花》，教师可设计三个问题，引导发现文字背后的深意：①如何看待自己的特长，怎样发挥特长？②书中的老师各有特色，你最希望评价的是哪一位？给予怎样的评价？③《鲁冰花》的故事打动无数人，你认为故事的结局过于悲惨吗？你会给作者什么建议？

案例9－1呈现的"整本书阅读"的课型设置，摒弃了传统单篇阅读教学中重在"知识传递"的教学格局，不以"灌注式"教学挤占有限的课堂时间。读前、读中、读后四类课型构成了"一书四课"教学模式的基本框架，即读前导航课，激发兴趣，消除隔膜；读中续航课和补给课，适时续航，推动阅读；读后巡航课，深化阅读，提升能力。这四类课型按时序先后逐层递进，连点成线，同时前后课型的主题、内容也有一定关联，呈现出"针对性强，活动色彩突出，儿童主体性彰显"的特色，可为落实"整本书阅读"的教学目标服务。①

（二）按照内容整合划分的教学模式

为了在有限的教学时间里增加阅读量，提升学生的阅读能力，一线教师注重对课程内容进行整合，由此开发了一系列教学模式。例如，李凤君教师及其团队提出的"单篇—组文—整本书"三位一体阅读模式，以单篇阅读为起点，以组文阅读为桥梁，通过梳理、拓展向整本书过渡和推进，形成了一个完整的阅读能力训练体系。案例9－2以小学语文统编版教材四年级上册第四单元"神话故事单元"为例，具体介绍此模式的实施。

① 胡元华，何捷．"整本书阅读"课程建构的设想［J］．阅读：教学研究，2016（11）：4－9.

小案例

案例9-2 “单篇—组文—整本书”三位一体阅读模式①

【教材分析】

第四单元由《盘古开天地》《精卫填海》《普罗米修斯》《女娲补天》四篇课文组成，前三篇是精读课文，最后一篇是略读课文。此单元旨在引导学生阅读不同的神话故事，通过了解故事的起因、经过、结果，学习把握文章的主要内容，同时感受神话想象神奇的特点和鲜明的人物形象。从语文要素的角度来分析，《盘古开天地》要求学生说说盘古开天地的过程及自己心目中的盘古形象；《精卫填海》要求学生用自己的话讲讲精卫填海的故事；《普罗米修斯》要求学生按照故事的起因、经过、结果的顺序，讲一讲普罗米修斯“盗”火的故事；《女娲补天》要求学生生动地说出女娲求雨浇灭天火的过程；习作为“我和________过一天”，要求学生写出自己和神话人物相处一天的故事；“快乐读书吧”推荐了《中国古代神话》《希腊神话与英雄传说》两本神话集作为整本书阅读素材，要求学生进一步感受神话故事的特点，掌握阅读方法，培养阅读乐趣。②

【教学过程】

（一）精读引领课——单篇精读，方法引领

《盘古开天地》作为精读引领课，旨在教给学生感受神话神奇的想象和鲜明的人物形象的方法，引导学生通过了解故事的起因、经过、结果，学习把握文章主要内容的方法。

具体实施：①课前预习，教学时紧扣重点段落进行学习。教师重点指导第二自然段，抓住“见、拿起、劈过去”等表示动作的词语，引导学生了解盘古是怎样开天地的。②教师引导学生试着运用第二自然段学到的方法学习第三、第四自然段，抓住“顶、踏、站、撑”等表示动作的词语，引导学生了解盘古是怎样顶天立地的，认识其形象。③课文学完后，借助板书，引导学生运用了解事情起因、经过、结果的方法，把握文章主要内容。

（二）组文阅读课——组文阅读，学以致用

在学习《盘古天开地》的基础上，根据单元语文要素和文本特点，设计《女娲造人》《共工怒触不周山》《女娲补天》三篇文章构成组文阅读课。组文阅读课的展开以学生运用方法自读、自悟、讨论交流为主。

---

① 李凤君，丁立美．“单篇—组文—整本书”三位一体阅读模式初探［J］．语文建设，2019（22）：34－36.

② 张涛．利用单元进阶式学习模式，开展整本书阅读：以小学语文教材为例［J］．语文教学与研究，2022（18）：108－110.

具体实施：①引导学生运用精读课学到的方法，阅读三篇文章并出声朗读。②默读文章，思考提出的问题并在书上作标注，想一想每个故事的起因、经过、结果并填写表格（表格略），练习把握文章的主要内容。③选择其中你最喜欢的一个故事，默读，边读边找出描写人物的语句，想一想从哪些具体的语句感受到人物的什么特点。④在自学的基础上进行小组讨论，最后全班展示交流。

（三）整本书阅读——整本书阅读，提升能力

整本书阅读已被纳入统编版教材编写体系。一年级设有“和大人一起读”栏目，各年级设有“快乐读书吧”，向学生推荐某一类书。学完本单元课文后，结合单元语文要素和“快乐读书吧”的内容，教师推荐学生阅读《中国神话故事》，运用精读引领课、组文阅读课上学习的阅读方法，通过阅读整本书进行运用和练习。《中国神话故事》所选的都是中国神话故事中的经典。阅读推荐课上，教师先引导学生读目录中的故事题目，让学生从中选一个喜欢的进行阅读。

具体实施：①感受神话故事想象的神奇和鲜明的人物特点，再利用了解故事的起因、经过、结果的方法，把握故事的主要内容。②读后先组内交流，再全班交流。教师根据学生的汇报，板画简单的思维导图。总结“读故事、画导图、想特点、说内容、谈收获”的阅读方法。③在接下来的阅读中，学生继续用这种方法进行阅读，积累喜欢的故事的思维导图，读完全书后各小组形成“中国神话故事思维导图”。小组内制订好阅读计划，相互促进阅读，让学生“真读、爱读、读进去”。④读完整本书后，教师组织整本书的阅读汇报课，既检查学生的阅读情况，又给学生提供展示的机会。

在案例9－2中，教师通过对教材、“语文主题学习”系列图书和整本书《中国神话故事》的研读，引导学生从《盘古开天地》的精读引领课中学方法，利用《女娲造人》《共工怒触不周山》《女娲补天》的组文阅读课练方法，通过《中国神话故事》的整本书阅读推荐课用方法，构建了“单篇—组文—整本书”三位一体阅读模式。其中，教师在进行《中国神话故事》的教学中，引导学生了解阅读的多种策略，运用默读、朗读、精读等不同阅读方法。教师引导学生通过读整本书，了解主要内容，关注作品“整体与局部、局部与局部之间的关系”，重视目录在整本书阅读中的作用。总的来看，此模式注重用单篇课文学习语文要素，实现用教材作例子，教方法，再用组文阅读实现用方法学，练方法，最后是通过整本书阅读扩大阅读量，突出每本书的特点，再次实践学到的方法，遵循了“认知—迁移—运用”的学习规律。

（三）按照教学组织形式划分的教学模式

“整本书”进入课堂，不仅关涉“教什么”，还挑战着“怎么教”，直接推动着教学组织形式的变革。2022年版课标在“教学提示”提出，“整本书阅读教学应设

计、组织多样的语文实践活动，如师生共读、同伴共读，朗诵会、故事会、戏剧节，建立读书共同体，交流读书心得，分享阅读经验”，“应创设自由阅读、快乐分享的氛围，善于发现学生阅读整本书的成功经验；及时组织交流与分享；善于发现、保护和支持学生阅读中的独到见解”。[①] 按照教学组织形式进行划分，目前开发的教学模式有班级读书会模式、文学圈阅读模式、群体深阅读模式等。

以目前比较通行的班级读书会为例，其教学组织方式与单篇作品的阅读就有很大不同。班级读书会是一个分层管理的网络组织。第一层级是作为总规划者、组织者的教师；第二层级是班级读书会委员会，负责具体打理教师所组织的相关活动；第三层级是各书友队，每个书友队一般有5～6人，设有队长、书源报告员、读书交流员、读书笔记指导员、活动记录员等，还可以聘请一位家长作为校外辅导员。[②] 案例9－3呈现了班级读书会的实施过程。

小案例

案例9－3 《爱的教育》班级读书会模式[③]

【教材分析】

《爱的教育》是意大利作家埃得蒙托·德·亚米契斯最著名的作品。这是一部以教育为目的的儿童文学作品。该作品弘扬伟大的爱国主义，歌颂人与人之间团结友爱的高尚情怀，鼓励人们消除阶级观念，在日常生活的交往中，努力实现各阶级人民相互尊重和相互平等。

【教学过程】

（一）名言分类导入

1. 出示三组名言：

第一组：两耳不闻窗外事，一心只读圣贤书。

风声雨声读书声声声入耳，家事国事天下事事事关心。

第二组：书籍是人类进步的阶梯。——高尔基

理想的书籍是智慧的钥匙。——托尔斯泰

第三组：读书有三到，谓心到，眼到、口到。——朱熹

读书之法，在循序而渐进，熟读而精思。——朱熹

小结：屏幕上的都是有关读书的名言，第一组讲的是读书的态度，第二组讲的是读书的作用，而第三组讲的是读书的方法。今天我们就来举行一个读书方法交流会。我们读的书就是——《爱的教育》。

---

① 中华人民共和国教育部. 义务教育语文课程标准（2022年版）[S]. 北京：北京师范大学出版社，2022：33.

② 岳乃红. 班级读书会ABC [M]. 北京：北京师范大学出版社，2007：17－20.

③ 沈嘉，樊香萍. 随性而不随意：四年级《爱的教育》班级读书会设计 [J]. 教学月刊：小学版（语文），2013（5）：24－26.

（二）方法荟萃

师：同学们近段时间都在阅读这本书，谁能来跟大家分享一下，你是怎么阅读这本书的？

生：我在读书的时候喜欢把最精彩的部分好好品味一下。

师：他刚刚所说的的确是一种不错的读书方法：一字一句细细品味。（教师随机在黑板上贴方法标签，同时小结该种方法的特点）同学们，有些好的书籍信息量大，含金量高，如同上好的牛肉干，极少水分，句句精髓，我们大段大段地读，难免会消化不良。所以必须边读边加以思考，细细品味。

生：我在读书的时候喜欢用笔将一些好的词句摘录在小本子上，或者在边上写点东西。

师：同学们，他说的这种方法让我想到著名的历史学家吴晗，他特别擅长做读书卡片，读书时见到有用的字句就抄在一张卡片上，他读了几十年书就做了十几万张卡片，很厉害。读书的时候做批注，提炼一些有用的东西，就算没有白读。（教师随机在黑板上贴方法标签）

小结并过渡：同学们，阅读书籍有那么多的方法可以选择，我们来做个现场调查，看看哪种方法最受大家的欢迎。（在学生选择较多的三种方法之前打上五角星）

师：那么我们就运用这些方法走进《爱的教育》之每月故事。（出示每月故事目录：伦巴第的小哨兵、佛罗伦萨的小抄写员、撒丁岛的少年鼓手、爸爸的看护人、费鲁乔的鲜血、公民荣誉奖章、六千里寻母——从亚平宁山脉到安第斯山脉、客轮失事）

师：在上周的作业单中，有较多的同学选择了《佛罗伦萨的小抄写员》。现在我们分组再来读一读，每个小组先商量下你们将采用什么方法来读这个故事，读完之后小组讨论，彼此之间说一说你有什么感受。（小组选择读书方法进行阅读，教师给予充分的时间让学生在淡淡的音乐声中沉浸于阅读）

（三）有方法引导的阅读交流

选录：第一组——王佳宁同学：我是采用我最喜欢的批注法来阅读这个故事的，我把朱利奥内心说的一些话摘录在我的小本子上，反复读一读，让我很感动。（略）

（四）总结

出示课前有关读书方法的两句名言，齐读。

师：同学们，一本好书就是一位良师益友，选择合适的方法读书，我们将养成天下最好的个人爱好，结交天下最好的良师益友——书籍，我们必将得到无尽的智慧！

附：板书

爱的教育

用♥读　读出♥

不浏览，精读一部分反复读，读出感觉

可以和其他内容或书籍对比一目十行

一字一句细细品味 进行批注

带着疑问去读 主人公代换

在案例9-3中，教师引导学生通过分享并交流彼此的读书方法，认识到各种读书方法的特点，从而选择合适的读书方法阅读书籍并尝试获得新的感受。一般而言，班级读书会中学生的阅读活动可分为两种组织类型：一是由书友队组织的阅读；二是由教师组织的课堂阅读，主要是一本书共读前的“导读课”与共读后的“交流课”，也可以安排一定的课时让学生做读书笔记。其中，讨论是班级读书会中的重要环节，它不但能深化学生对书籍的理解，还能培养学生持续的阅读兴趣。

英国当代儿童文学大师艾登·钱伯斯（Aidan Chambers）在《说来听听：儿童、阅读与讨论》一书中指出：“不论是对一位最成熟的读者，还是对一个刚开始学习阅读的孩子，讨论的重要性都不容忽视。”[①] 组织学生进行整本书的阅读讨论，教师应关注学生的兴趣。由于讨论法具有不可预测性和冒险性，因此将它用于教育教学就像攀登高山或减缓危险急流一样有挑战性。由于无法确定在爬向峰顶或在下一个弯道处拐弯时会遇到的情况，因而教师必须保持高度的变通性和注意力。当发言人所讲的观点被轻易忽略或是不经任何冲突就搁置起来的话，往往就会降低学生参与讨论的积极性。民主讨论中的每一个人，特别是教师都要以最大的热情参与到讨论中去，并认真思考大家的发言而不是敷衍了事。讨论的本质就是通过师生共同探究，来确定那些不可预测的问题。如果讨论的指导者预先已经得出问题的结论，这样的行为就应当看成是不诚实的。这种教学上的弄虚作假从某种程度上来看是故意的，与民主讨论的精神背道而驰。当所指导的是讨论的整个过程，并有助于学生认真倾听、澄清问题，创造条件使所有的发言都被他人听到时，这样的指导讨论才有实际意义。在讨论过程中，教师可以鼓励学生养成民主讨论的习惯。[②]

整本书阅读，关键是整体，同一篇课文的教学有很多不同。一本书留给学生什么印象，学生从这本书中能感受到什么是很重要的。在读书交流的时候，教师始终要有整体观念，不能因为个别地方的处理而忽视了整体。在强调整体感知的同时，教师应该注意引导学生逐步深入阅读。低年级可以从阅读图画书开始。[③] 与单篇文

① 钱伯斯．说来听听：儿童、阅读与讨论［M］．蔡宜容，译．北京：五洲传播出版社，2011：5-6.

② 布鲁克菲尔德，普瑞斯基尔．讨论式教学法：实现民主课堂的方法与技巧［M］．罗静，褚宝堂，译．北京：中国轻工业出版社，2002：5-28.

③ 李怀源．如何进行整本书的阅读讨论［J］．小学语文教学，2006（3）：28-29.

章的教学组织相比，整本书阅读教学空间和课堂结构都有较大的变化。一是教学空间的扩大。阅读教学空间扩大到了教室之外，学校之外。例如，在班级读书会中，导读课之后，阅读主要在课下完成或阅读小组共读，或个人自读，同时还要准备阅读交流的材料。二是课堂结构的变化。在整本书阅读交流中，课堂则是学生思想、体验的交流场。教师的任务不再是引着学生进入自己预先铺设的“轨道”，而是为学生之间的交流创造条件。但并非所有的整本书阅读都如此，如图画书共读一般以教师讲述为主，当然讲述期间师生会有一定程度的互动。①

美国俄克拉荷马大学英语教育专家辛迪·奥多内尔·艾伦在《读书会便览》一书中认为，读书会是“约定日期或时间，系统地讨论小组成员共同挑选出来的书籍（以及别的文本）的阅读小组。这些小组运用多样化的反应方法推进与拓展读书会的讨论，小组成员根据理想的配置而灵活变化。读书会的关键特征是其灵活性”。教学经验丰富的阿曼达（她将自己的教室命名为“理查逊夫人的教室”）将“指导式阅读”与“读书会”进行了比较（见表9－4）。

表9－4　“指导式阅读”与“读书会”的比较

指导式阅读	读书会
1. 教师指导同一阅读水平的2～6人小组练习； 2. 每个小组每周接受教师2～5天次的指导，教师每天对2～3个小组提供轮流指导，后期指导次数会逐步减少； 3. 教师基于小组整体阅读水平或者出于培养小组某一具体阅读技能的目的，选定小组需要阅读并掌握的书籍； 4. 教师提供每本书的导入，并为每个小组做简明直接的示范阅读，在课堂上教师还要帮助提供学习支架； 5. 所阅读文本相对短小，便于在一节大课（一般相当于合并的两课时）内完成； 6. 每一本书的阅读都要配备一节微课，它可以是赏析词语，也可以是写一个阅读反应或者理解活动； 7. 小组构成可以机动，教师可以根据不断进行着的阅读评价所表现出来的水平或者需要掌握的技能而灵活安排小组成员	1. 通常4～6位具有独立阅读水平的学生小组共读一本书； 2. 小组一般每周活动一次，若需要，可以一周两次； 3. 学生基于感兴趣的话题或文体选书； 4. 教师在朗读、微课与分享式阅读时提供简明而直接的指导，提供阅读策略、读书会运作规则和程序以及讨论活动的支持； 5. 学生在阅读中相互协同支持，让每个文本得到更深的理解，并形成有意义的讨论； 6. 所阅读文本的篇幅可以很大，不必一天之内读完； 7. 学生自己提前决定下次讨论所需的阅读量，应准备好反应活动内容和方式及需要讨论的话题； 8. 学生需要分配“主持人”“时间管理员”等讨论角色； 9. 小组构成可以机动，学生基于小组共读所选的书籍来开展活动

① 郑飞艺．儿童文学与小学语文课程形态变革：基于阅读教学的视角［J］．课程·教材·教法，2011（7）：40－45.

从表9-3可以看出，无论是面向全班的“指导式阅读”还是“读书会”，都是以小组为基本单位进行的共读活动，都以培养“独立阅读者”为目的，只是程度和方式上略有区别而已。审视我们的整本书阅读，班级读书会大多是“指导式阅读”的层次，采用的却是统一的班级教学模式。这样的模式在培养独立阅读者，提高学生的阅读积极性方面有一定的不足。[①] 班级读书会主要由教师主导，影响学生的积极主动性，对文本的解读易趋同，不易达到多元化与个性化。文学圈（literature circles）或许可以解决上述问题，让班级读书会焕发新的活力。

文学圈是20世纪80年代兴起于美国的一种阅读教学模式。文学圈，又名阅读圈（reading circles），是一种引导学生自发阅读、自由讨论、发散思维的教学模式。文学圈最早的提出者是美国教育家哈维·丹尼尔斯（Harvey Daniels）。他出版了《文学圈：以学生为中心的教室里的呼声与选择》一书之后，文学圈阅读教学模式就开始受到人们的关注，并且在中小学得到了应用。丹尼尔斯对文学圈进行了定义，他指出文学圈是将阅读同样的故事、小说以及其他的相同类型的文学等组成的小型、学生主导的讨论小组。学生在小组中进行讨论，并将自己的想法和观点进行表达，在交流中将阅读的精华部分进行分享，最后在讨论完之后，交换小组成员选择更多的阅读材料，组成新的文学圈，对新的内容进行阅读和讨论。[②] 对此，中国台湾吴敏而教授在《文学圈之理论与实务》一书中对“文学圈”做了简洁阐述：“文学圈是一个协同探究和阅读的团体，它的过程是在每个人选择读物之后，先独立阅读，再分享个人对文本的回应，然后共同决定探究的议题，进行深入探讨。”文学圈最大的特色在于“角色扮演”和“积极对话”，其活动形式可有效培养学生独立阅读，发展阅读策略。[③]

除了国外引进的文学圈模式，国内一线教师也越来越注重建立读书共同体，自行开发了许多新模式，如群体深阅读模式。新的统编版小学语文教材根据学生的年龄和心理特点，设置了“和大人一起读”等栏目助力亲子共读，力求打破中国式阅读的局面。群体深阅读以亲子阅读共同体为依托，通过教育一个学生影响一个家庭，像波纹一样向整个社会发散力量。个体阅读与群体阅读应交叉进行，在校内多彩的阅读活动基础上，学校充分利用丰富的家长资源，共同提升学生的阅读素养。教师可以开展家长课堂，邀请家长走上讲台分享在家庭中和孩子的阅读故事，将个体阅读成果在群体中进行展示；也可以在班级内开展“家长—学生—教师”阅读沙龙，

---

① 王国均. 从“班级读书会”到小组“文学圈”：整本书阅读的理想活动方式［J］. 小学语文教师，2021（C1）：20-24.

② 招健君.“文学圈”模式下的整本书阅读与研讨：以《苏东坡传》为例［J］. 考试周刊，2020（4）：19-20.

③ 李志刚. 文学圈让班级读书会焕发新活力［J］. 吉林教育，2016（29）：42.

打开教室大门，邀请家长走进班级走上讲台，形成家校阅读合力。[①]

三、“整本书阅读”任务群实施的注意事项

（一）明确教学模式的特点，在行动研究中完善教学模式

教师在选择“整本书阅读”教学模式的时候，必须明确教学模式的特点：①“简约性”，即教学模式要用精练的语言、明确的符号或象征图像来反映；②“操作性”，即教学模式是具体化了的教学思想或理论，便于操作和把握；③“稳定性”，即教学模式是大量教学实践活动的理论概括，在一定程度上揭示了教学活动带有普遍性的规律；④“教学整体性”，即教学模式是教学现实与教学理论的统一，是教学理论、教学目标和内容、实现条件、教学程序和评价等要素的统一，指向整个教学过程；⑤指向性，即不存在任何一种普适性的教学模式，在构建和运用教学模式时，必须考虑其特定性能和运用条件。

教学模式是教学理论的具体化，又是教学经验的一种系统的概括。它既可以直接从丰富的教学实践经验中通过理论概括而形成，也可以在一定的理论指导下提出一种假设，经过多次试验后形成。[②] 模式是经验的抽象和升华，涵盖事物之间的规律、关系，具有结构化和稳定性等特征，容易生成操作系统，便于教师理解和使用，推广起来比较容易。然而，需注意的是，没有哪种教学模式是放之四海皆准的，所以不同教师在借鉴他人的成功教学模式的同时，应针对不同的教学内容，根据自己的经验增添、删除、叠加、重组，使得教学设计成为生命力的有机体，避免千人一面、千课一面。教师应根据课堂需求对现有教学模式进行灵活地选择与组合，并结合课堂完善和丰富实施模式，保障模式不断更新与迭代。

（二）统筹安排整本书阅读活动，合理规划阅读时间

2022 年版课标在“教学提示”方面指出，“应统筹安排课内与课外、个人与集体的阅读活动，宜集中使用每学期整本书阅读课时”，课堂上要“兼顾教师指导和学生自主阅读，保证学生在课堂上有时间读整本书”，教师应“指导学生认识不同类型图书的特点和价值，根据自身实际确定阅读目的，选择图书和适宜的版本，合

① 丁博．群体深阅读模式下新城郊学生阅读力构建：以郑州丽水外国语学校整本书群体阅读为例［J］．中国教育学刊，2019（S2）：91－92，95．

② 王秋月．课堂教学“三级建模”的理论价值与实践意义［J］．天津市教科院学报，2014（5）：70－72．

理规划阅读时间”。[①] 整本书阅读的课程设计包括教学系统和课外拓展两个系统。将课外阅读转化为整本书阅读课程的延伸部分是此类课程建设的必然结果。其中很大部分的原因是基于学情。儿童年龄特征、注意力集中特征决定课内外必须形成合力。单纯靠学校教育的整本书阅读不足以满足学生的阅读需要。但我们不能单方面在教学中通过增加量来达成目标，所以实行课内外双轨并行的设计是在情理之中的。[②]

小学生因有限的自制力和短时间的专注力难以保证自主阅读的效果，因此，教师还要了解不同年龄阶段学生的心理，指导学生选择图书并进行时间规划，才能保证学生有目的、有方向地阅读。儿童心理学研究表明：七八岁的孩子喜欢阅读和自己现实生活密切相关的故事；九到十一岁的孩子喜欢阅读有丰富知识的作品；十二岁以后的孩子则喜欢读较有内涵的作品。教师可根据儿童心理、年龄等特点，在低年级选择儿童绘本阅读系列，在中年级推荐阅读童话、寓言、神话传说等儿童文学经典作品，在高年级推荐阅读小说、名人传记、散文作品，适当推荐诗歌阅读。需注意的是，在低中年级应侧重发展学生以辨识、理解为主的形象思维，在高年级则逐渐发展学生以归纳、分析、演绎为主的抽象思维。明确阅读书目后，教师应进一步聚焦教学内容。在整本书阅读指导课中教学内容的选择，既要遵循学生阅读思维的发展要求，兼顾课外阅读课程体系的建构要求，同时也要符合不同年段、不同文体的阅读要求。一本书，尤其是经典的书，可挖掘的点很多，十天，甚至更长的时间也有内容可教，一节阅读指导课只能求一两个点的突破，侧重一两个方面的阅读思维训练，求深求透，让学生有新的发现，阅读能力才有新的增长。[③]

（三）注意整本书阅读资源的开发与选择

2022 年版课标在“教学提示”方面指出，关于整本书阅读资源，教师应“根据开展读书活动的实际需要，选择拓展阅读的书目、参考资料，以及相关音频、视频作品等”，进而“激发学生的阅读兴趣，丰富阅读体验，拓宽阅读视野”。2022 年版课标提出：“要把整本书阅读作为教材的重要有机组成部分，精选兼具思想性、艺术性和学段适应性的典范作品，以整本书阅读兴趣、阅读习惯的培养为基础，让学生逐渐建构不同类型的整本书阅读经验；教材要组织和选取原著部分文本和辅助性阅读材料，创设综合型、阶梯式的学习问题和交流活动提高学生的理解和评价能力。

---

① 中华人民共和国教育部. 义务教育语文课程标准（2022 年版）［S］. 北京：北京师范大学出版社，2022：33－34.

② 胡元华. “整本书阅读”课程建构的设想［J］. 语文教学通讯，2016（30）：23－25.

③ 王永林. 关注整本 发展思维 走向深度阅读：基于发展阅读思维的整本书阅读指导课策略探究［J］. 西藏教育，2019（4）：17－20.

其他学习任务群阅读材料的选择也要适当兼顾整本书。”①

教师应为学生提供丰富多样的阅读选择，使书籍的不同种类、风格、技巧得到强调，学生阅读起来更有兴趣，也更容易抓到同类文本的写作技巧，为学生整合、鉴赏、分类、提炼等阅读能力的提高搭设支架。例如，蔡亚老师经过试读和教学实践，精选出了一批教学价值高、易操作、学生感兴趣的小说作为阅读书目，并根据主题或风格分成几个任务群，有针对性地设计活动项目（见表9－5）。

表9－5　教师预设的“阅读任务群”

阅读任务群	推荐书目	活动项目
“成长小说”阅读与交流（不同作家作品）	《小水的除夕》 《芝麻开门》 《草房子》	1. 绘制“人物手牌” 2. 讨论书中哪个孩子有我的影子 3. 探寻作家语言风格
“校园小说”阅读与交流（以男生描写为主）	《漂亮老师和坏小子》 《小鬼鲁智胜》 《会飞的教室》	1. 聊聊男孩子的英雄梦、武侠情怀 2. 探讨人物塑造的关键要素 3. 寻找小说情节发展的转折点
“动物小说”阅读与交流（童话动物）	《夏洛的网》 《柳林风声》 《时代广场的蟋蟀》	1. 设计“动物手牌” 2. 说说你愿意成为夏洛吗 3. 创作、表演情景剧
“历险小说”阅读与交流（童话历险）	《尼尔斯骑鹅旅行记》 《绿野仙踪》 《奥兹国的滴答人》	1. 创作“踪迹地图” 2. 设计“人物名片” 3. 探究历险小说的叙事模式
“侦探小说”阅读与交流（不同作家作品）	《埃米尔擒贼记》 《农场疑案》 《失踪的猫》	1. 制作情节思维导图 2. 评选最欣赏的故事情节 3. 撰写短书评
“幻想小说”阅读与交流（魔幻、奇幻类）	《魔镜》 《哈利·波特》	1. 检索小说里的荒诞元素 2. 想象假如我是作家，会怎样调整情节 3. 探讨魔幻、奇幻小说的魅力

由表9－5可知，蔡亚老师依据小说的不同类型设计了6个任务群，丰富的群类更容易吸引阅读兴趣一致的读者，也给学生打开了思路。“阅读任务群”的建立激活了学生的思维与阅读兴趣，学生可以根据自己的喜好从教师提供的任务群中择一加入，形成一个个“阅读朋友圈”。②

---

① 中华人民共和国教育部．义务教育语文课程标准（2022年版）［S］．北京：北京师范大学出版社，2022：33－34，53．

② 蔡亚．建构小学生整本书阅读的“任务群”与“朋友圈”［J］．中小学课堂教学研究，2021（2）：11－14．

第三节

“整本书阅读” 任务群的教学评价

设置评价的“根本目的是为了促进学生学习，改善教师教学”，“整本书阅读的评价目的为判断、推进和内化，即判断学生现有的阅读水平，借助明确清晰的评价标准推进学生阅读能力的提升，在此过程中实现评价标准的内化，让学生带着明确的标准开启未来的阅读”。最大限度地发挥评价的“检查、诊断、反馈、激励、甄别和选拔”等多种功能，其目的是为了考查学生实现课程目标的程度，检验和改进学生的学习和教师的教学，改善课程设计，完善教学过程。① 那么，如何实施“整本书阅读”任务群的评价？下面将从两个方面展开具体说明。

一、过程性评价：考察阅读整本书的全过程，利用评价量表展开教学

2022 年版课标提倡，“整本书阅读”任务群在评价中，应“注意考察阅读整本书的全过程，以学生的阅读态度、阅读方法和读书笔记等为依据进行评价。教师应围绕读书的主要环节编制评价量表，制作阅读反思单，引导学生从阅读方法、阅读习惯等方面进行自我评价、自我反思并自我改进”，教师“应关注整本书阅读的阶段性评价，采用读书笔记、读书报告会、读书分享会等方式引导学生高质量完成整本书的阅读”。据调查，目前整本书阅读的过程性评价还没有形成长效的评价机制，大多数教师只凭感觉和经验在指导学生阅读。②

丰富多样的阅读评价形式既能促进学生进一步理解文本内涵，体验人物心理和写作艺术，形成价值判断，也能引导学生调控自己的阅读态度和行为，有效提升阅读素养。教师可根据学生的阅读水平及阅读材料的难度，设计相应的阅读过程性评价量表，了解学生的阅读情况。评价量表与评价量规、评分规则、评分标准、评分规范等可做同一理解。关于评价量表的定义，不同专家有不同的观点，但都“描述了和标准相关的、期望学生达到的表现水平，告诉评价者应该在学生的作品中寻找什么特征或标志，以及怎样根据事先制定好的规则评价这个作品”③。作为测评工具，教师可在整本书阅读中设计不同的量表，满足不同的测评需求。评价量表不仅可以作为评价工具，还能对教师的教与学生的学起到引领作用。教师可以将其嵌入

---

① 陈敏. 谈指向真实性阅读的整本书阅读评价［J］. 试题与研究，2022（14）：1－3.

② 李黎明，辛红. 小学教师指导学生整本书阅读的现状及对策［J］. 教育实践与研究（A），2015（29）：27－31.

③ 周文叶. 中小学表现性评价的理论与技术［M］. 上海：华东师范大学出版社，2014：8.

教、学、评的过程，实现"教—学—评"的一致性。例如，在学习五年级下册第二单元"快乐读书吧"时，一线教师针对统编版教材五年级下册第二单元"快乐读书吧"设计了整本书阅读能力评价量表（见表9－6）。

表9－6 五年级下册第二单元"快乐读书吧"整本书阅读能力评价量表①

评价维度	评价内容	水平1	水平2	水平3
提出信息	古典名著知识	不能区分章回体小说与其他小说，不知道什么是回目	知道什么是章回体和回目，不知其特点	知道古典名著多用章回体的形式，知道什么是回目，回目有什么特点
整体感知	全书内容	呈现自己对全书内容的感知，概括的简练度、准确度、清晰度有两项或两项以上不足	呈现自己对全书内容的感知，概括的简练度、准确度、清晰度有一项不足	呈现自己对全书内容的感知，能简要介绍故事内容，清晰准确
形成解释	阅读方法	根据回目猜测故事内容时，不能抓住关键点	根据回目猜测故事内容时，能抓住部分要点	根据回目猜测故事内容时，能抓住全部要点，猜测有理有据
做出评价	阅读推介	选择经典的人物和精彩的故事进行情节分享时，形式和内容均缺乏吸引力	选择经典的人物和精彩的故事情节进行分享时，形式或内容有一项有吸引力	选择经典的人物和精彩的故事情节进行分享时，形式和内容均有吸引力

每一次整本书阅读活动都贯穿着阅读与思考，从自由阅读到任务阅读，再到自主阅读、深度阅读，阅读从整体开始，经历局部深入阅读，再回到整体阅读，随着阅读阶段的推进与深入，带来的思考也就更深入。因此，评价的设计应体现思考的梯度性。教师可以依据2022年版课标对"整本书阅读"任务群的要求，借助SOLO分类评价法将整本书阅读教学设计转化为可观察的语文学习任务及成果，进行整本书阅读教学的评价量表设计。目前已有一线教师根据学生在整本书阅读学习中所表现出的思维层次，设计了思维进阶的量表作为指导整本书阅读教学设计的可观察的评测标准，如表9－7所示。

① 杨艳艳．学期评价量规：小学整本书阅读能力测评工具的实践探索［J］．语文建设，2022（14）：54－57.

表 9－7　基于 SOLO 分类评价法的整本书阅读思维进阶量表①

思维层次	评价标准
前结构	面对一本书，没有清晰的阅读思路
	不知道读什么，为什么读，怎么读
	没有对一本书的整体概念和阅读策略
	没有形成阅读经验，不具备迁移运用阅读经验的能力
单点结构	学生经过阅读，获取某一局部静态知识
	对这一知识有简单认知，不明白阅读这一知识能解决何种问题
	未形成清晰的阅读经验和阅读策略
多点结构	学生从整本书阅读中，能获取较多的信息
	多角度理解书中的内容
	但不明白这一知识与其他知识的关联及关联的意义
关联结构	学生对于阅读整本书，能找到多种阅读方法
	对于书中的信息有全面的认知
	能将方法联系起来，建构阅读知识体系
抽象拓展结构	对于整本书阅读，学生能够掌握其原理
	在此基础上将建构的知识体系理论化、抽象化
	拓展至解决其他相关问题或阅读其他书籍的问题中，深化问题本身的意蕴

教师遵循过程性指导原则，提供不同阶段的思维进阶评价，检视和评估学生思维发展的过程性结果，使学习结果可测可视。学生借助评价量表也可用思考来深化阅读思维，从而成为更加客观、理性的阅读者。

此外，随着数字化阅读的发展，阅读量及阅读效果的检测方式也呈现多样化的趋势。教师可增加在线测试、阅读日志、阅读速度评估等多样的评价形式，检测学生的阅读量及有效性。评价的角度、主体和形式也可以更加丰富。学生可以自主设计阅读评价单，了解自己的阅读进度和效果，从而养成良好的阅读习惯，这同时也是一种有效的自评方式。这里以一线教师执教的《海底两万里》名著阅读活动为例进行说明。教师在确定好项目活动的要求之后，组织全体小组长梳理并制定活动评价量表，确保各小组在活动中能够参照评价量表高质量地完成任务。制定任务群活

① 王雪梅，倪佳敏. 基于 SOLO 分类评价理论的整本书阅读教学设计：以《红楼梦》为例［J］. 福建基础教育研究，2022（5）：30－33.

动要求的过程中，各小组的组长也参与到任务群活动内容及要求的制定中，确保各组活动完成质量。在各小组完成总任务汇报的过程中，其他组成员参照评价量表进行评价。由于教师是借助互联网进行实时评价，可以在第一时间拿到学生评价的数据，这就更有利于获得学生对各小组汇报的反馈，让教师对各小组的评价更加综合和客观。①

二、终结性评价：落实“整”字，注重测试材料和任务活动的组合

近年来，我国语文考试评价也在逐步深化改革，有意识地通过考试的“指挥棒”作用，引导学生多读书、好读书、读好书、读整本的书。人们越来越关注整本书阅读教学的测评环节，以期发挥终结性评价引领整本书阅读教学方向的重要作用。整本书阅读是否需要纳入考查范围，应以什么样的形式考查学生的整本书阅读情况，是当今需要深入研究的热点问题。

目前整本书阅读终结性评价中的命题存在一些误区。有些试题往往着力于局部信息，考查的能力点以碎片化知识的筛选识记为主，无法达到“整本书阅读”任务群中提出的“积累整本书阅读经验，养成良好的阅读习惯，提高整体认知能力，丰富精神世界”等相关课程要求，难以对教学形成良好的导向作用。学生通过死记硬背，或只背重点情节，或只看梗概故事来应付整本书阅读的终结性评价。终结性评价自然也就无法成为检测学生真实阅读的有效手段与途径。因此，反思并建设好整本书阅读中的终结性评价，对推动整本书阅读教学有着重要作用。

教师应注意整本书阅读的终结性评价需要落实“整”字，通过测试材料和任务活动的组合形成思维的碰撞，在碰撞中达到拓展阅读视野、建构阅读经验、形成方法、提升能力、以篇达类的课标要求。② 随着实践的深入，用于进行终结性评价的阅读测评卷发生了明显的改变：从纯知识的检测走向对阅读知识、阅读能力的全面考查；从单一的客观题向多元开放的主客观题整合改进；从统一的线下集中抽测向自主的线上个体检测跟进。案例 9 - 4 以《小英雄雨来》为例呈现了整本书阅读的终结性评价的设计。

---

① 张彪. 技术支持下的语文跨学科学习任务群教学实践：以《海底两万里》名著阅读活动为例 [J]. 中小学数字化教学，2022（9）：19 - 24.

② 纪涛. 浅谈整本书阅读终结性评价 [J]. 中学语文，2020（29）：61 - 63.

小案例

案例9－4 《小英雄雨来》的终结性评价设计①

学生读完《小英雄雨来》一书后，教师则在问卷星平台上传了一份线上阅读测评卷，并请学生在规定时间内自主完成测评活动。

1. 客观题检测基本知识

测评卷的第一部分是客观题，含填空题和判断题。这类题型更多地考查学生掌握了哪些基本知识，包含哪些文学常识以及故事的基本内容有哪些，等等。这样的题目，主要检测学生有没有认真阅读这本书，有没有熟悉故事的基本内容。

2. 主观题检测阅读理解

测评卷的第二部分主要是主观题，含绘图题和分析题。绘图题，是请学生认真阅读“掩护伤员过关卡”这个事件，抓住事件起因、经过、结果，绘制故事情节流程图，感悟事情的险象环生及雨来的机智勇敢。学生可以事先在线下绘制思维导图，然后把图片上传在测评平台上即可。分析题，则是一个填表题，通过“人物姓名”“典型事例”“人物特点”几个分项，考查学生能否抓住关键要素，综合分析文中的几个主要人物，感受人物的鲜明特点。

3. 开放题检测个性表达

测评卷的第三部分是开放题，是请学生给《小英雄雨来》的续集编一份目录。可以模仿童话故事《长袜子皮皮》的目录，每个章节以主人公“雨来”开头编目录；也可以像《小英雄雨来》这本书的目录一样，采用多元的形式……此题的设计，读写联动，不仅可以更大地激发学生阅读与表达的兴趣，也可以考查学生创造性表达阅读成果的能力。

在案例9－4中，教师以一份测评卷来检测学生读完整本书后的阅读成果。当学生读完整本书，教师引导学生以统整、全面的视角，全方位地表达并分享阅读成果，以期落实整本书阅读的终结性评价。教师利用互联网，搭建整本书阅读的成果展示台，有助于学生系统地整理并优化阅读成果，有助于全员之间的互动与交流，更有助于学生产生更大动力投入新的阅读活动。

① 沈志娟. 小学整本书阅读教学评价载体的构建［J］. 教学与管理：小学版，2020（9）：49－51.

本章小结

“整本书阅读”是处于“拓展型学习任务群”中的第一个学习任务群。从阅读短文到阅读长文，进而阅读整本书，既是阅读能力的迁移与延展，也是阅读视域的延伸与扩展，还是阅读习惯的形成与发展，面临多方面的挑战。整本书阅读的意义在于引领学生学会阅读整本书，成为终身的阅读者。本章在介绍“整本书阅读”的提出背景，厘清“整本书阅读”的内涵，明确“整本书阅读”任务群的目标及学习内容的基础上，深入剖析“整本书阅读”任务群教学的实施路径。

“整本书阅读”任务群面临着双重困境：一是学生阅读方面，缺乏针对性的阅读策略；二是教师指导方面，缺乏普适性的教学示范。教学建模是整本书阅读教学走出困境的出路之一。根据不同的标准，有着不同的教学模式。“整本书阅读”任务群实施的注意事项可以概括为三点：一是明确教学模式的特点，在行动研究中完善教学模式；二是统筹安排整本书阅读活动，合理规划阅读时间；三是注意整本书阅读资源的开发与选择。

教师需要进一步了解“整本书阅读”任务群的教学评价建议，具体而言：一是教师实施过程性评价时，应注意考察阅读整本书的全过程，利用评价量表展开教学；二是落实“整”字，注重测试材料和任务活动的组合。

思考与练习

1. 简述“整本书”概念的历史溯源。
2. 简述“整本书阅读”任务群实施的注意事项。
3. 结合实例，谈谈你对“整本书阅读”任务群如何进行过程性评价的认识。

第十章
“跨学科学习” 任务群研究

学习目标

1. 识记：“跨学科学习”任务群的提出、意义，跨学科学习的内涵和特点；

2. 理解：“跨学科学习”任务群的目标、学习内容及学业质量要求，跨学科内容的来源及类型选择；

3. 运用：“跨学科学习”任务群实施的注意事项、评价建议。

学习概要

本章第一节的重点是清晰描述和正确定位“跨学科学习”任务群的提出、意义，在厘清跨学科学习的内涵、特点的基础上，分析此任务群的目标、学习内容。第二节是在明确跨学科内容的来源及类型选择的基础上，结合案例提出此任务群实施的注意事项，进一步解释如何科学把握和精准理解“跨学科学习”任务群的操作要点，理性设计和智慧把控“跨学科学习”任务群的实践路径。第三节则是明确“跨学科学习”任务群的学业质量要求、评价建议，力求充分发挥“跨学科学习”的整体育人优势，增强“跨学科学习”的计划性和目标意识。

第一节
“跨学科学习” 任务群概述

一、“跨学科学习”任务群的提出及意义

（一）“跨学科学习”任务群的提出

重视学科的交叉与融合是教育发展的必然趋势。国外跨学科教学改革起步较早，

发展较快。20 世纪六七十年代，国外已经开始探索跨学科学习。为应对 21 世纪的挑战，世界主要发达国家和重要国际组织都在积极推进基于核心素养的课程改革。其中，绝大多数国家或国际组织的核心素养框架都涵盖学科素养和跨学科素养。许多国家都将跨学科概念纳入国家课程标准并以此引领和指导基础教育教学。例如，从 2002 年起，德国许多州都在进行新一轮教学计划和教学大纲改革，其中强调的一个重要概念是：跨学科教学。加拿大、澳大利亚、新加坡等国也都在课程标准中明确指出了这类概念，将其作为学生学习的重要结果并做出要求。

2010 年 6 月，美国全国州长协会（National Governors Association，简称 NGA）和州首席教育官理事会（Council of Chief State School Officers，简称 CCSSO）联合颁布了《共同核心州立标准》。《共同核心州立标准》包括《共同核心州立英语标准》和《共同核心州立数学标准》两份文件。其中，英语课程标准（相当于我国基础教育语境中的语文课程标准），其全称为《英语语言艺术及历史、社会研究、科学、技术科目中的读写素养·州共同核心课程标准》（*Common Core State Standards for English Language Arts & Literacy in History /Social Studies, Science, and Technical Subjects*，以下简称"美国英语课程标准"）。美国英语课程标准在设计中考虑了语文素养的跨学科整合问题，具有明确的整体结构和专业规范。课程标准设定 K5 年级和 K6 ~ K12 年级两个大学段，在 K5 年级将跨学科要求融入语文课程本身，在 K6 ~ K12 级则设计了专门的"历史/社会研究、科学和技术领域的读写能力要求"，并再依据年级对阅读和写作这两个语文能力模块进行细分。①

2014 年 12 月，芬兰国家教委会颁布了针对 1 ~ 9 年级的《国家基础教育核心课程》（*National Core Curriculum for Basic Education*），该核心课程酝酿两年之久，于 2016 年 12 月正式在芬兰全国实施。芬兰新一轮的基础教育课程改革由此拉开帷幕。值得一提的是，此次芬兰国家核心课程改革中，特别强调对学生"横贯能力"（transverse competences）的培养。"横贯能力"是一种贯穿于各个学科之间的具体通用能力，主要包括七大能力：思考与学会学习的能力，文化、交流与表达的能力，照顾自我、经营与管理日常生活的能力，多模态识读能力，ICT 相关能力，工作与创业能力，参与并创造可持续性未来的能力。② 芬兰还要求学生每年拿出一周或者数周的时间，针对生活中的某一现象确定研究主题，开展跨学科探究，并将这种学

---

① Common Core State Standards Initiative. Common Core State Standards for English Language Arts & Literary in History/Social Studies, Science, and Technical Subjects [S]. Washington. DC: Common Core State Standards Initiative, 2010.

② 冯惠敏，郭洪瑞. 芬兰国家核心课程改革中横贯能力的培养对我国的启示 [J]. 外国中小学教育，2017 (10): 8 - 14.

习方式称为“基于现象的教学”（phenomenon-based teaching）。①

我国自20世纪80年代开始引入交叉科学、跨学科教学、STEM以及STEM+衍生教育。进入21世纪后，全球化、信息化发展迅猛，当代社会面临的突出问题综合性较强，解决这些问题往往需要运用跨学科知识，而单纯强调知识的学科属性，会严重制约学生解决问题的视野和思路。在传统的分学科教学中，各学科教师从自身的学科特性出发，帮助学生构建本学科的知识结构，习得相应的问题解决方法，形成学科思维能力。但由于学生所学知识结构相对单一，思考问题角度狭窄，他们的思考往往局限在一种思维或者一个思维点上，很难解决复杂性问题，综合应用能力难以得到提高。学校教育要为学生的未来发展做好准备，就必然要培养其独立应对社会挑战、解决各种问题的能力。自跨学科学习提出后，这一概念蕴含的价值理念、思维和行为导向迅速得到认可和传播。通常而言，形成“跨学科”概念的前提是，在单一学科领域内已经无法解决某些具体的问题，而且随着时间的推移这些问题越来越多。就教育改革发展和人才培养而言，随着社会发展，在对教育的持续反思中人们越来越倾向于用复杂性思维看待教育事务，加之社会发展对人的综合素养、复合思维的需求，跨学科的理念不可避免地衍生到了教育领域。

在核心素养的引领下，国际母语教学日益关注与其他学科的整合融通。就学科属性而言，核心素养并不指向某一学科知识，并不针对具体领域的具体问题，而是强调个体能够积极主动并且具备一定的方法获得知识和技能。从人的成长发展与适应未来社会的角度出发，跨学科、跨情境地规定了对每一个人都具有重要意义的素养。核心素养本身就具有跨学科的特性，且它不是只适用于特定情境、特定学科或特定人群的特殊素养，而是适用于一切情境和所有人的普遍素养。因此，核心素养不能依托单一学科，不能仅仅依靠静态知识习得，而必须通过设置“跨学科学习”任务群来培养。与2001年版、2011年版语文课程标准相比，2022年版课标特别增设了“跨学科学习”的拓展型学习任务群，旨在引导学生在语文实践活动中，联结课堂内外、校园内外、学科内外的综合性知识，促进学生综合素养的形成。“跨学科学习”任务群的设置既体现出语文课程对于国家课程方案要求的积极响应，也反映出义务教育语文课程育人方式变革的重要方向：学生主体、整体思维、面向生活、开放领域。② 以往的综合性学习，主要体现为语文知识的综合运用、听说读写能力的整体发展、语文课程与其他课程的沟通、书本学习与实践活动的紧密结合。而跨学科学习，目的在于引导学生以语文学习为基础，开展跨学科的学习活动，或运用

① 申宣成. 语文学习任务群的背景、内涵与结构逻辑探析［J］. 语文建设，2022（11）：4-8.

② 董小玉，刘晓荷.《义务教育语文课程标准（2022年版）》的新变化、新方向与新要求［J］. 天津师范大学学报：基础教育版，2022（6）：14-20.

跨学科学习方式，联结课内外、校内外活动，围绕学科内外、社会生活中的话题，进行探究活动。

事实上，在义务教育阶段的语文学科中，跨学科学习并不是一个新概念。我国语文教学倡导跨学科学习在2000年后的几份课程标准中已有所提及，如2001年版、2011年版课标。2011年版课标两次明确使用了“跨学科”这一术语。如“前言”部分论及课程基本理念时说，要“拓宽语文学习和运用的领域，注重跨学科的学习和现代科技手段的运用”；在“教学建议”中提出，综合性学习设计要“开放、多元，提倡与其他课程相结合，开展跨领域学习。跨学科学习，也应以提高学生语文素养为目的”。

（二）“跨学科学习”任务群的意义

在新一轮课程改革的大背景下，针对新时期学生特点设置“跨学科学习”任务群，具有十分重要的现实意义。

1. “跨学科学习”任务群的设置有利于整合语文学科素养与跨学科素养的优势

跨学科学习的理念超越了单一学科的教学和人才培养局限，对于培养学生的核心素养具有重要价值。特别是在信息技术快速发展的今天，跨学科学习的理念能更好地回应信息时代知识存在与获取的新样态，能更好地契合社会发展对多样化、复合型人才的新需求。从这个角度出发，跨学科学习应该成为当下学校课程教学改革的一种重要价值指向和实践方式。“跨学科学习”任务群的设置力求突破学科壁垒，解决书本知识与现实情境割裂的问题，以多学科整合探究、任务完成或解决问题为途径，让学生在与特殊情境的有效互动中，成功应对情境的复杂要求和挑战，将知识、技能、态度进行统整，最终形成并发展核心素养。

2. “跨学科学习”任务群的设置有利于培养学生解决真实问题的能力

跨学科学习能很好地弥补传统分学科教学上的短板和不足。教师把学生的学习还原到生活情境的整体性思考上，培养学生大视角、全局性、多元化的思维能力。“跨学科学习”任务群的设置有利于培养学生综合运用语文及多学科知识分析、解决实际问题的能力，发展问题解决、团队合作、实践创新等综合素养。2022年版课标特别重视学科知识与能力“真实情境的运用”，也就是以问题解决为取向，培养学生解决真实问题的能力。语文的跨学科学习是软化学科边界、回应学生真实生活世界的体现。“跨学科学习”任务群的设置有意识地将知识、原则和价值观同时应用于多个学科，使这些学科可能通过一个主题、问题、过程或经验相关联，可以打破现有的课程教学的学科界限和壁垒，综合培育学生核心素养。①

---

① 杨俊杰. 跨学科融合式教学：思维广场课程的深化发展［J］. 教育学术月刊，2022（4）：87－92，112.

二、跨学科学习的内涵和特点

（一）跨学科学习的内涵

要正确地实施“跨学科学习”任务群，提高教学效率，首先要明确跨学科学习的内涵。跨学科学习的本位概念是“跨学科”（interdisciplinary）。该词最早出现在20世纪20年代美国社会科学研究理事会的会议速记中，经哥伦比亚大学著名心理学家伍德沃斯（Woodworth）首次公开使用后出现在大众视野。“跨学科”是指在学术研究中两个或两个以上学科进行的合作研究。其后，1955年英国第十届科学大会召开，大会围绕“跨学科历史研究”主题，倡议进行跨学科历史研究，但反响有限。20世纪60年代，“跨学科”才成为欧美学界一个流行词，但相关研究基础并不深厚。自20世纪70年代，理论探讨逐渐深入，促成“跨学科学”的产生，由此跨学科研究开始发展壮大。很多学者从不同视角对“跨学科”进行了界定。1981年，英国科学家汉佛莱（Humphreys）提出的跨学科学习是指学生广泛地探索与他们生活环境中某些问题相联系的不同科目知识。这些知识涉及人文、自然、社会、数学、音乐、美术甚至交流技巧等多个领域。在这种跨学科领域的学习中，学生的知识和技能得以充分应用和发展。经过多年发展，跨学科形成了两大代表领域：一是在科研领域发展为跨学科研究，二是在教育领域发展为跨学科教育或整合教育。跨学科学习即属于后者。

由于跨学科学习本身的复杂性，至今未形成一个统一的概念。在不同学科不断交叉融合的推动下，跨学科学习的概念不断整合，最终形成如下概念，即跨学科学习是指学习者整合两个及更多学科或专业知识体系的信息、数据、技术、视角、概念以及理论，以实现单一学科内容不能达到的目的，如解决问题、解释现象或制作产品等。它是个人和群体从两个或两个以上的学科领域整合观点和思维模式，以促进其对跨学科知识理解的过程。①

（二）跨学科学习的特点

跨学科学习的显著特点是打破学科间壁垒。跨学科学习可分为“大跨”和“小跨”。“大跨”是打破学科界线，提炼学习主题，整合教材序列，目前实施难度大，可作为课外学习的拓展。2022年版课标中要求的是以本学科内容为主体的“小跨”，

① 董艳，孙巍．促进跨学科学习的产生式学习（DoPBL）模式研究：基于问题式PBL和项目式PBL的整合视角［J］．远程教育杂志，2019（2）：81－89.

即使如此，也对教师提出了诸多新挑战。一是跨学科学习是板块学习结束之后的拓展和提升，如果前期学习质量不达标，跨学科学习就难以真正实施。二是教师对跨学科学习的课型普遍缺乏经验。虽然跨学科学习是旧教材上活动课的升级版，但是很多教师以前对活动课重视不足，对这种课型的设计和实施缺乏经验。三是跨学科学习对教师专业知识和能力要求比较高。跨学科教学涉及各学科知识，而且是具有综合性、探究性、开放性的深度学习，学生在学习过程中更需要教师提供高质量的学习支持。四是评价问题，跨学科学习评价需要语文教师与相关课程教师合作，才能对学生的学习进行全面客观的评价。① 与传统教学具有显著区别，跨学科学习表现出综合性、应用性和真实性三大特点。

1. 综合性

跨学科学习应凸显多学科知识的综合性。跨学科学习围绕的真实问题往往涉及多学科知识的应用，而不是单个学科、割裂的知识，体现的是知识的综合性。跨学科学习从多学科的角度进行重新构建，使得知识逻辑结构更加符合学生的认知，可减少跨学科知识和内容的易混点和矛盾点，达到跨学科之间的一致性，同时体现跨学科知识之间的联系，降低不同学科在课堂教学的割裂感。

2. 应用性

2022 年版课标在"梳理与探究"中强调"能提出学习和生活中的问题，有目的地搜集资料，共同讨论尝试运用语文并结合其他学科知识解决问题"。跨学科学习强调应用、实践和动手操作。跨学科学习要求学生能综合理解所涉及的相关知识，分析与日常生活紧密相关的社会热点问题，形成应用跨学科知识解决生活问题的能力。跨学科学习既着眼于发挥教师在课程设计中的主导作用，又强调学生在课程习得过程中的主体作用，与学生生活紧密结合。

3. 真实性

跨学科学习应凸显真实性，使学生在真实的情境中思考，应用多学科知识解决的问题应是学生身边真实的问题。跨学科学习可选取时事热点问题或学生生活中的真实问题。这些是大众关心讨论的问题，学生具有强烈的求知欲和兴趣。在跨学科学习中，教师可结合当地特点，围绕现实生活和社会发展的热点问题选择和确定研究主题，引发学生的认知冲突，激发学生的求知欲和学习热情，让学生在跨学科学习中学到知识、学会方法，养成良好的学习习惯，实现乐学善学。②

---

① 本刊编辑部. 跨过困难，跨向理想：特级教师、教研专家谈跨学科学习［J］. 教育家，2022（24）：11－14.

② 冯爽. 中学物理课程跨学科实践主题的模型构建及实施路径［J］. 物理教师，2022（5）：59－62，65.

三、“跨学科学习”任务群的目标及学习内容

2022 年版课标提出了以构建素养为本的语文学习任务群，并将“跨学科学习”任务群作为六大任务群之一。2022 年版课标将“跨学科学习”任务群的总目标定为：引导学生在语文实践活动中，联结课堂内外、学校内外，拓宽语文学习和运用领域；围绕学科学习、社会生活中意义的话题，开展阅读、梳理、探究、交流等活动，在综合运用多学科知识发现问题、分析问题、解决问题的过程中，提高语言文字运用能力。为了达成总目标，2022 年版课标对跨学科学习小学各学段的学习内容的规定，如表 10－1 所示。

表 10－1　2022 年版课标有关“跨学科学习”任务群小学各学段学习内容的规定①

学段	学习内容
第一学段	（1）围绕爱图书、爱文具、爱学习等主题，走进图书馆、阅览室、书店、文具店，在借用、购买、整理图书和文具的过程中，学习识字、说话、计算、设计、美化，学习与他人沟通、交流，养成爱书、爱文具的好习惯； （2）在班级、学校或家里养护一种绿植或者小动物。综合运用语文、科学、数学等多学科知识，学习日常观察和记录； （3）参与学校、社区举办的节日和风俗活动，留意身边的传统节日、风俗习惯等文化现象，感受和学习生活中的中华优秀传统文化
第二学段	（1）尝试运用科学、艺术、信息科技等相关知识和技能，富有创意地设计并主动参与朗诵会、故事会、戏剧节等校园活动； （2）参观物质文化遗产，了解非物质文化遗产；关注传统节日节气、民俗风情、民间工艺、历史和传说等；探寻日常生活中龙凤、竹梅兰等中华文化意象。积极参加学校、社区举办的文化主题活动，在活动中学习语文，获得多样的文化体验； （3）选择自己发现和关心的日常语言、行为、校园卫生、交通安全、家庭教育等方面的问题进行调查研讨，尝试写出简单的研究报告，与同学交流
第三学段	（1）积极参加校园文化社团，参与学校和社区举办的戏曲、书法、篆刻、绘画、刺绣、泥塑、民乐等相关文化活动，体验、感知、传承中华优秀传统文化，运用多种形式分享自己的经验与感受； （2）综合运用语文、道德与法治、科学、劳动等多方面的知识和技能，通过小组研讨，集体策划、设计参观考察活动方案，运用跨媒介形式分享研学成果； （3）选取衣食住行、学校、地球、太空等某个方面，设计人工智能时代的未来生活，运用多样形式丰富自己的语言表达，呈现与分享奇思妙想

① 中华人民共和国教育部．义务教育语文课程标准（2022 年版）[S]．北京：北京师范大学出版社，2022：34－35.

2022年版课标倡导要充分发挥跨学科学习的整体育人优势，增强跨学科学习的计划性和目标意识。2022年版课标建议教师根据学段特点和学生认知发展水平，系统、进阶地设计不同学段的跨学科学习活动。小学语文教学，第一学段重在培养跨学科学习的意识，如养护一种绿植或小动物，综合运用多学科知识进行观察与记录；第二学段重在通过参与跨学科学习活动，提高学科知识整合、应用能力，如从自己关心的日常言语、校园活动、交通安全等问题出发开展研究，撰写研究报告，与同学交流；第三学段可以探索跨媒介整合，参与文化活动，设计研学旅行，探索智能时代的未来生活。总的来说，2022年版课标倡导根据不同学段学生生活的范围、学习兴趣和能力精心选择学习主题和内容，组织、策划多样的学习活动。考虑每学期的课时安排，把握活动周期和难度。第一至第三学段以观察、记录、参观、体验为主，第四学段以设计、参与、调研、展示为主。

◆第二节◆

“跨学科学习” 任务群的设计及实施

一、跨学科内容的来源及类型选择

“跨学科学习”任务群教学的关键之处在于跨学科任务群的学科组织形式。语文教师如何合理设置跨学科内容？如果不纵深剖析跨学科内容的内在逻辑结构，即科际间的融合程度和方式，将导致无法真正厘清其设计脉络，不利于助推实质性融合的发生。“跨学科学习”任务群教学中，语文学科的组织方式是丰富多样的，借鉴罗宾·福格蒂（Robin Fogarty）提出的跨学科整合类型，依据学科融合程度可以分为以下几种主要形态，如表10－2所示。

表10－2　跨学科内容的类型维度①

分类	示意图	描　述
并列型（sequenced model）	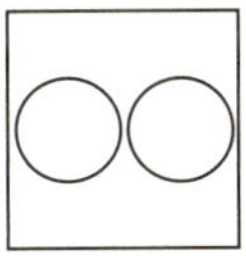	课程内容由广泛的相关概念组成，每个主题的内容在保持唯一性的同时，被以适当的顺序重新排列而彼此相关。各个学科领域内容保持不变，并且相继传授类似的思想

① FOGARTY R. Ten ways to integrate curriculum [J]. Educational leadership, 1991 (2): 61－65.

续上表

分类	示意图	描　述
共享型（shared model）	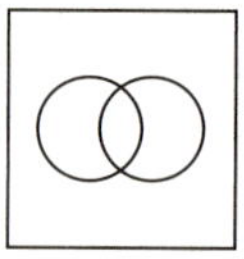	通过两门学科之间的相同概念、功能等来设计课程，其中重叠的概念或思想作为组织元素。不只是简单地共享主题，而是共享重要的内容、学习目标和研究方法。通过关联相似的学科，重复的内容可以促进对概念进行深入学习。即若有两个主题具有相同的属性并处于相等关系中，则将其包括在此类型中
蜘蛛网型（webbed model）	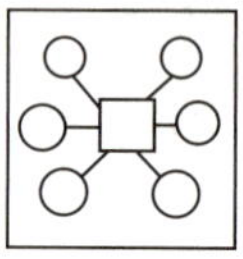	围绕单个主题重新组织各种学习内容，从而提供了查看整体内容的广阔视角。丰富的主题被组织成课程教学内容，可使用主题来提取适当的概念和思想
连接型（threaded model）	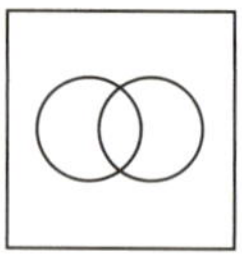	元课程是对主题内容以外的思维、学习功能、策略的认识和控制。通过各种科目将思维技能、社交技能和学习技能联系起来，扩展所有内容的重要思想，实现共同的学习目标
统合型（integrated model）		利用各个主题的基本要素，提取概念优先级，不仅探索学科内容的概念，而且探索重叠内容的概念和功能。根据内容的优先级挖掘概念和技能以外的主题，将学科之间的重叠概念和子主题结合在一起，从而形成了统合模型

由表 10－2 可知，在跨学科内容的类型维度中，五个子类对跨学科内容的运用水平不断加深。“连接型”和“统合型”是对跨学科内容运用水平最高的两种类型。“并列型”和“共享型”的区别在于：在“并列型”中，两门学科的内容按先后顺序交付给学习者，学生必须自己完成将给定学习材料进行整合的过程；但在“共享型”中，两门学科内容同时且均匀地交付，学科之间的整合基于共享的学习内容。①

二、案例呈现及分析

（一）“并列型”跨学科教学案例呈现及分析

“并列型”是将两门学科的内容按先后顺序交付给学习者，学生必须自己完成对给定学习材料进行整合的过程。“并列型”在语文教学设计中的使用率相对较高。案例 10－1 以统编版语文四年级上册《蟋蟀的住宅》一课为例，探讨如何进行“并列型”的跨学科教学设计。

① 张维忠，赵千惠．澳大利亚初中数学教科书中的跨学科内容［J］．浙江师范大学学报：自然科学版，2022（2）：233－240.

小案例

案例 10 - 1 《蟋蟀的住宅》教学设计[1]

【设计理念】

以“帮蟋蟀卖房”情境贯串课堂，在理解内容的基础上，学习作者细致持久的观察和准确生动的表达。跨学科整合，将本课习得的方法运用至科学课（观察天气）中，以语文助力科学，将观察融于生活。

【教学目标】

1. 通过品读、示范读等方式，感受作者细致的观察；

2. 在对比中体会作者准确的表达，在游戏中训练表达；

3. 用辨析、图示等方法了解蟋蟀住宅的修建过程，体会作者生动的表达并模仿写话。

【教学过程】

课前游戏：考考你的观察力。①比眼力。两张图一样吗？②比听力。这是什么声音？③比嗅觉。这是什么味儿？④比触觉。袋子里装着啥？⑤比味觉。吃到了什么口味？小结：看、听、闻、摸、尝，让我们从不同角度感受世界的千姿百态，体验生活的万般滋味。

板块一：蟋蟀想卖房

1. 蟋蟀卖“宅”。小蟋蟀想卖房，不懂销售犯了难，谁愿帮它的忙？

2. 草地寻“宅”。走，去瞧瞧蟋蟀的房子有啥卖点？咦，它家在哪儿？

3. 初读识“宅”。家都很难找，观察岂不更难！咱们请观察专家法布尔帮帮忙吧！

（1）初读课文，同桌合作识字：隐（yǐn）、慎（shèn）、掘（jué）、骤（zhòu）。

（2）默读课文，了解法布尔从哪两方面进行观察。（住宅的特点和修建的过程）。

板块二：帮蟋蟀卖房

1. 登记住宅信息。默读圈画，读第 2 ~ 6 自然段住宅特点的描写，帮蟋蟀登记一份住宅信息表吧（见表 10 - 3）！

---

① 胡宝萍. 跨学科整合，将观察融于生活：《蟋蟀的住宅》教学设计 [J]. 小学语文教学，2022（5）：40 - 41.

表 10-3

房产基本信息		
户主：	类型：一手房/二手房	装修：精装修/简装/毛坯
朝向：	面积：	位置：

2. 绘住宅结构图。

(1) 读中思考。同桌合作，画张一目了然的住宅结构图吧。蟋蟀住宅的格局：平台—门—大厅—卧室；蟋蟀住宅的房型：倾斜隧道。

(2) 指导写字：倾（qīng）、厅（tīng）、卧（wò）。

3. 宣传住宅卖点。

(1) 发现卖点。

教师示例：在朝着阳光的堤岸上，青草丛中隐藏着一条倾斜的隧道。即使有骤雨，这里也立刻就会干的。（卖点：阳光充足、排水优良……）

同桌合作：大厅——排水优良；卧室——清洁卫生，简朴光滑；门——隐藏性强；平台——功能齐全。

(2) 学习表达。为了提高销售量，有人这样说，你看行不行？

改句：蟋蟀的住宅是倾斜的隧道，淋不着雨！每间房子都有九寸深，一指宽……

原句：在朝着阳光的堤岸上，青草丛中隐藏着一条倾斜的隧道，即使有骤雨，这里也立刻就会干的。隧道顺着地势弯弯曲曲，最多九寸深，一指宽，这便是蟋蟀的住宅。

发现：原文表达准确。

(3) 现场宣传。

教师示范：这蟋蟀的房子，在朝向阳光的青草丛中隐藏着，使房子保持干燥，而且隐秘性极佳。这房子顺着地势弯弯曲曲，最多有九寸深，一指宽。从大厅一直到卧室，绝对够你使用。不仅如此，大厅、卧室等的墙面都特别光滑，是经过长时间修理平整的。虽然内部没什么布置，但是给了您打造自由的空间。这样清洁卫生、简朴大方的房子，可是蟋蟀自己费了九牛二虎之力建造而成，这么好的房子你上哪里找？

评价标准：表达准确；卖点突出；信息全面。

4. 学习观察方法。

(1) 再读思考。法布尔怎能观察得如此细致？再读思考，揭秘观察方法，如图 10-1 所示。

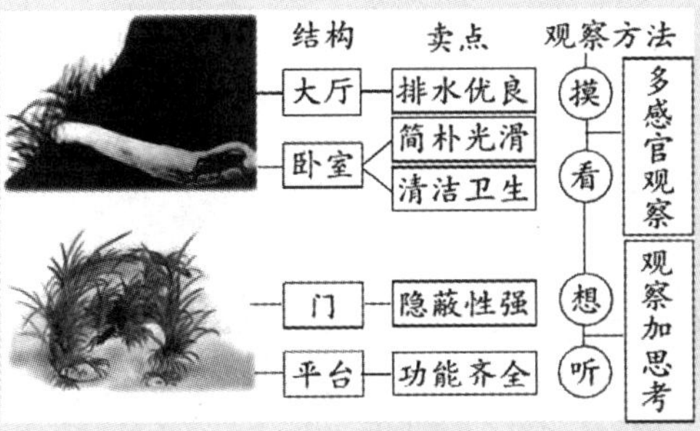

图 10－1　《蟋蟀的住宅》板书设计

(2) 小结方法。把耳朵叫醒，将眼睛擦亮，轻抚流水的温柔，细嗅风中的花香。用心感受世界，用脑思考发现，心、眼、耳、鼻、口，都是观察好帮手。

板块三：帮蟋蟀定价

1. 讨论住宅定价。

(1) 讨论定价。房子造得好，人人都想买，有人嫌贵，你怎么看?

(2) 读文思考。

(3) 商定结论：蟋蟀修建住宅不容易，不能卖得太便宜。

2. 寻找定价依据。

(1) 默读圈画，寻找依据。理由一：工期长，费时。理由二：工具简单，费劲。

(2) 图文结合，提取信息。前足的功能——扒土；钳子的功能——搬掉土块；后足的功能——踏地；两排锯的功能——将泥土推到后面倾斜地铺开。

(3) 朗读表演。

3. 学习讲价技巧。

(1) 对比阅读。读读下面片段，在表达上与法布尔有什么不同?

蟋蟀体型微扁，头部圆形，呈线状。有翅时，翅平叠于躯体上。多数体色呈褐色或黑色，深浅不一。雄虫利用前翅基部的脊产生求偶鸣声。——(英)麦加文《昆虫》

发现写法：法布尔把蟋蟀的巢穴比作住宅，表达很生动。

(2) 模仿写话。把蟋蟀比作建造师，把身体比作建筑工具，用生动的语言介绍修建过程。

(3) 公布喜讯。介绍如此生动，顾客被深深打动。最终，蟋蟀成功卖房。

4. 学习观察态度。

(1) 读课文。小小蟋蟀会蹦会跳，观察修建过程容易吗?

(2) 听故事。听法布尔观察蟋蟀的故事，你能体会到什么?

(3) 想画面。结合课文描写，想象法布尔观察时的画面。

(4) 总结提升。一生的如痴如醉，三十年的持久观察，揭开昆虫世界的秘密，写就鸿篇巨制。连达尔文也向他致敬：法布尔，无与伦比的观察家。

板块四：课后实践

1. 确定观察内容：天气。同学们，最近科学课是不是在学习观察天气？让我们来玩个“科学”+“语文”的整合课程，运用今天学到的方法，把你的观察写下来，作为秋季的献礼吧！

2. 学用观察方法。观察内容：温度、风向风速、降水量等。观察方法：持续观察、多感官观察、观察加思考等。

3. 学用表达方法。用词要准确：运用科学仪器准确记录数值。表达要生动：运用拟人等生动的修辞手法描述观察结果。把风比作风娃娃，天气变化比作它的心情变化……

案例 10 - 1 展现了“并列型”的跨学科整合设计。该课的设计者胡宝萍老师在“教学后记”中提及：“科学课中有‘观察天气’的主题单元。除了主题相同，其学习进度安排也与本单元时间接近。因此，语文课上的学用环节，将学习所得迁移到科学观察中，以语文助力科学，将观察融于生活，一举两得。”“并列型”在一定程度上可以保证语文教学的常规性，而没有为了实现所谓的“跨学科”而刻意猎奇以追求“标新立异”，是经过筛选的、具有目标导向的、有价值的参与。

“并列型”中涉及的主题并不改变其学科领域内容，只是以适当的顺序重组而先后传授给学生。其他学科内容多以背景的形式出现，抛开这层外壳并不会对学生的语文知识学习过程产生实质性的影响。学科之间既建立联系，又保持各自的性质。由于其他学科的援助，对主题的理解得以加深。只要存在两种或两种以上学科，就有可能走向“多学科”，因而设计起来相对容易。①

（二）“共享型”跨学科教学案例呈现及分析

相较于“并列型”，“共享型”是基于共通的学习内容，将两门学科进行均匀交付。若语文与历史学科组成跨学科任务群，最常见的是利用文学和历史都常用的叙事手法来实现跨学科任务群教学，或着眼于阅读教学，或着眼于写作教学，或读写结合。历史叙事多讲究实录，文学则允许虚构；同是叙事，有的铺张扬厉，有的惜墨如金。这种种的不同之处，均在语言艺术的范畴之内，因而可以组成跨学科任务

① 张华. 论理解本位跨学科学习［J］. 基础教育课程，2018（22）：7 - 13.

群学习。若语文与社会、自然科学组成跨学科任务群，即文和理的跨学科任务群教学，则可在语言的相异之处寻找契合点。文学语言风格多样，或质朴，或华丽，或典雅，或平实，而在自然和社会类学科著作中，为了阐明事理、分析论证，让读者不致产生误解与歧义，所用语言尽量追求准确、明白、平实，舍弃丰富的言外之意、缤纷的修辞技巧。这种不同学科的语言差异，既是阅读中须要留意之处，也是写作时要仔细斟酌之处。若语文与美术组成跨学科任务群，教师需注意语文与美术不是孤立的学科，二者在美育方面存在着诸多共性。语文学科的审美创造、文化自信这两大学科素养与美术学科的图像识读、审美判断、文化理解这三大核心素养有着紧密联系。案例 10－2 以语文和美术的融合教学为例进行具体分析。

小案例

案例 10－2　语文与美术跨学科融合的教学实践①②

【教材分析】

教师对浙美版美术教材和统编版语文教材进行梳理，发现美术、语文跨学科的可融合点涵盖各个学年段，涉及美术学科的“欣赏·评述”“造型·表现”“设计·应用”及“综合·探索”四大领域，也涉及语文学科的识字、阅读、习作、口语交际和综合性学习五大领域。现选择各年段两学科内容列举如表 10－4 所示。

表 10－4

美术学科内容	语文学科内容
造型表现：一年级（上册）《心中的太阳》	阅读：一年级（下册）《四个太阳》
造型·表现：二年级（上册）《做一棵大树》	识字：二年级（上册）《树之歌》
综合·探索：二年级（下册）《春天在哪里》	阅读：二年级（下册）《找春天》
造型·表现：三年级（上册）《汉字的创意》	综合性学习：五年级（下册）《遨游汉字王国》
欣赏·评述：四年级（下册）《清明上河图》	阅读：三年级（下册）《一幅名扬中外的画》

① 毛晶晶. 打破学科限制　促进学科融合：以《一幅名扬中外的画》教学为例［J］. 湖北教育：教育教学，2022（6）：46－47.

② 高巧浓. 小学美术与语文学科融合　提升鉴赏能力：以学科融合《清明上河图》教学为例［J］. 名师在线，2022（19）：73－75，78.

续上表

美术学科内容	语文学科内容
设计·应用：五年级（下册）《设计〈西游记〉人物》	口语交际：五年级（上册）《我最喜欢的人物形象》 习作：四年级（上册）《我和__过一天》
欣赏·评述：六年级（上册）《中国的文化与自然遗产》	习作：五年级（下册）《中国的世界文化遗产》
……	……

【教学实践示例】

教学环节一：图文对照，提升图像识读能力

《清明上河图》（中段：繁忙的汴河码头）所描绘的正是语文三年级（下册）第12课《一幅名扬中外的画》中第4节介绍“最有意思的是桥北头的情景”这一段内容。教师在大屏幕上呈现高清版的《清明上河图》照片，指名让几个学生拿着语文书到讲台上，把书中第4节介绍到的骑马人、轿子、运货的小毛驴、欣赏风景的人都在照片中找出来。

图文对照在无形中激发了学生的参与热情。教师见时机成熟，便带领学生移动课桌，将1:1的《清明上河图》复制品展现在教室正中央。在学生们的惊叹声中，教师要求学生分组拿着放大镜再次观察图中汴河桥北头的画面。5米多长的巨幅图画，每组15分钟的欣赏时间，学生看得兴趣盎然。欣赏完后，在描述桥北头这个场景时，学生畅所欲言，连人物的面部神态和细微动作都讲得栩栩如生，真正感受到了作品的描画生动细致，体会到了名画的艺术价值。

教学环节二：句式助力，提高审美表达能力

美术欣赏是一个观察体验、品味感悟作品的过程。学生可通过感知、分析、理解、评述，获得审美享受，提高审美能力。在描述画家笔下的场景后，教师要求学生选择画卷中的服饰、交通工具或建筑谈感受和认识，此时，好多学生一言不发。深究其因，不是学生不想说，而是不知道从何说起。于是，设计者引导学生运用一定的句式去说，学生打开了思路，就有话可说了。例如，从交通工具看……应有尽有：有……的交通工具，有……的交通工具，还有……的交通工具……；又如，从建筑看……各不相同：有的是……，有的是……；再如，从服饰看，他们来自各行各业：有的头戴……，身穿……，应该是从事……行业；有的身穿……，脚踩……，应该是从事……行业。教师在学生欣赏前先要告知其任务和方法，再借助一定的句式，让他们选择某一方面来谈谈自己的认识。句式助力给学生指明了观察和思考方向，使他们感受深刻、理解到位，描述言之有物。

教学环节三：看图作文，提高文字表述能力

当图文对照激发学生的欣赏兴趣后，教师让学生“描述即将过桥的船工们的动作和表情，说说他们是如何各司其职的？他们能顺利过桥吗?”。教师引导学生继续欣赏图画，找到汴河码头，关注那只即将过桥但桅杆还未放下的大船（见图 10－2）。

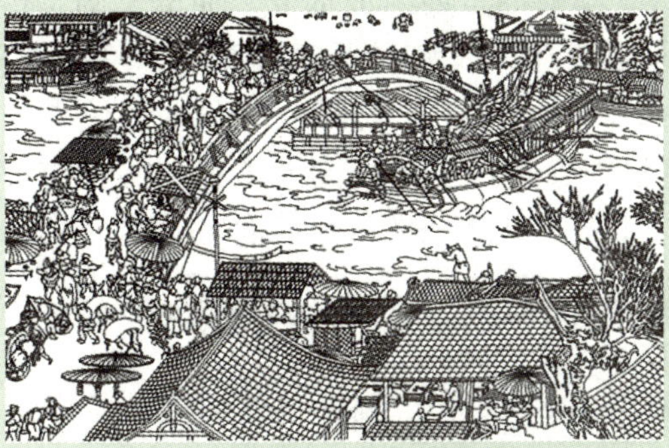

图 10－2　《清明上河图》（局部）

学生边欣赏边饶有兴趣地交流。教师让学生模仿《一幅名扬中外的画》中第 4 节的介绍，编写一个关于这只大船的故事。有的学生从桥上的百姓和船上的船夫的角度描写，有的学生从桥上的纤夫、过路人和船夫的角度描写，也有的学生从附近几乎所有人都为大船捏了一把汗的角度描写。这是语文阅读课的课外延伸。在这个过程中，学生感知丰富的画面形象，运用联想和想象，内化情感，以文字的形式进行记录和表达。这样有针对性的训练，提高了学生的文字表述能力。

教学环节四：图文共赏，夯实文化理解能力

学生受自身认知水平和欣赏能力的限制，对这幅名扬中外的画作的创作背景和历史价值知之甚少，因此读画有一定的困难。这时，教师及时融合《一幅名扬中外的画》中最后一节的内容：“《清明上河图》使我们看到了八九百年以前的古都风貌，看到了当时百姓的生活场景。”引导学生展开自主学习。学生先是通过查阅资料，了解“八九百年”指的是哪段时期，“古都风貌”指的是哪里的怎样的风貌，图中的生活场景具体有哪些。然后四人为一小组交流汇总，最后，由学生代表发言。

案例 10－2 呈现了教师在梳理两套教材的基础上展开语文和美术学科融合的实践探索。语言文字是鲜活而有感染力的，加上画面的故事性很强，促进了学生对美术作品的观看、识别和解读。同时，通过对美术作品的描述，学生提高了对语文文本的理解和欣赏能力。具体而言：教学环节一是利用图文对照，旨在提升学生的图像识读能力。图像识读是指对美术作品、图形、影像及其视觉符号的观看、识别和解读。美术“欣赏·评述”课要求学生能与同学交流对美术作品或生活中美术现象的想法和观点。语文阅读教学课则注重培养学生的感受、理解、欣赏和评价能力。不同学科相同内容的融合，能起到相互促进的作用。教学环节四是利用图文共赏，夯实文化理解能力。文化理解是指从文化的角度观察和理解美术作品、美术现象和观念，是当今社会人们必不可少的素养。在实际教学中，教师引导学生认真研读有关介绍，启发学生对文本的人文性、历史性产生更深刻的理解和认识。美术是美育的重要途径之一，是人文学科的重要组成部分。而语文则是传承知识的桥梁，是文化传承的纽带，也是培养学生人文精神的重要途径和手段。语文中有“读文”一词，美术中也有“读画”一词。在这堂课上，学生不仅在“读文”，更是在“读画”，在欣赏名画的过程中反观历史，既读出了名画的创作背景，也读出了名画的历史价值。教师引导学生图文共赏，在一定程度上夯实了学生的文化理解能力。①

（三）“蜘蛛网型”跨学科教学案例呈现及分析

“蜘蛛网型”的跨学科内容站在全局、整体的视角，围绕某一主题，重新组织各种来源于不同学科的内容，以此使学生对所学知识有一个整体把握，激发其敏锐的观察力，从而源源不断地立足于新的视角提出新的问题，并加以解决。2022 年版课标在课程内容和结构方面的改革，倡导设立跨学科主题学习活动，加强学科间相互关联，带动课程综合化实施，强化实践性要求。蜘蛛网型作为较高级的跨学科类型，涉及两个以上学科领域，围绕单个主题要素组织内容，对学生的整合学习和教师教学提出了较高要求。教师需要充分审视学科间的内在联系，避免呈现内容时形成“广而浅”的样态，以引起学生进行深层次的思考。下面撷取国内外的案例对“蜘蛛网型”跨学科学习活动设计与实践过程进行说明。

1. 国外案例呈现及分析

小学儿童的学习是整体性的。许多英国小学教师通过“跨学科的主题”来设计课程的活动。在某些英国学校，特别是在 5 ~ 6 年级，安排了学科课的教学时间，不同学科由不同的教师负责，也就是说，这些学科的教师都是有专业分工的，他们对不同年级的班级和班内小组进行教学。许多小学有专门的数学课、语文课和科学课，旨在确保不同能力的学生都能接受到与之相适应的学科教学。但是大多数英国小学仍然实施的是“包班制”，即一个教师教一个班全体学生的所有课程，这种体制为主题活动课程的实施创造了条件，教师可以将所有课程的知识内容通过主题融合在一起，并根据活动的不同需求来灵活安排每日上课的时间段。案例 10 - 3 以英国活动课程的计划框架为例，具体说明“蜘蛛网型”这类设计的实施。

① 高巧浓. 小学美术与语文学科融合　提升鉴赏能力：以学科融合《清明上河图》教学为例 [J]. 名师在线，2022 (19)：73 - 75，78.

小案例

案例 10－3　英国基于主题的跨学科活动课程计划框架①

主题：玩具

主体结构展开的框架：

关于玩具的数学知识、能量、力、运动（科学知识）
玩具的历史（社会学习）
玩具的设计与制作（创造性与操作能力发展）
资料的搜集和玩具的分类（探究的方法与思维发展）
做玩具的材料（科学知识）
科技玩具，计算机玩具（科学知识）
制作玩具（玩具厂）（社会学习）
玩具的运动模型（科学知识与操作）
玩具的可移动部分（科学知识）
分享和爱护玩具（情感和态度的发展）
关于玩具的阅读和写作（语文知识与技能）
讨论自己最喜欢的玩具（合作与交流能力发展）
音乐玩具——关于玩具的音乐（音乐）
玩具的艺术性（美术）

案例 10－3 呈现的是一个以主题来展开的跨学科活动课程计划的框架。该框架涉及五个学科的知识和学生多方面技能、能力和情感态度的发展。英国小学课程的研究组和教师在长期的研究和实践中，总结了一些活动课程设计的规则，具体而言：一是主题的开始对教师和学生来说，一定要是可操作、可管理的。二是注重学生的经验、需要和参与的重要性。例如，主题活动课程计划要包含学科知识内容、儿童需要发展和运用的技能和过程、基本的概念和原理、评价等方面，需要将主题与儿童的生活与经验相结合，同时允许学生在主题范围内有自己特殊的兴趣。三是注意资源、时机和时间的把握和安排。例如，资源方面，英国教师通常把主题计划贴在教室墙上，以不断提醒学生和有关人员；有关的书籍、图片、工艺品等都应带到学校来。时机方面，最好周五开始引入新的主题，这样学生可以很好地利用周末时间来搜集有用的材料，并与成人和兄弟姐妹交流。时间方面，使主题活动的持续时间适合学生的年龄，年幼的学生一般一个主题 1～2 周，而对初中学生就可以是半学

① 强海燕. 中、美、加、英四国基础教育研究［M］. 北京：人民教育出版社，2005：440－444.

期，因为注意力、知识和技能都提高了。[1] 总的来看，英国的跨学科活动课程设计是一个以儿童为中心的、跨学科的、儿童始终参与活动的课程。

2. 国内案例呈现及分析

理想的“蜘蛛网型”跨学科学习，关键是看主题任务的选择和落实是否“正当其时”、是否资源充分。“正当其时”包括三方面的意思：一是主题任务符合学段要求和学生年龄特征，二是主题任务正好指向那一时间段里学生关注的真实问题，三是主题任务与当时校内外生活境遇契合，服务于现实的学习生活体验和创造的需要。资源充分，指的是落实具体跨学科学习主题任务所需要的各种资源都能够积极地为学生开展真实的学习活动赋能。案例 10－4 以“‘小厨师、大智慧’综合实践活动主题——包饺子”为例进行说明。

小案例

案例 10－4　“小厨师、大智慧”综合实践活动主题——包饺子[2]

一、目标制定

为响应习近平总书记在全国教育大会提出劳动教育纳入社会主义建设者和接班人培养的总要求，承德市凤凰山小学开展了系列综合实践活动课程——“小厨房、大智慧”，旨在多学科知识整合的基础上，培养学生的核心素养，引导学生积极参与劳动，做一个厨房小帮手，养成合理健康的饮食习惯。整个实践活动分为三个阶段进行，针对不同阶段的要求拟定活动目标。经过实践与思考，制定目标如下：

（一）活动前准备阶段目标：能够利用网络、图书等多种途径查找学习资料，能够说出饺子的起源和文化常识，初步具备信息收集、整理的能力；通过小组合作制定包饺子的基本流程，自主学习各学科知识，在分享汇报中，提高口语表达能力，体验合作学习的乐趣。

（二）活动中的操作展示目标：学生在活动中能初步掌握包饺子的基本技能，感受合作探究、动手实践的乐趣，主动提高劳动技能；能够在活动中善于观察、乐于思考、敢于创新；在劳动实践中发现问题，并能形成初步的想法；实践中体会劳动的乐趣，热爱中国传统文化，养成热爱生活的态度。

（三）活动后的反思研讨目标：学生回顾活动过程，能够正确反思自己的表现，树立责任担当意识；在研讨中，养成善于倾听、认真思考的习惯；在反思中发现问题，初步制定研究方案，能够综合运用学科知识解决实践中的问题。

---

① 强海燕. 中、美、加、英四国基础教育研究［M］. 北京：人民教育出版社，2005：440－444.

② 李娜，王雪菲. 跨学科整合背景下小学综合实践活动课程初探［J］. 品位·经典，2022（4）：166－169.

二、活动形式

本次活动对象针对小学六年级学生，主要以小组分工合作、家长辅助、教师引导的方式进行。活动主场地为学校实践厨房，活动时间为集中与分散相结合的弹性制，如实践劳动过程及反思评价集中展示，学科知识融合准备工作由各学科教师分散时间指导完成。

在准备阶段，学生先进行自由结组，教师视分组情况进行微调。学生自主选择组长、记录人、发言人。每次活动中小组的角色分工进行轮换，每组有一位家长参与。活动前教师对家长进行必要的培训，明确家长的任务与职责，避免出现家长的“包办代替”。各学科教师布置主要任务及要求，学生们通过组内合作收集整理资料，完成学习任务清单，教师集中对学生组内合作成果进行初次评价与答疑。在已有知识与技能的基础上，以小组为单位制订实施计划，开展实践活动，学生的制作过程全程录像，以便实践后的评价反思。

活动中，学科教师深入学生小组巡回指导，多维引导学生发现问题，促进学生积极参与。如在煮饺子环节，学生提问如何判断饺子是否熟了及其原因，科学老师根据浮力的原理向学生展示说明。

实践后，教师组织学生进行回顾思考，对照整个参与表现开展多元评价，如自评、生生互评、教师评价、家长评价，对实践过程中的问题进行梳理研讨。学生根据自己的观察和实践体验，提出新问题，师生共同讨论生成新的研究主题，如购物中的打折问题、浮力问题等。这些问题可以鼓励学生小组进行探究研讨，可以在各学科课程中进行拓展延伸，也可以作为下一次的活动主题。

三、知识整合

围绕“包饺子”这一主题，确定语文、数学、英语、科学四门主要学科，从学科角度考虑课程内容涉及的知识及要求，在活动准备阶段做好知识储备工作。各学科教师利用网络或面授的方式，对学生进行知识的梳理，为学科融合创造条件。

语文学科：通过网络、书籍等搜集关于饺子的文化资料，了解饺子的来历与传说，将饺子与中国传统节日文化相结合，知道其由来与寓意；能够流利表达饺子的包制过程，创编诗歌等。

数学学科：购买材料中的决策问题；包饺子过程中面与馅的配比；饺子分享过程中的平均分；对比超市速冻水饺价格，计算相同数量饺子的成本、核算利润。

英语学科：知道与饺子相关的中国节日的英文表达，能够用英语说出简单的聚会活动及用品；知道饺子的种类及制作过程；能用英语进行话题的简单对话。

科学学科：面与水的配比问题，擀面杖怎么使用更省力，如何判断饺子熟了及其原理，如何锁住蔬菜的水分，浮力问题。

四、课程评价

（一）制作综合实践活动学生记录表，体现活动准备、操作过程、成果展示、活动体会全过程，以便引导学生对自己全程各方面的表现进行反思评价。

（二）组织学生开展协商研讨式的评价，倡导教师、家长、学生之间针对活动过程，结合学生个性化表现从协作能力、实践能力、解决问题能力、参与态度等方面多元化评定，使学生更加肯定和认识自己的能力，分享活动的喜悦。

（三）制作综合实践活动学科教师记录表，包括活动前期准备、融合知识的过程记录与反思、活动中的观察与指导记录、活动后的集体研讨与小结。教师一方面可以根据活动过程与结果的呈现进行总结反思，将评价看作师生共同学习进步的方式，推动综合实践活动课程的持续改进与完善，另一方面，教师集中对跨学科整合内容的研讨，有利于不同学科教师交融互促，提升教师的专业能力，也为跨学科的活动主题的设计寻找交点。

案例 10 -4 展示了在跨学科背景下，考虑如何将目标制定、活动形式、知识整合、课程评价等方面进行综合实践活动主题设计。这在一定程度上可以为“蜘蛛网型”跨学科学习活动设计与实践的开展提供参考。

（四）“连接型”跨学科教学案例呈现及分析

“连接型”的跨学科内容更是通过联结不同学科，强化思维技能、社交技能和学习技能之间的联系，为学生提供了一个参与式语文学习的环境。这不仅仅是简单地使用语文思维来解决问题，还意味着这是一种改变实际生活的语文，通过参与复杂多变的现实生活情境来体验语文与其他学科交融的力量。目前“连接型”跨学科教学大多采用了项目式学习（PBL）这一新的课程样态，它紧紧围绕“核心素养”这一核心，建构基于问题逻辑的教学体系，引导学生通过合作学习解决嵌入于真实情境中的问题，推动学生对综合知识体系的建构，既获得跨学科知识，又提高自主学习能力。① PBL 是 project-based learning 的简称，即项目式学习，也被称为基于项目的学习，是一套系统的教学方法，既是探究复杂、真实问题的过程，也是精心设计项目作品、规划和实施项目任务的过程。

① 杨俊杰. 跨学科融合式教学：思维广场课程的深化发展［J］. 教育学术月刊，2022（4）：87 -92，112.

“连接型”跨学科教学不是简单地将相关学科知识叠加起来，而是让这些相关学科知识和方法通过项目学习活动形成连贯的、有组织的跨学科学习课程结构。跨学科学习活动的设计要包含问题驱动、思维培养、实践能力培养、创新尝试和效果检测五个基本要素。跨学科学习要以项目学习方式并通过多个学习环节来实现，而不是简单的一节课堂教学就能实现。跨学科学习活动设计就是要根据真实情境中的问题来确定学习任务、学习目标、学习内容、学习情境和教学对象，设计并安排相应的学习活动，让学生通过参与活动进行学习。因此，在设计时不但要考虑到跨学科的特点，也要考虑活动间的环环相扣。① 需要注意的是，在具体的跨学科学习活动实施中，问题始终是组织跨学科学习的缘由、依据和核心。跨学科学习的实施流程，如图 10 – 3 所示。②

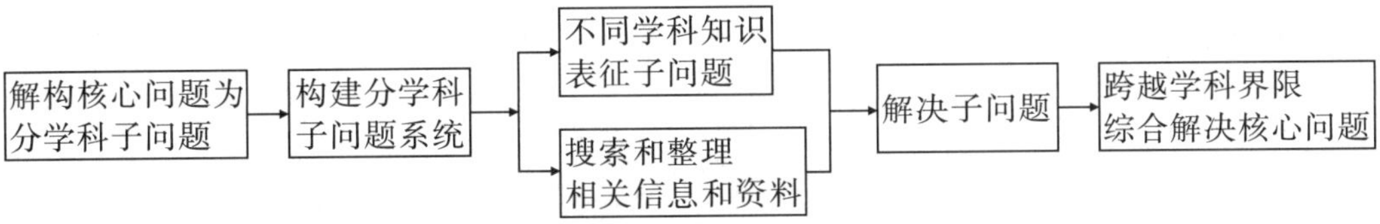

图 10 – 3　基于真实问题的跨学科学习实施流程

“连接型”跨学科教学注重着眼于解决问题或理解问题。创设适合学生的真实问题。跨学科真实问题可分为三类：学习中的问题、生活中的问题和社会热点问题。无论哪一类问题，真实性都是问题所在情境的共同特点，因而能切实催生学生研究问题和解决问题的内在动力。案例 10 – 5 以“小学生是否可以拥有智能手机”为例，进行具体说明。

① 李克东，李颖．STEM 教育跨学科学习活动 5EX 设计模型［J］．电化教育研究，2019（4）：5 – 13．

② 张燕，李玫，孙艳．基于真实问题的跨学科学习设计与实践：以“新疆棉花为什么这样‘红’”为例［J］．中国教师，2022（2）：63 – 68．

小案例

案例 10 - 5　“小学生是否可以拥有智能手机”跨学科写作设计①

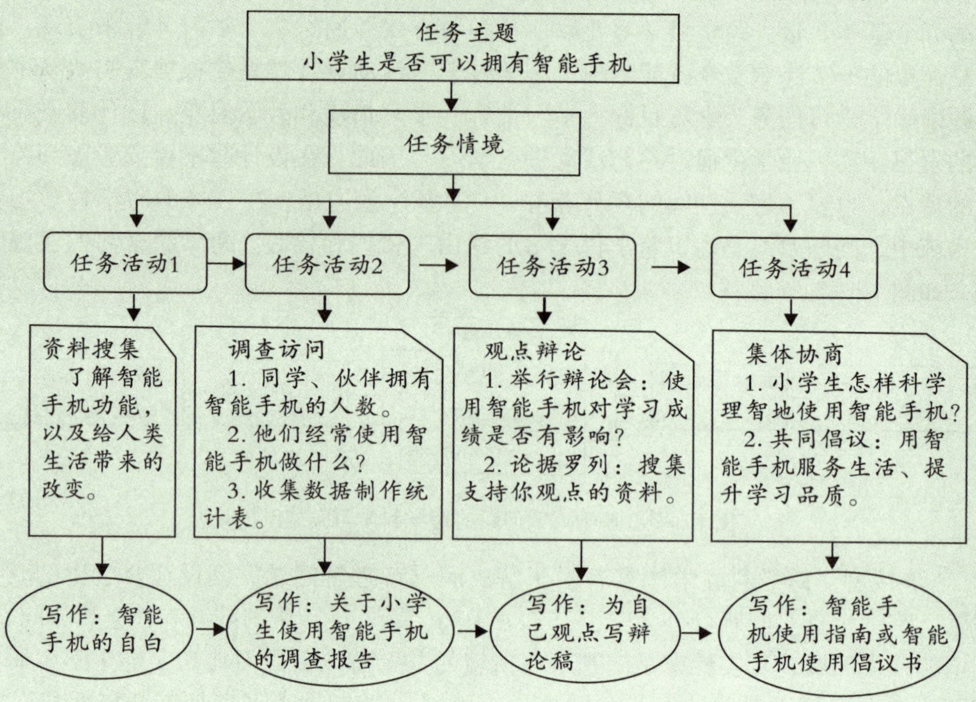

在案例 10 - 5 中，教师紧扣任务目标，建构“资料搜集”“调查访问”“观点辩论”“集体协商”等一系列逻辑鲜明的任务活动，将科学学习、数学学习、信息技术学习、道德与法治学习融入其中，让跨学科写作行进在真实的生活情境之中。2022 年版课标明确提出：“以识字与写字、阅读与鉴赏、表达与交流、梳理与探究等语文实践活动为主线，综合构建素养型课程目标体系。”案例 10 - 5 呈现的跨学科写作学习任务群就在综合构建素养型课程目标体系之中，以任务探究为驱动，将写作过程与跨学科学习融会贯通，从而构建任务学习活动，生成写作学习成果。教师将写作学习任务群中所有的任务问题串联成一个活动线索，在教学中环环递进，由起点到终点，借助写作学习，对一个个任务问题进行解决。“小学生是否可以拥有智能手机”这个话题本身就自带情境，因为它与每个学生的学习与生活密切相关。学习的过程就是问题探究的过程。教师将“小学生是否可以拥有智能手机”这个问题作为推进点来设计了一个完整的问题链条，呈现出从问题提出到问题分析、问题解决的层层推进的完整过程。总之，跨学科融合最关键的工作就是对项目或问题的

① 吴勇. 跨学科写作：基于问题探究的学习任务群 [J]. 小学教学参考，2022 (13)：5 - 9，18.

设计，即在设计时将各学科的知识融合于情境化的综合性问题中，引导学生积极参与利用各学科的相关知识设计解决方案，并最终解决问题。[①]

（五）“统合型”跨学科教学案例呈现及分析

按照张华教授的分类，广义的跨学科可依据学科融合程度分为三种主要形态，具体而言：一是“多学科”，即针对一个现实问题或学科问题，以一门学科为主，联合其他学科，从不同学科视角展开研究，学科之间既建立联系又保持边界；二是狭义的跨学科，即针对一个现实问题或学科问题，将一门学科的知识或方法迁移、应用于其他学科，或将两门及两门以上学科整合起来建立一门“新学科”；三是“超学科”，即为了理解现实世界或解决真实生活问题，将学科知识完全整合，消除学科边界，将知识变为整体。“超学科”的融合方式属于“超越学科”，恰如“蛋糕”，各种食材已经完全融为一体。[②] 若按照此分类，“统合型”由于其特性而难以在一个学科的教科书中得以实现，与张华教授提出的“超学科”类似。

在传统教学中，学习内容碎片化、思维方式浅层化、迁移能力机械化等惯性现状引起了学生“整体观念”缺失、“本质理解”弱化、“应用迁移”钝化等一系列连锁反应。更明确地讲，学生学到太多无意义的惰性知识，难以在更大范围内和更高层次上迁移运用自己所获得的知识。基于此，承载“去弊”使命、旨归核心素养的“大概念”成为国内外育人方式改革的热点、焦点和亮点。作为舶来品，“大概念”又被译作大观念（big concept）。在“大概念”的界定上，虽然学者们的关注点各有不同，但均认可“大概念”在学科教学中的核心地位，界定其内涵是指向零碎知识点负载的学科意义。例如，韩国学者朴恩美认为，“大概念”是指将独立的概念相互联系起来，能够说明各种现象的一个学科内或多学科的概念、原理或模式，是对综合和重要的东西的理解，并不局限于特定领域，而是可以成为多个学科基础的概念。[③] 又如，默里·怀特利（Maree Whiteley）强调，“大概念”是理解的建筑材料，可以被认为是有意义的上位概念，用以使人们能联结其他零散的知识点。[④] 为了体现这种聚合关系，美国学者威金斯与麦克泰格对“大概念”做了更系统的描述，把“大概念”描述为“车辖”（将轮子固定在轮轴上的销钉），是能够连接碎片化知识的一种意义模式。[⑤] 值得关注的是，2013 年发布的《美国新一代科学教育

---

① 吴勇．跨学科写作：基于问题探究的学习任务群［J］．小学教学参考，2022（13）：5－9，18．

② 张华．跨学科学习的本质内涵与实施路径［J］．教育家，2022（24）：8－10．

③ BANG D，PARK E，YOON H，et al. The design of integrated science curriculum framework based on big ideas［J］．Journal of the Korean Association for Science Education，2013（5）：1041－1054．

④ WHITELEY M. Big ideas：a close look at the Australian history curriculum from a primary teacher's perspective［J］．Agora，2012（1）：41－45．

⑤ 威金斯，麦克泰格．追求理解的教学设计［M］．闫寒冰，等译．上海：华东师范大学出版社，2017：139．

标准》建构了基于“大概念”的未来创新型人才学科知识结构“金字塔”（见图10－4）。形象的“金字塔”模型对于厘清“大概念”与“小概念”、不同“大概念”之间的全息关系具有澄明作用。

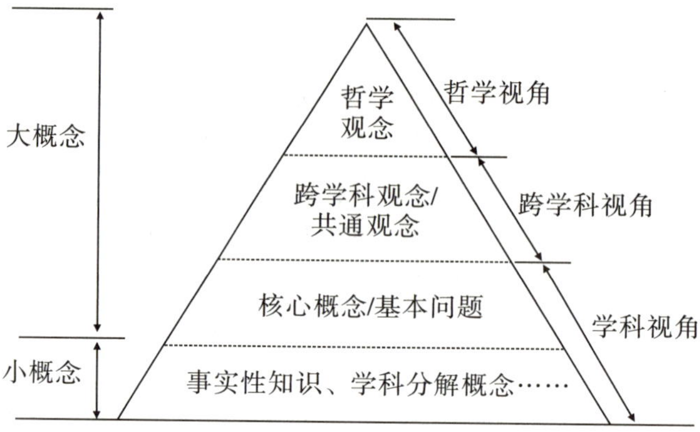

图10－4　基于“大概念”的学科知识结构“金字塔”①

学者赵康指出，“大概念”的引入积极促成了教育学的变革与进步。“大概念”是一种高度形式化、兼具认识论与方法论意义、普适性极强的概念；“大概念”已经不再仅仅是一个简单词汇，它背后潜藏着一个意义的世界，它超出了一个普通概念的应有内涵与外延，作为一种深刻思想、学说的负载体，已成为“思想之网”的联结枢纽。② 目前我国各学科都在积极探索“大概念”的教学路径。案例10－6以“基于‘大概念’理念的‘动物单元’跨学科学习设计”为例进行具体说明。

小案例

案例10－6　基于“大概念”理念的“动物单元”跨学科学习设计③

一、建构“大概念”理念下的课程设计——“四点模型”

根据以往的研究实践经验，教师总结出了设计跨学科主题单元课程的四个步骤：第一是从国家课程标准中寻找不同学科的交集点，第二是从学生的兴趣中寻找共同关注点，第三是从国家教材及教学用书中寻找内容及学生能力的交叉点，第四是与国际文凭组织（IB）课程对接寻找验证点。

为了更好地理解，教师建构了“四点模型”来呈现主题单元课程的设计路径，如图10－5所示。在“四点模型”中，教师通过分析课程标准、学生关注

① 江舟，崔维云．基于学科大概念的高考思想政治命题探索与教学启迪［J］．中小学教材教学，2021（11）：70－76.

② 赵康．大概念的引入与教育学变革［J］．教育研究，2015（2）：33－40.

③ 付玉杰，史文波．基于“大概念”理念下的跨学科主题单元课程设计：以小学一年级“动物”单元为例［J］．新校园，2022（2）：57－59.

点、教材、IB课程，确保生成的“动物”单元主题及“多样、生存、系统、责任”四个大概念的科学性和准确性。

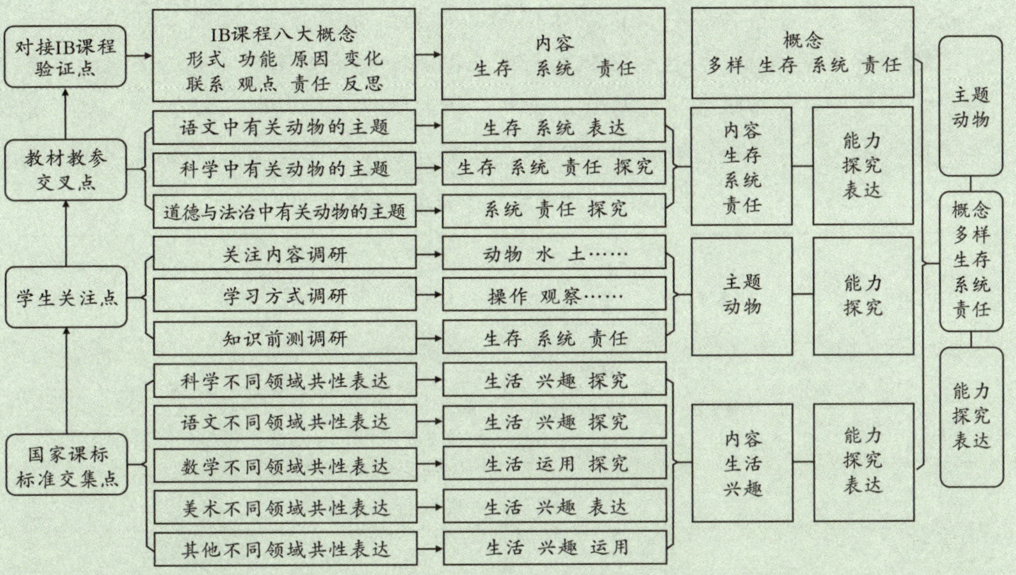

图 10－5　四点模型

二、生成基本问题

教师将“动物”单元中的四大概念与国际文凭组织（IB）的八大概念中的关键性问题进行了对比，生成了“动物”单元的四个基本问题：地球上的动物都是什么样的？动物靠什么生存在地球上？没有了动物，地球会是什么样子的？人类可以为动物做些什么？

三、制定出本单元的目标

1. 通过观察和探究，能够基本了解动物的概念、分类、特点、习性等，并通过自己的方式表达出动物的多样性；

2. 深入了解动物外形和习性与生存的关系；

3. 理解动物与植物，以及人类之间存在的相互依存关系；

4. 认识到保护动物多样性的重要性，从而成为热爱大自然的人。

四、重构学习任务群

短时间内学生不会对所学知识有深入理解，需要教师根据单元目标设计引导性的基本问题，并组织长期学习活动，才能让学生在主动讨论和探索中建构自己的知识结构。“动物”单元的教学设计，突破课本的禁锢，从不同视角整合了丰富的课程资源，其中包括部编版、苏教版、人教版等多版本、多学科的教材和阅读书目，《与恐龙同行》《人与自然之角马大迁徙》《疯狂动物城》等网络视频资源以及校园、社区、实践基地等实践资源。

通过整合语文、科学、道德与法治、综合实践等学科，将教学活动紧扣教学目标，重构了四个学习任务群：动物知多少、与动物同行、没有动物行不行、保护动物我行动。每个任务群又以基本问题为引领，分解为2~5个学习活动，由4~5名教师共同施教，师生以团队的形式在探究中解决一系列问题。重组的任务群让学生打破学科界限来研究动物，从更广阔的视野探索动物与植物、人类的相互联系，达成对“动物”这一概念的深入理解，具体任务群的设计见表10-5。

表10-5 “动物”单元学习任务群

大概念	基本问题	学习任务群	学习活动	学习内容	主要涉及学科
多样	地球上的动物都是什么样子?	动物知多少	·动物该不该穿衣服 ·动物转圈舞	·文本：《动物儿歌》 ·创作：绘制T恤及角色扮演“我最喜欢的动物” ·体验：动物运动会 ·实践：参观动物园	语文 美术 体育
生存	动物靠什么在地球上生存?	与动物同行	·动物吃货 ·蚕宝宝生长记 ·西瓜虫住哪儿 ·致命杀手 ·动物去哪里	·文本：《小公鸡和小鸭子》《小蝌蚪找妈妈》《小壁虎借尾巴》《要下雨了》《动物学校放寒假》 ·实验：蚂蚁吃什么、小鸡吃石子、西瓜虫住哪儿 ·绘本阅读：《动物吃货》《好饿好饿的毛毛虫》《动物动物去哪里?》《致命杀手》 ·调查记录：动物吃什么、动物迁徙地图 ·养殖观察：蚕宝宝 ·创作：《蚕宝宝生长记》绘本	语文 美术 科学
系统	没有了动物，地球会是什么样?	没有动物行不行	·鹿和狼的故事 ·鱼和潜水艇	·文本：《鹿和狼的故事》 ·实验：潜水艇的秘密	语文 科学 道德与法治
责任	人们可以为动物做些什么?	保护动物我行动	·动物墓地 ·我为动物建个家	·资料搜集：动物墓地 ·体验：我为鸟儿建个家	语文 科学 综合实践 道德与法治

学习任务群由不同的学科活动组成，活动之间联系紧密，层层递进。

比如在完成“保护动物我行动”任务群时，学生要先在教师的引导下搜集大量动物灭亡和动物生存现状的资料；然后，通过小组讨论的形式探究其原因，并将探究成果向全班展示；最后，教师结合动物进化史，引导学生关注动物与地球环境的联系。

与此同时，学校还规划了许多课程实践活动场所，为师生提供调查研究和亲身实践的机会，让学生在学习过程中建立起“观察发现—大胆猜想—实验验证—得出结论”的科学研究思维，掌握科学的研究方法。比如在教授《西瓜虫住哪儿》这一课时，学生首先从自己的观察中提出问题——西瓜虫喜欢住哪儿；然后教师引导学生进行猜测，学生给出了不同的答案；接着，教师带领学生通过实验，进行验证与推理；最后，师生到校园或公园中观察西瓜虫的生活环境，得出结论。

案例 10－6 呈现的是基于“大概念”理念展开的一系列学习任务群。教师将分散于各个学科的有关动物的零散知识点，按照认知逻辑进行重新组合，目的是让学生在完成一个个任务的过程中建立起对动物的系统认知，同时提高其解决实际问题的能力。与分科教学相比，跨学科教学更具有全面性和挑战性，需要更多的优质教学资源及完整的教学体系。在教学实践中，跨学科教学涉及的学科众多。由于当前尚未形成整合型教材，跨学科教学仍不深入和完整。在缺乏整合型教材支持的情况下，跨学科教学也难以进行更系统、完整的教学设计。为真正实现跨学科知识的有效融合，推进整合型教材的编写与应用，教师要根据教学目标，不断丰富教学内容，并针对知识整合的连接点进行有效分析。作为新时代基础教育课程改革的一大亮点，学科“大概念”是学科育人素养化、课程内容结构化的重要依托，更是进行“统合型”跨学科教学的有力支撑点。

三、“跨学科学习”任务群实施的注意事项

（一）注重培养综合运用多学科知识解决实际问题的能力

2022 年版课标在“教学提示”中指出，跨学科学习要注意引导学生掌握问题探究的基本步骤和方法，学会提炼、表达、呈现学习成果，着重培养学生综合运用多学科知识解决实际问题的能力。美国学者戴维·H. 乔纳森（David H. Jonassen）认为：教育唯一真正的目标是解决问题——劣构问题，问题解决需要有意义的学习，

学习者为了有效解决问题会有意深入了解问题发生的情境。[①] 真实问题往往涉及多学科知识的应用，而不是单个学科、割裂的知识，更能体现综合性、应用性和真实性。在真实的问题情境中，当任何单一学科无法解决此问题时，需要运用两种或两种以上学科的观念与方法解决它，并由此产生新的理解。跨学科实践并不否定学科教学，跨学科教学能够帮助学生发现问题之间的关系，建立各知识领域之间的联系，发现问题背后的意义。总之，实施“跨学科学习”任务群不是将几门学科简单叠加或机械混合，而是通过学科整合而诞生新的理解——跨学科理解。

“跨学科学习”任务群实施是以产生跨学科理解为目的。整合各学科的观点本身并非目的，而只是加深学生对周围世界的理解，并帮助他们增强理解能力的一种手段。当跨学科方面的努力目的不够明确时，就很可能出现臆造的联系和零散的学习。在实践中，“跨学科学习”任务群面临的主要挑战是缺乏真问题、没有新理解，由此导致臆造的学科联系和散乱的学习过程，致使学生学习态度散漫、兴趣分散和思维肤浅。为此，教师有必要根据学生的年龄特点和学科特点，聚焦真实问题，持续开展基于项目的跨学科深度学习，让学生在发展“跨学科理解力”的过程中运用学科思维，实现学科理解与跨学科理解的“互惠双赢”。[②]

（二）拓展学习资源，以媒介迁徙为中心实施教学

2022 年版课标在“教学研究与教师培训”和“教学提示”中指出，教师“要注意语文学科与其他学科的关联，提高跨学科整合课程资源的意识和能力”，关于学习资源，教师应充分利用“图书馆、互联网、社区生活场景、文化场馆、文化活动”等组织语文跨学科学习，以增强学习的综合性和开放性。[③] 其中，对“媒介”可以做更为泛化的理解。“图书馆、互联网、社区生活场景、文化场馆等”，也是不同媒介的表征。进入移动互联网时代，“场景传播”是传播学关切的重要内容，媒介迁徙能力也应包括在不同场景间进行迁徙的能力。而对于学生来说，最常见的场景就是教室（课堂）。

从传播学的角度看，不同学科就是不同文本，亦即是不同的媒介。跨学科学习的目的是让学生的人文沟通能力在不同学科的迁移中得到提升，就是要让不同学科围绕同一主题产生不同媒体的呈现与彰显。也就是说，语文跨学科的直接表现就是媒介呈现，是不同媒介呈现所带来的语感差异。语文本位的跨学科学习关键在强调

---

① 乔纳森．学会解决问题：支持问题解决的学习环境设计手册［M］．刘名卓，金慧，陈维超，译．上海：华东师范大学出版社，2015：9．

② 张华．论理解本位跨学科学习［J］．基础教育课程，2018（22）：7－13．

③ 中华人民共和国教育部．义务教育语文课程标准（2022 年版）［S］．北京：北京师范大学出版社，2022：36，55．

人文沟通的“语用”，而其直接表现就是在不同媒介（学科）之间进行迁徙的能力，即媒介迁徙能力。具体而言，“跨学科学习”的课堂实现应以媒介迁徙为中心，表现为四种层次，分别是多媒介表达、多学科参与、对举式介入、沉浸式体验，并最终以跨媒介通向学科间性之美。①

第三节

“跨学科学习”任务群的教学评价

一、“跨学科学习”任务群的学业质量要求

关于“跨学科学习”，2022 年版课标明确指出小学“跨学科学习”小学各学段的学业质量标准如表 10－6 所示。

表 10－6　2022 年版课标有关“跨学科学习”小学各学段学业质量标准的规定②

学段	学业质量标准
第一学段	在跨学科学习和探究活动中有好奇心和求知欲，喜欢观察、提问，能用自己喜欢的方式呈现学习所得
第二学段	（1）参加跨学科学习活动，乐于观察、提问、交流，能参与简单的活动策划、组织工作； （2）能根据不同学习活动主题搜集、整理信息和资料，提出自己感兴趣的问题； （3）能用照片、图表、视频、文字等展示学习成果，并与他人分享
第三学段	（1）积极参加跨学科学习活动，能利用多种信息渠道获取资料，在简单的调查、访谈等活动中记录真实生活； （2）能根据活动需要，结合自己的知识积累和生活经验提出要探究、解决的主要问题； （3）能借助跨学科知识和相关材料，与同学合作探索解决问题的具体方法，运用相关知识解释自己的想法，记录探究的过程及结论，写简单的研究报告； （4）能组织讨论和专题演讲，发表自己的观点，在交流反思中辨别是非、善恶和美丑； （5）能根据校园、社会活动的需要，自己或与同学合作撰写活动计划、实施方案或活动总结

① 林玮．聚焦媒介迁徙能力：义务教育语文“跨学科学习”任务群的一种理解［J］．新课程评论，2022（6）：80－86.

② 中华人民共和国教育部．义务教育语文课程标准（2022 年版）［S］．北京：北京师范大学出版社，2022：38－41.

由表 10－6 可知，小学“跨学科学习”的三个学段的语文课程学业质量标准相互衔接，体现了学生核心素养发展的进阶。这种进阶性主要表现在不同学段有不同的学业质量标准。比如，“跨学科学习”在第一学段重视兴趣培养，提出“有好奇心和求知欲”“喜欢观察、提问”等要求；在第二学段重视渗透学习方法，要求“能根据不同学习活动主题搜集、整理信息和资料”“能用照片、图表、视频、文字等展示学习成果”；在第三学段重视尝试解决问题，包括“记录探究的过程及结论，写简单的研究报告”“撰写活动计划、实施方案或活动总结”等。三个学段环环相扣，循序渐进，螺旋上升。这样的进阶设计符合能力发展的基本规律，体现了语文课程中核心素养的建构、形成与发展的过程。

二、“跨学科学习”任务群的评价建议

2022 年版课标提出要以学业质量为依据，形成过程性评价和终结性评价相结合的学习评价体系，科学测评学生的认知水平、价值判断能力、思维能力、实践能力等，全面反映学生核心素养的发展状况。“跨学科学习”任务群评价体系的设定应以测评并引导学生学科核心素养和跨学科核心素养的形成和发展为旨归。在教学实践中，教师要对本学科知识进行纵向延伸，并结合多学科知识内容，构建横向联系，以此保证跨学科的广泛性与综合性。建立完善的评价体系，通过更为灵活多样的考核内容及方法来检验跨学科教学的教学成效，对教学进程、教学质量进行监督与评价，有助于提升学生在跨学科学习活动的获得感。完善的评价体系是反馈“跨学科学习”任务群的教学成效、匡正“跨学科学习”任务群的教学实践的重要保障。评价体系的不健全则将导致跨学科教学的实施成效虚无化。缺乏科学有效的评价，再美好的课程理想也是空中楼阁。“跨学科学习”任务群的特殊性不能只是简单借鉴基础性课程的评价方式和标准，要努力构建以过程性评价为主、终结性评价为辅的跨学科核心素养评价体系，以确保学习信息采集的客观全面。以下将分别从过程性评价和终结性评价两方面对“跨学科学习”任务群的评价实施提出建议。

（一）过程性评价：关注学生在探究活动中的表现及学习成果

2022 年版课标在“教学提示”中明确指出，评价主要考察学生在各类探究活动中的表现以及活动过程中完成的“方案、海报、调研报告、视频资料等学习成果”，教师还可以制定评价量表，实施多元主体评价，即“邀请相关学科教师、家长、社会人士参与评价”，评价以鼓励为主，指向学生的自我反思和能力提升。2022 年版课标在“评价建议”中又提出，“过程性评价要拓宽评价视野，倡导学科融合，把学生参与社会实践、志愿服务和跨学科主题活动的表现纳入评价范畴，着重考察学生在真实情境中表现出的情感态度和语言能力，要注重校内外评价的结合，关注学

生在家庭生活和社会生活中的语言发展情况"，教师还应"关注跨学科学习的阶段性评价，可通过观察报告、实验报告、研究报告等，评价学生跨学科学习的阶段性成果"。①

开展具有明显实践性和探究性的跨学科学习时，学生是否真正理解和掌握了所学知识，需要通过其表现来揭示。当学生将知识和技能用来解决各种真实情境中富有挑战性的任务时，就显示了学生的理解。正如戴维·帕金斯（David Perkins）所言，"我们通过灵活的表现来确认理解……当人们能够灵活地思考和运用所学知识时，理解就显现出来了。相反，当学习者通过死记硬背进行学习，不能跳出常规的思维模式和行动准则时，则表示缺乏理解……理解意味着对知识的灵活应用"。可见，有效评价的关键是学生在跨学科学习活动中的真实表现。因此，作为评价者，首先需要考虑什么样的表现能够说明学生真正掌握了所学知识，即需要什么类型的证据表明学生达到了教学目标和对知识的真正理解，这是评估的标准和依据，任何形式的评价都离不开对这一根本问题的思考。

表现性评价有助于测查学生在真实情境中应用知识解决问题的能力，但也存在成本较大、信度和效度难以保证等问题。基于这种考虑，目前欧盟国家大多综合使用问卷、表现性评价等形式对学生的跨学科核心素养进行评估。深受欧盟影响的澳大利亚、新西兰两国也同样采取多元方式评价跨学科核心素养。从对学生乃至学校的外部评估来说，开发高质量的跨学科核心素养测评工具是国际通行的做法。以"学会学习"这一跨学科核心素养的测评为例。英国布里斯托大学的研究人员编制了112道与学习力有关的测试题。经过较长时间的论证，这一工具被精减至65道题，并最终形成了涵盖成长意愿、批判性、意义生成、依赖性和脆弱性、创造性、人际关系/依存性、策略意识等七个维度的学习力量表。②

根据2022年版课标对"跨学科学习"任务群的评价建议，教师有必要掌握表现性课堂教学设计的基本框架。表现性课堂教学设计需要克服传统教学的惯性阻力。它的基本框架包括四个方面，如图10－6所示。

① 中华人民共和国教育部．义务教育语文课程标准（2022年版）［S］．北京：北京师范大学出版社，2022：36，47－49．

② 黄志军，郑国民．国际视野下跨学科核心素养测评的经验及启示［J］．教育科学研究，2018（7）：42－47．

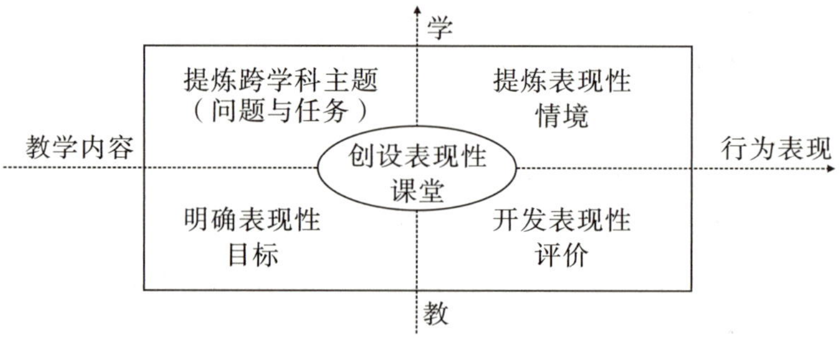

图 10－6　表现性课堂教学设计的基本框架

由图 10－6 可知，教师应首先提炼出表现性活动的跨学科主题，明确核心问题与任务；接着，设计具有一定真实性的表现情境；随后，再确定跨学科主题的表现性目标；最后，开发单元评价和学生表现性行为的评分标准。表现性课堂教学的核心在于让每个学生在自由表现中获得自我构建能力和知识，实现教学目标。因此设计好表现性课堂教学，要解决好两个问题，一是如何将教学内容有效地转化为学生自觉的表现行为，二是如何在前者的基础上实现教学目标与学习活动的有机统一。总之，表现性课堂教学的设计，要充分实现教学内容、教学目标、学生活动和行为评价四个基本要素之间的有机联系。而这种设计过程不是教师单方面的行为，而应当是教师在与学生的交流、合作、共同探讨中完成的。①

（二）终结性评价：提升“跨学科整合型试题”的命题质量

语文课程的“综合性”“实践性”的特点，决定了语文学科必然与其他学科相互整合。考试是评价学生学习成果的手段之一。“跨学科整合型试题”应当成为今后考试命题实现核心素养落地的重要手段之一。命题质量体现教师的专业水平，关系课堂教学评价的准确度，关系学生思维训练的有效性。因此，教师要提升命题质量，必须将学科内知识的脉络疏通，提高自身跨学科综合理解能力。那么，如何命制一份科学、有效的试题？不论什么类型的试题，归纳起来，皆由立意、情境、设问和答案与评分参考四个要素构成。②

1. 试题立意应明确“跨学科整合型试题”的考查目标

立意就是依据课程标准，确定试题具体内容的考查目标。试题立意就是测量考生学科心理结构或能力的目标。试题测量哪一种或几种行为目标或认知目标，需要涉及哪些知识内容和作答的能力要求，这是试题建构的首要要素。试题围绕哪些方

---

① 汪幼辛. 表现性课堂教学的设计［J］. 现代中小学教育，2013（5）：31－34.

② 戴赟，莫晓连，胡伟. 例析跨学科案例分析题命题的三步走模式［J］. 生物学教学，2022（5）：74－76.

面展开并引导学生关注语文，以体现考生心理特质的强度。2022年版课标在“命题原则”中明确指出“坚持素养立意”，即“以核心素养为考查目标，通过识字与写字、阅读与鉴赏、表达与交流、梳理与探究等语文实践活动，全面考查学生核心素养的发展水平”。关于“跨学科学习”任务群，2022年版课标在“教学提示”中指出，“评价要关注学生综合运用多学科知识思考问题、解决问题的态度和能力。”① 2022年版课标强调综合或整合能力，教材每个单元都有综合性学习内容，在考试中也必然体现整合能力的测试。跨学科学习的命题要符合课标要求。试题既要考查学生的基础知识，又要强化学生的能力拓展。②

“跨学科整合型试题”的命题类型主要分为两种：单一类型和多学科类型的学科交叉命题。单一学科交叉命题是指在坚持学科本位的基础上与某一学科进行交叉融合，如采用语文古诗词表达物理现象，语文学科插入美术漫画考查学生图文理解能力等，这些都是单一学科交叉命题的体现。多学科交叉命题对于知识迁移的考查要求更高，涉及多学科的知识，改变了过去考试命题单一、烦琐、重复的缺陷，要求学生从整体上“输送”知识，迁移其他学科知识，借鉴其他学科方法，进而解决本学科问题。③ 无论哪种类型，“跨学科整合型试题”着重于以主题统领的命题方式实现多学科知识、能力的有机融合，考查学生“利用已掌握的相关学科核心概念分析情境中的真实问题并解决问题”的能力，促进学生的深度学习。

然而，良好的初衷在实际操作过程中出现了一些问题。为了体现试题跨学科、综合性的特点，一些语文试卷出现了数学公式或者物理电路图等内容，因此引发了语文试卷是否偏离了语文学科自身特点的讨论。目标的达成是试题设计核心，统率试题编制全过程。可以认为，缺失了这个要素，试题就没有灵魂，失去了考试测量的意义，若测量的结果偏离了与语文学科应具有的知识、能力的内容，对考试结果的解释和使用也就没有价值。④ 在设置这类试题时，教师应明晰“跨学科”边界，依据课程标准确定考查目标，考虑的要素包括：①命题是否从语文学习和运用的角度出发，具有较强的语文价值取向。②是否体现了综合性，体现了知识、能力、方法等方面的整合。③是否充分考虑到其他学科的问题，其他学科的内容不应该影响该试题的难度和效度。⑤

---

① 中华人民共和国教育部. 义务教育语文课程标准（2022年版）[S]. 北京：北京师范大学出版社，2022：36，49.

② 卢伟民. 中考语文跨学科整合命题趋势及其思考 [J]. 福建基础教育研究，2022（2）：40－43.

③ 肖杨，陈文娇. 跨学科命题发展的应有之义、价值内涵与实施建议 [J]. 今日教育，2022（1）：46－50.

④ 王萍. 语文试题编制原理与技术 [M]. 广州：广东教育出版社，2015：9.

⑤ 郑国民，吕晓珍. 对语文中考改革一些问题的思考 [J]. 语文建设，2004（5）：45－48.

2. 基于跨学科融合的情境材料的选择

情境是实现立意的材料和介质。“情”是情感体验，作答动机的激发；“境”是试题的知识、技能的背景、场景或事件。“情境”在题目中应是“情”“境”互融，确切地说，情境中既蕴含着考生需要应答的问题信息，相互联系的知识桥梁和纽带，同时还渗透着激励考生作答的情感和动机。简而言之，情境是提供考生在特定条件下认知、应用、实践和情感体验的空间，成为学生进行作答或探究活动，产生积极主动作答行为的一种环境。

2022 年版课标在“命题要求”中明确指出：“考试命题应以情境为载体，依据学生在真实情境下解决问题的过程和结果评定其素养水平。命题情境可以从日常生活、文学体验、跨学科学习，也可以从个人、学校社会等角度设置。……跨学科学习情境侧重强调学生综合运用多门课程知识和思想方法解决实际问题。命题应贴近学生生活经验和情感体验，抓住社会生活中常见但又值得深思的真实场景，创设新颖、有趣、内涵丰富的情境，设计多样的问题或任务，激发学生内在动机和探究欲望。”试题背景材料是对考生产生应答刺激，形成考生作答表现的心理结构或能力的环境。试题命制时需要综合对背景材料的仔细研究，完成情境材料编制。2022 年版课标在“命题要求”中进一步指出：“命题材料的选取要具有时代性、典型性和多样性，充分体现语文课程特点。命题材料要能够体现问题或任务的对象、目的与要求，能够启发学生调动既有知识和资源解决问题、完成任务，能够为学生解决问题、完成任务提供背景材料或知识支架。”①

教师在选择试题情境内容时，应注意“跨学科整合型试题”的情境处理应具有问题性。总体而言，设计者在选择情境方面应注意以下特点：在背景材料方面，情境设置应符合学生日常生活实际，易于直接、快速理解题干信息；能围绕问题提供比较充足的信息，且材料的形式多样化，包括文字、表格、模式图和地图等。材料和展开的问题之间具有一定的逻辑关联性，要有利于学生结合提供的信息进行问题分析与质疑。情境材料不仅是“跨学科整合型试题”编制的主要根据，更是解答“跨学科整合型试题”的信息来源。情境要基于生活事实，简单明了，不仅要增强现实存在感，而且要促使学生迅速进入跨学科主题情境展开探究，为接下来进行发现问题、联系资料、分析信息、提出质疑、阐述结论、创新见解等一系列的思维过程开一个“好头”。教师要全面把握阅读材料囊括的学科知识要点，以及传递的情感态度，深度剖析阅读材料，从文本理解到适度拓展再到辩证思维，螺旋上升地设

① 中华人民共和国教育部. 义务教育语文课程标准（2022 年版）[S]. 北京：北京师范大学出版社，2022：50.

题，对学生语文知识和能力的全方位考查。[①] 下面以"为读书节设计海报"为例进行说明。

例 1

为了有更好的宣传效果，六（1）中队为本次读书节设计了一张海报（见图 10－7），大家大为赞叹。请你写出这张海报好在哪里。（至少写两点）

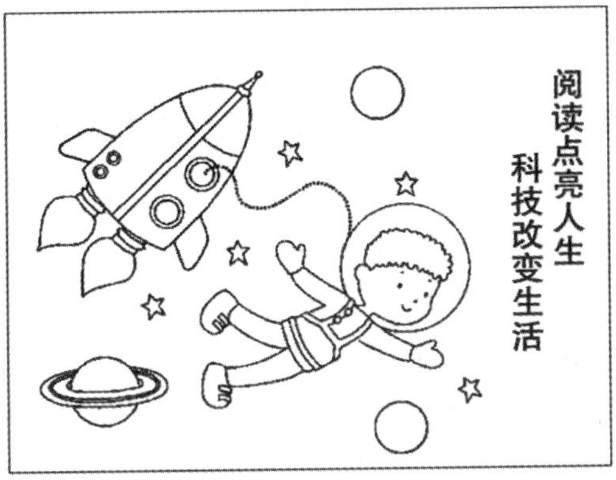

图 10－7

例 2

图 10－8 是 2022 年北京冬奥会吉祥物之一，取名为"冰墩墩"。这样的造型设计和命名有什么意义？请简要说说你的看法，至少说出三点。

图 10－8

例 1 的命题者创设了一个"跨学科活动"的情境——科技读书节，学生要对为读书节设计的海报进行点评。海报图文并茂，学生既可以结合美术学科的知识，对海报上图画内容、构图进行点评；也可以结合语文学科的知识，对海报上的宣传语进行评价。此题综合了语文、美术、科学等学科领域的内容，考查了学生以语言学

① 卢伟民．中考语文跨学科整合命题趋势及其思考［J］．福建基础教育研究，2022（2）：40－43．

科为基础，综合运用多学科知识、思维解决问题的能力。① 例2能多角度充分展示六年级学生的素养：养成留心周边事物、关注重要时事的习惯，体悟文字含义、观察外形特点、理解精神内涵的联结性思维能力，对自然、社会、科学、文化等知识的综合运用，对奥运精神的理解与弘扬，思维、语言的独特创造能力。②

总之，"跨学科整合型试题"情境的设计要考虑学生对情境的熟识度。若是教学过程中已经出现过的情境，则很难测评知识记忆以外的如理解应用、创新迁移等跨学科素养。情境的设计要遵循新颖性、真实性和广泛性原则。跨学科情境可以以中心主题方式创设，即通过生活现象、历史事件、现实挑战或前沿研究进行情境创设，包括媒体、档案、科研数据等多种文本的方式，呈现在学生面前的是引发学生兴趣的内容，由此形成贯通于测评过程的情境。跨学科情境创设仍然要有中心主题任务，该主题任务可以通过共同的学习过程（即各学科的学习所共有的过程）完成。③ 需注意的是，要避免针对单纯的知识点和能力点设计任务，应围绕情境设计一组有内在联系、形成链式结构的复杂任务。"跨学科整合型试题"需要学生在完成任务时，梳理知识点并彼此关联，将点状知识连接成网，综合运用已有的学科内和跨学科的知识能力，解决复杂问题，真正实现学生个体知识结构体系的重构，获得知识自我建构的成就感。

3. 试题设问的命制、打磨

设问是试题的呈现形式。其关系着立意实现的程度。试题把设问作为引导考生做出与测量目标或行为目标相一致的应答，是命题设计的中心。每个设问中必须要有动词，动词的类型取决于测量目标或行为目标；同时要用清晰、明确的语言表述设问，良好的设问能够恰当地引导考生表现出期望的行为，而不恰当的设问可能导致与考生本来具有的心理结构特质、知识与能力的偏离，从而不能对所测量的心理结构或能力进行推测，其测试的效果可信性不强。

2022年版课标在"命题要求"中指出，"问题或任务是题目的主体部分。根据语文实践活动的不同类型问题或任务设计可以侧重阅读与鉴赏、表达与交流、梳理与探究中的某一方面，也可以设置综合型题目，让学生在复杂情境中充分展示核心素养的发展水平。……问题或任务设定要关注探究结果的合理性，关注学生思维品质的发展。综合型题目或任务要充分体现阅读与鉴赏、表达与交流、梳理与探究的整合，在命题材料和社会生活实际之间找到结合点，引导学生围绕话题或现象，深

---

① 吴丹丹. 走向"情境化"：小学语文纸笔测试命题的探索［J］. 语文教学通讯，2022（27）：58－60.

② 夏江萍. 小学语文测试命题中表现性任务的设置［J］. 教学与管理，2021（8）：70－72.

③ 闫白洋. 跨学科素养测评的国际经验：PISA命题与启示［J］. 现代中小学教育，2019（8）：10－14.

入思考探究，综合分析解决问题，在学以致用的过程中展示正确的世界观、人生观、价值观”。[①]

“跨学科整合型试题”的设问是对学生信息提取与处理、问题分析与质疑、结论阐述与创新三类能力的重要考核指向与培养引领。为了准确、高效地实现这些能力目标的考核，教师应从情境中提炼有效、真实的问题，联系学科核心概念，以问题解决为出发导向，立足能力目标完善设问。具体而言，对设问的要求是：①围绕立意、根据情境选编设问。设问针对重点内容并涵盖其他内容。试题“具有刺激情境和对应答形式的规定”，但是情境刺激可能是多方面而又多样的，试题没有必要也不可能让考生将所有刺激反应都写出来，只需通过设问来引导考生做出规定的应答就可以了。②设问方式应新颖、巧妙、灵活而不生搬硬套，贴近生活实际与人们对问题的认识，关注考生对试题的亲和性。设问要讲究技巧，针对性强，体现考试内容的概括、提炼，涵盖由重点内容所涉及的其他问题。③设问语言应准确、简明、通俗，避免语言烦琐，含义不清。整体上要保持题目递进通畅，并运用“概括”“分析”“解释”等行为指向对题目合理拓展；分步设置的小题之间避免内容关联、责任连带、评分株连式解答或相互提示。[②]

总之，教师需要综合运用各种命题技巧整体完善、深入推敲和反复打磨，尽量做到还原问题的客观真实情境，在试题表达方面做到易读、易理解，促进考核公平性的实现。教师应对试题中尚存的重要问题进行针对性突破，重点凸显跨学科问题解决的导向，同时通过丰富问题解决的多维路径，提高试题的开放度，有利学生对同一问题从不同思维角度进行表达。教师要有整体大局观，才能设置融合各学科的问题，引导学生调动多学科知识。

4. 把握评分答案的多元性原则

答案与评分参考是试题构成的重要部分，没有答案与评分参考不能称其为完整的试题。评分标准应当包括：参考答案、给分的尺度，每题、每步给的分值等。2022 年版课标在“命题原则”中指出：“评分标准有效反映学生核心素养发展水平，确保测试目的、测试内容、测试形式和评分标准的一致性”，在“命题规划”中进一步指出，教师应“重视命题规划，明确学业水平考试命题的目标要求，规定内容范围与水平标准。……科学设计试卷结构明确规定主观性和客观性试题的比例，倡导设计基于情境的探究性开放性、综合性试题。对题型设计、题量和难度、评分标准等方面提出基本要求，充分展现学生在语文学习过程中形成的能力、方法及情感

① 中华人民共和国教育部．义务教育语文课程标准（2022 年版）［S］．北京：北京师范大学出版社，2022：51.

② 雷新勇，周群．试题命制的理论和技术（二）［J］．考试研究，2008（2）：90－106.

态度与价值观的综合发展情况。”①

需要注意的是：①答案与评分参考的关系要一致。主观题答案要符合解答要求，评分参考应明确。例如，只要观点（或结果）对就可以给分，还是按叙述或解答的正确顺序分步给分，或是部分对就部分给分。②评分参考的要求。主观题评分参考要鼓励考生有创见地答题；评分细则可操作性强，易于控制评分误差。教师要把握评分答案的多元性原则。要有利于学生突破规则和界限，积极提高创新思维能力。②

在“跨学科整合型试题”的命制过程中，如何对不同表现水平的答案进行编码，可以借鉴PISA试题的测评经验。为了降低教师阅卷过程中评分的主观性，准确判定学生的能力水平，PISA试题根据学生的不同表现对答案进行编码。答案的编码不仅可以判定学生的素养水平，而且能够更清晰地判定学生素养的优势和缺失。在测评中，教师可以通过对学生可能出现的答案进行详细描述，并标注相应代码，从而对学生跨学科素养进行更精确的定位。要达到精确编码，要对学生的答案进行大量的分析归类，才能形成跨学科素养水平的编码。③

综上所述，“跨学科整合型试题”的命制需要研究试题的立意、情境、设问、答案等各个要素及其逻辑一致性，主要表现在：注重学科核心知识、主干知识的考查，突出立意的高远，情境的真实、新颖，任务设计的层次性、规范性、创造性以及答案编制的科学性、开放性。基于跨学科融合的情境材料的选择，试题设问的命制、打磨，成为一份高质量的试题所不可或缺的重要环节，在助力学生形成跨学科分析问题的思维习惯、提升参与并解决简单的真实问题的能力方面起到了重要作用，有利于立德树人根本任务的落实。④

然而，纸笔测验难以提供具体、形象的测试情境，更多强调的是陈述性知识的回忆。对此，2022年版课标在“命题规划”中指出，“系统设计考试形式，一般采用纸笔测试，有条件的地区可以考虑逐步引入基于信息技术的考试形式。”⑤ 目前信息通信技术（information and communications technology，简称ICT）的飞速发展，为规避纸笔测试的缺点提供了新思路。西方国家基于ICT的测评研究已走过了“计算

---

① 中华人民共和国教育部. 义务教育语文课程标准（2022年版）[S]. 北京：北京师范大学出版社，2022：50.

② 卢伟民. 中考语文跨学科整合命题趋势及其思考 [J]. 福建基础教育研究，2022（2）：40－43.

③ 闫白洋. 跨学科素养测评的国际经验：PISA命题与启示 [J]. 现代中小学教育，2019（8）：10－14.

④ 戴赟，莫晓连，胡伟. 例析跨学科案例分析题命题的三步走模式 [J]. 生物学教学，2022（5）：74－76.

⑤ 中华人民共和国教育部. 义务教育语文课程标准（2022年版）[S]. 北京：北京师范大学出版社，2022：50.

机测试—计算机自适应测试—持续性测评—智能测评"四个发展阶段。其中前两个阶段的研究重心是如何利用计算机有效地测查学生的真实学业水平。而后两个阶段，学者的研究旨趣则发生了较大转变：由于数据挖掘技术的提升，计算机可以瞬间诊断出不同学生的认知水平、给予即时反馈并提供个性化的学习方案，测评的最终目的变成了精准地"促进学生的学习"，实现了"测试即学习"的理念。① 我国也可以考虑如何积极应用 ICT 来实现对学生跨学科核心素养的测评。

本章小结

指向核心素养的"跨学科学习"是处于"拓展型学习任务群"中的第二个学习任务群。语文是基础学科中的基础，语文的跨学科性质天然存在。跨学科学习具有综合性、应用性和真实性三大特点。"跨学科学习"任务群的意义主要表现为两点：一是"跨学科学习"任务群的设置有利于整合语文学科素养与跨学科素养的优势；二是"跨学科学习"任务群的设置有利于培养学生解决真实问题的能力。2022 年版课标明确要求教师要注意语文学科与其他学科的关联，提高跨学科整合课程资源的意识和能力。

2022 年版课标中高频出现的"跨学科学习"，对于小学语文教师而言，需要了解在教育教学实践中"跨学科学习"任务群实施的理想样态、实现路径和现实困难。"跨学科学习"任务群实施的注意事项可以概括为两点：一是注重培养学生综合运用多学科知识解决实际问题的能力；二是注意拓展学习资源，以媒介迁徙为中心实施教学。

教师在明确"跨学科学习"任务群学业质量要求的基础上，需要进一步了解该任务群的教学评价建议，具体而言：一是教师实施过程性评价时，应关注学生在探究活动中的表现及学习成果；二是教师实施终结性评价时，应提升"跨学科整合型试题"的命题质量。

思考与练习

1. 简述"跨学科学习"的内涵及特点。
2. 简述"跨学科学习"任务群实施的注意事项。
3. 结合实例，谈谈你对"跨学科学习"如何进行过程性评价的认识。
4. 结合实例，谈谈你对"跨学科学习"如何进行终结性评价的认识。

---

① 黄志军，郑国民. 国际视野下跨学科核心素养测评的经验及启示［J］. 教育科学研究，2018（7）：42－47.

参考文献

［1］查有梁．教育建模［M］．南宁：广西教育出版社，1998．

［2］郭成．课堂教学设计［M］．北京：人民教育出版社，2006．

［3］高平叔．蔡元培全集：第 3 卷（1917—1920）［M］．北京：中华书局，1984．

［4］高文．教学模式论［M］．上海：上海教育出版社，2002．

［5］顾黄初，李杏保．二十世纪前期中国语文教育论集［M］．成都：四川教育出版社，1991．

［6］胡谊．教学设计：心理学的原理与技术［M］．上海：华东师范大学出版社，2010．

［7］洪显利．教育心理学的经典理论及其应用［M］．北京：北京大学出版社，2011．

［8］何克抗，谢幼如，郑永柏．教学系统设计［M］．2 版．北京：北京师范大学出版社，2016．

［9］何克抗，林君芬，张文兰．教学系统设计［M］．2 版．北京：高等教育出版社，2016．

［10］黄显华，霍秉坤．寻找课程论和教科书设计的理论基础［M］．北京：人民教育出版社，2002．

［11］课程教材研究所．20 世纪中国中小学课程标准·教学大纲汇编：语文卷［M］．北京：人民教育出版社，2001．

［12］李定仁，徐继存．课程论研究二十年（1979—1999）［M］．北京：人民教育出版社，2004．

［13］李龙．教学设计［M］．北京：高等教育出版社，2010．

［14］连瑞庆．形象思维与中学语文教学［M］．北京：北京科学技术出版社，2006．

［15］欧阳芬，倪三好．中国语文教育发展史专题研究［M］．北京：中国社会

科学出版社，2017.

［16］彭华生. 语文教学思维论［M］. 南宁：广西教育出版社，1996.

［17］瞿葆奎，沈剑平. 教育学文集·教育与教育学［M］. 北京：人民教育出版社，1993.

［18］强海燕. 中、美、加、英四国基础教育研究［M］. 北京：人民教育出版社，2005.

［19］陕西师范大学教育研究所. 陕甘宁边区教育资料·小学教育部分：下册［M］. 北京：教育科学出版社，1981.

［20］陕西师范大学教育研究所. 陕甘宁边区教育资料·小学教育部分：上册［M］. 北京：教育科学出版社，1981.

［21］陕西师范大学教育研究所. 陕甘宁边区教育资料·中等教育部分：上册［M］. 北京：教育科学出版社，1981.

［22］王小明. 教学论：心理学取向［M］. 上海：上海教育出版社，2005.

［23］王荣生. 实用文教学教什么［M］. 上海：华东师范大学出版社，2014.

［24］王显槐，王晓霞，樊海清. 语文教育创新导论［M］. 武汉：武汉大学出版社，2004.

［25］王萍. 语文试题编制原理与技术［M］. 广州：广东教育出版社，2015.

［26］王萍. 基于心理学原理的语文教学设计［M］. 广州：广东高等教育出版社，2018.

［27］汪潮. 小学语文课程与教学论［M］. 上海：华东师范大学出版社，2010.

［28］魏小娜. 实用类文本名篇教学研究［M］. 北京：高等教育出版社，2019.

［29］吴欣歆，许艳. 书册阅读教学现场［M］. 北京：教育科学出版社，2016.

［30］吴忠豪. 小学语文课程与教学［M］. 北京：中国人民大学出版社，2010.

［31］辛雅静. 小学语文课程与教学［M］. 西安：陕西师范大学出版社，2018.

［32］谢无量. 实用文章义法：上［M］. 上海：中华书局，1921.

［33］岳乃红. 班级读书会 ABC［M］. 北京：北京师范大学出版社，2007.

［34］杨增宏，周鹏. 小学语文课堂学习与课例研究［M］. 合肥：安徽大学出版社，2016.

［35］赵年秀，潘天正. 小学语文教学设计与实施［M］. 南京：南京大学出版

社，2019.

［36］张香竹. 小学语文课程与教学论［M］. 北京：国防工业出版社，2009.

［37］钟启泉，等. 为了中华民族的复兴　为了每位学生的发展：《基础教育课程改革纲要（试行）》解读［M］. 上海：华东师范大学出版社，2001.

［38］朱绍禹. 中学语文教材概观［M］. 北京：人民教育出版社，1997.

［39］曾祥芹. 曾祥芹文选（上卷）：实用文章学研究［M］. 北京：高等教育出版社，2010.

［40］周文叶. 中小学表现性评价的理论与技术［M］. 上海：华东师范大学出版社，2014.

［41］周庆元. 语文教育研究概论［M］. 长沙：湖南人民出版社，2005.

［42］彼格斯，科利斯. 学习质量评价：SOLO 分类理论（可观察的学习成果结构）［M］. 高凌飚，张洪岩，译. 北京：人民教育出版社，2010.

［43］乔纳森. 学会解决问题：支持问题解决的学习环境设计手册［M］. 刘名卓，金慧，陈维超，译. 上海：华东师范大学出版社，2015.

［44］威金斯，麦克泰格. 追求理解的教学设计［M］. 2 版. 闫寒冰，等译. 上海：华东师范大学出版社，2017.

［45］威金斯，麦克泰格. 理解力培养与课程设计：一种教学和评价的新实践［M］. 么加利，译. 北京：中国轻工业出版社，2003.

［46］布鲁克菲尔德，普瑞斯基尔. 讨论式教学法：实现民主课堂的方法与技巧［M］. 罗静，褚保堂，译. 北京：中国轻工业出版社，2002.

［47］赫钦斯. 美国高等教育［M］. 汪利兵，译. 杭州：浙江教育出版社，2001.

［48］杜威. 思维与教学［M］. 孟宪承，俞庆棠，译. 北京：商务印书馆，1936.

［49］杜威. 我们怎样思维：经验与教育［M］. 姜文闵，译. 北京：人民教育出版社，1991.

［50］埃里克森，兰宁. 以概念为本的课程与教学：培养核心素养的绝佳实践［M］. 鲁效孔，译. 上海：华东师范大学出版社，2018.

［51］钱伯斯. 说来听听：儿童、阅读与讨论［M］. 蔡宜容，译. 北京：五洲传播出版社，2011.

后　记

2022 年版课标的颁布受到了社会各界的广泛关注，同时这也是近年来小学语文课程最重大的一次调整与改动。2022 年版课标总结了 21 世纪以来语文课改的宝贵经验并承续了其基本精神。2022 年版课标的“新”则主要体现在“语文核心素养”“明确三大层级‘学习任务群’”“学业质量标准”等关键概念的提出。总之，2022 年版课标的颁布，既是对语文教育改革经验的总结、反思与提升，又是对当前教育现实的鲜明回应。

课标的颁布标志着新一轮课程改革的开始。课程改革催生了对新的教师教育教材的需求。已有的教师教育教材未能反映当下正在进行的小学语文课程与教学改革。目前急需教材的变革。带着对未知的憧憬，我踏上了这本书的写作之旅。2022 年版课标的一系列重要表述，成为本次书稿撰写的指导性文件。我认真学习、深刻领会，并力求在书稿中较为全面地体现这一系列新理念、新观点。一稿、二稿、三稿……书稿在反复修改中不断成熟。

此书的撰写，是基于在高等学校进行语文教学法实践的成果。本书得以出版，首先要感谢华南师范大学教育科学学院院长、港澳研究中心执行主任李盛兵教授的约稿，给我一个总结、沉淀的机会。在撰写过程中，最初各章资料的整理要感谢 2021 级硕士生欧耀骏、周宜艳、沈娉、刘晔、王紫莹、肖莉婷、王静的支持，书稿修改过程中所选案例形式的完善要感谢 2022 级硕士生郑阳、魏桂花、陈若琪和 2019 级本科生黄永娴的支持。另外，《小学语文课程与教学》得以与读者见面，还得感谢广东高等教育出版社冯沪萍编辑的辛勤付出。

王　萍

2022 年于华南师范大学

高等学校教育类专业精品系列教材

小学教育研究方法

小学语文课程与教学

小学数学课程与教学

小学英语课程与教学

学前儿童语言教育

学前儿童社会教育

学前儿童艺术教育

特殊儿童早期干预

学前教育科学研究方法

学前儿童游戏理论与实践

学前儿童发展的观察与评价

幼儿园课程与教学

班级管理理论与实践

教育评价

教育与教学案例分析

教育社会学

ISBN 978-7-5361-7360-6

9 787536 173606 >

责任编辑 冯沪萍　责任校对 李 莹　封面设计 ADING

定价：46.00元